体育特色小镇建设的理论与实践研究

梁小军　著

中国商业出版社

图书在版编目（CIP）数据

体育特色小镇建设的理论与实践研究 / 梁小军著.
-- 北京 : 中国商业出版社, 2021.6
ISBN 978-7-5208-1682-3

Ⅰ. ①体… Ⅱ. ①梁… Ⅲ. ①体育产业 - 小城镇 - 城市建设 - 研究 - 中国 Ⅳ. ①G812②F299.21

中国版本图书馆CIP数据核字(2021)第128258号

责任编辑：王　静

中国商业出版社出版发行
010-63180647　www.c-cbook.com
（100053　北京广安门内报国寺 1 号）
新华书店经销
定州启航印刷有限公司印刷
*
710 毫米 ×1000 毫米　16 开　14.75 印张　260 千字
2021 年 6 月第 1 版　2021 年 6 月第 1 次印刷
定价：78.00 元

*　*　*　*

前　言

自改革开放至今，我国国民经济发展水平实现了稳步而快速的提高，居民可支配收入也在逐步增加，市场经济体制已初步建立，宏观调控体系日趋完善；经济增长方式逐步由粗放型向集约型转变，第二、第三产业得到了长足的发展。尤其是“十三五”时期，我国体育产业迎来了千载难逢的发展机遇，体育产业规模不断扩大，逐渐成为经济发展的新亮点和推动力量。

我国体育产业发展前景广阔，潜力无限，始终保持着快速发展的态势，对经济发展的贡献巨大，在不久的将来有望成为国民经济发展的支柱产业之一。2014 年 10 月，国务院印发 46 号文件，阐明了体育产业的发展现状，明确了体育产业在国民经济中的地位，并指明了发展方向。体育产业初步形成了以竞赛表演和健身休闲为主要驱动力，体育用品、体育服装为支撑，体育场馆、体育培训、体育中介、体育传媒等业态快速发展的良好势头，体育与科技、文化、传媒、健康、养老、旅游等相关行业融合度日益加强。我国的经济发展已由高速增长转向高质量的发展阶段，为此我们提出以打造体育特色小镇的方式探索新型乡村发展模式，促进城镇化进一步加快，促进体育产业进一步优化。2017 年 5 月，国家体育总局办公厅发布《关于推动运动休闲特色小镇建设工作的通知》，在“健康中国，全民健身”的背景下，以生态旅游与体育旅游一体化为创新方向，深入贯彻党中央、国务院关于推进特色小镇建设、加大脱贫攻坚力度，充分发挥体育在脱贫中的潜在优势，更好地为基层经济社会事业、全民健身事业和体育产业发展服务，引导运动休闲特色小镇的可持续、健康发展。将健身休闲和体育旅游作为重点发展领域，选择适合当地自然、人文环境协调发展的体育项目，并在此基础上提高体育休闲产业发展水平。2018 年 8 月，国家发改委发布《关于建立特色小镇和特色小城镇高质量发展机制的通知》，对特色小镇的发展提出了若干规范管理措施，未来建设体育特色小镇需要进一步规范，切实强化对体育特色小镇的统筹指导，统一行动，协同发力，促进体育特色小镇高质量发展。

体育特色小镇并非普通的乡镇，也并非简单地将体育设施、体育活动拼凑起来，而是一个综合体，是区域经济发展的新动力和创新载体。特色小镇和普通乡村小镇的最大区别是有组织、有计划地开发当地的资源，集聚各个产业的优势，利用集聚效应吸引周边城市的人口，开发满足周边城市人口消费需求的产品，从而吸引他们进行消费。总的来说，体育特色小镇就是在特色小镇的基础上，以体育元素为开发特色，着重打造有关体育的各类项目以及提供相关服务，从而吸引广大的受众人群，促进当地就业，刺激消费的乡村小镇。体育特色小镇作为体育产业另一个新型发展方向，各个省份都在依据国家政策，积极出台并实施地方政策，找准自身定位，突出地域特色和优势，加快体育特色小镇建设的落实。

本书紧抓上述发展政策“东风”，紧扣新时代发展的主题，围绕体育特色小镇这一发展特色，采用理论与实践相结合的方式展开阐述。本书首先阐述了研究背景、研究思路和研究创新的相关内容；然后讲述了特色小镇的相关内容，主要包括其内涵、类型与发展要素及特色小镇的成长路径和发展模式；紧接着从体育特色小镇内涵、建设理论基础、建设模式及意义方面阐述了体育特色小镇建设的理论；之后从健康、休闲文化、旅游产业、体育用品制造业、社会就业、城市基础设施建设的角度对体育小镇作了拓展性解读与阐述；接下来详细分析了国外体育特色小镇建设的相关经验，最后阐述了体育特色小镇建设的策略与实践。体育特色小镇属于公共产品供给范畴，因此本书不仅适合研究体育特色小镇的人员阅读，还可供关注公共产品供给的人员参考。此外，也可为地方政府和企业建设体育特色小镇提供实践性指导。

我国体育特色小镇的建设是一个具有政府、体育特色小镇开发商、产业运营商、体育社会组织、体育企业、公民等多元主体的系统工程，理论与实践研究难度都不小，笔者虽然竭尽全力查询和阅读相关政策、理论与文献，但由于水平有限，研究的问题还有待深入，书中难免存在不足之处，敬请各位专家、读者及同行对疏漏或不当之处提出意见或建议，以便进一步订正和修改，以臻完善。

目 录

第一章　绪论

一、选题缘由

（一）选题背景

改革开放以来，我国经济快速发展，经济总量不断扩大，人民消费水平逐渐提高。当前，中国 GDP 总量排名世界第二，仅次于美国，成为第二大经济体，中国经济正在由高速增长模式向高质量发展转变。

站在产业角度，自“十三五”规划发布以来，我国体育产业发展进入黄金时期，成为推动我国经济发展的新亮点和强势推动力，体育产业规模逐年扩大。2017 年，体育产业市场规模已达到 2 万亿元以上，2018 年增至 2.7 万亿，体育产业增加值占国内生产总值的比重达到 1.1%。按照体育产业“十三五”规划，到 2020 年体育产业总规模超过 3 万亿。从我国体育产业规模内部结构来看，体育健身休闲活动板块总产量占比约 2%，总产出和增加值名义增速已超过 30%。由此可见，体育休闲产业的发展势头强劲。

站在人民体育需求角度，随着人民生活水平的提高，大众体育休闲建设需求旺盛。2014 年 10 月，国务院发布《关于加快发展体育产业促进体育消费的若干意见》。文件指出，加快形成有效竞争的市场格局，积极扩大体育产品和服务供给……加快体育强国建设，不断满足人民群众日益增长的体育需求。大众体育消费需求的大幅度增长，及消费需求趋向多样化和个性化，促使国家和政府将目光转移到体育本身，必须增加体育服务供给，满足人民的体育消费需求。

从国家政策来看，体育特色小镇建设是新时期国家体育工作的重点。国家和各级地方政府发布了一系列关于体育特色小镇建设的文件和政策，积极引导和鼓励体育特色小镇建设。2016 年 7 月，住房城乡建设部、国家发展改革委、财政部联合下发《关于开展特色小镇培育工作的通知》，提出到 2020 年培育 1 000 个左右各具特色、富有活力的特色小镇，引领带动全国小城镇发展建设，不断提高建设水平和发展质量。2017 年 5 月，国家体育总局办公厅下发的《关于推动运动休闲特色小镇建设工作的通知》提出，到 2020 年，在全国扶持建设一批体育特征鲜明、文化气息浓厚、产业集聚融合、生态环境良好、惠及人民健康的运动休闲特色小镇。2019 年，国务院办公厅印发的《体育强国建设纲要》(简称《纲要》) 指出，稳步推进运动休闲特色小镇建设，开展定期测评，实行动态调整，打造 10 个具有示范意义的小镇样板。由此看出，国家对体育特色小镇发展寄予厚望，希望能够通过体育特色小镇建设，推动体育产业创新和转型升级，推动经济社会整体进步。

从新型城镇化角度来看，体育特色小镇是体育产业与新型城镇化相互作用的积极成果，体育特色小镇与传统产业园、体育产业集聚区有明显区别，凸显特色产业，以特色产业带动体育产业发展，创新建设理念，推动我国的新型城镇化进程。

从产业融合角度来看，体育特色小镇建设的本质是体育产业与旅游、文化、健康、休闲、互联网等产业的融合，提高体育产业的附加值，促进各种产业要素整合，推动产业创新升级，实现体育特色小镇科学长远发展。如何建设体育特色小镇，发挥体育特色小镇的带头作用，促进体育产业与其他相关产业的跨界融合，本书通过四类体育特色小镇进行案例分析，发现体育特色小镇建设中出现的问题，进行分析探讨并提出对策。

（二）选题意义

1. 选题的理论意义

通过本研究总结体育特色小镇的内涵及建设意义，系统梳理体育特色小镇建设的理论基础，在前人学者对体育特色小镇研究基础之上进一步丰富其内涵，充实体育特色小镇的理论，运用理论指导实践，并在实践中完善理论。国内体育特色小镇建设刚刚起步，是学者研究的重点，从 2016 年起，国内专家学者对体育特色小镇建设研究逐渐增多，对体育旅游产业、新型城镇化和产业融合发展进行理论探索。

（1）对体育旅游产业的新解读。无论哪一种类型的体育特色小镇，旅游都是无法避免的话题和发展方向。根据世界旅游组织的统计，我国旅游群体中以消遣娱乐、健康康复为目的的旅游者占据的比例最大，平均每 4 名游客中就有 1 名在出游期间寻求参与体育运动。这就说明了体育旅游作为旅游业的重要组成部分，对于满足旅游消费者的需求，促进旅游业的全面发展，以及拓展新的旅游消费市场，具有不可替代的作用。体育特色旅游小镇在促进旅游业发展中占据着一席之地。

（2）扩展新型城镇化理论。本书梳理了体育特色小镇对建设地区收入差距、就业结构、人口流动、公共服务等影响，以及农业转移人口市民化、城乡发展一体化、优化城镇村空间布局等，重点分析体育特色小镇建设为该地区发展提供的条件和选择。

（3）促进模式选择多产业融合。本书在体育特色小镇与脱贫攻坚融合发展的内核体系构建基础上，采用多学科融合方法，归纳总结不同模式的特点和影响因素，探索不同模式选择的成本和适应性，使体育特色小镇模式选择理论完美且有较强解释力。

本书选取典型的体育特色小镇进行案例分析，对小镇建设现状和经验进行总结，分析存在的问题并提出对策，进一步丰富我国体育特色小镇建设的理论体系，为政府和相关体育部门、企业等社会多元主体参与体育特色小镇建设提供一定的参考意见，为进一步深入研究体育特色小镇奠定基础，为体育特色小镇建设提供科学依据和建议。

2. 现实意义

在供给侧改革背景下，体育产业已不再以孤立的产业形态而存在，而是通过新技术和新业态引领，与相关行业进行跨界融合。体育特色小镇建设探索“体育 + 旅游”新模式，以旅兴体，以体促旅，体旅融合，依托自然资源和历史文化资源，推动体育产业转型升级。小镇建设要求当地公共基础设施更完善，自然环境更优美，小镇建设与产业发展同步协调。当前，我国人民群众休闲消费结构逐渐优化，由观光式旅游向体验式旅游发展，随着体验式旅游占比提高，观光式旅游的主体地位逐渐被取代。体育旅游可以满足群众多样化、多层次的体育消费需求，促进消费结构升级。体育特色小镇建设能够创造更多就业机会，提供新的就业岗位，从而解决就业问题，增加居民收入来源，减轻政府扶贫工作压力。同时，体育特色小镇这一模式，对建设地区来说是一条“内生式”城镇化道路，是对以往过分强调“政府主导、规模推进”的“外生式”道路的矫正。

体育特色小镇是我国全面深化改革的产物，是体育产业跨界融合的创新载体，也是推进供给侧改革和新型城镇化的有益探索。在新型城镇化、健康中国、全民健身等国家战略背景下，体育特色小镇将成为我国体育产业发展的另一个风向标，对于经济发展新常态下发展体育产业，促进产业跨界融合、经济转型升级及城乡一体化发展，促进脱贫攻坚工作都具有重要意义。

二、文献研究综述

（一）国外文献研究综述

在经济全球化的进程中，体育不可避免地卷入经济旋风，扮演着不可或缺的角色。体育的商业运作已成为许多国家促进国民消费、扩大就业人数的重要手段。美国体育市场消费量为 600 ～ 700 亿美元，占美国国民生产总值的 1.5% 左右。英国政府从体育消费总收入 68 亿多英镑中得到了 24 亿英镑左右的税收。意大利通过发展足球产业，使体育跻身于意大利国民经济支柱产业的前 10 名。正是这种社会的刚性需求催生了国家倡导体育小镇建设的战略。此外，欧美发达的体育产业也来源于其成熟的休假制度，欧盟所有成员国要保证每年最少 4 周的带薪休假，包括全职员工和非全职员工，这也直接催生了户外体育旅游的巨大市场。

国外学者主要从田园城市理论、城市区域核心理论、“技术小区——技术中心”理论来研究体育特色小镇。比如，1898 年，埃比尼泽·霍华德在《明日的田园城市》对特色小镇进行了描述，尽管具有典型的理想主义色彩，但为今后研究奠定了基础。美国社会学家万斯提出城市区域核心理论，指出要构建一个生活与工作一体化的生活圈。另外，美国学者卡尔·艾博特所提出的“技术小区——技术中心”理论也为研究体育特色小镇提供了一个新视角。Hsiao C T 认为，一个国家的经济发展到一定程度，必定会发展体育产业，来提高人民生活水平，刺激经济进一步发展①。Xue T 认为，参与体育休闲是生活质量提高的标志，因为体育休闲需求与基本生存需求不同②。

法国夏蒙尼体育旅游小镇、意大利蒙特贝卢纳的体育产业小镇、新西兰的

① HSIAO C T, PENG H L, HUANG H H. The impact of sports ethics of professional baseball player to the development of sports industry in Taiwan[J]. Quality & Quantity, 2012, 46(6):1753-1767.

② XUE T. sports industry and sustainable development of sports economy on vacation study recreation[J]. Journal of Sports & Science, 2006, 27(6):7-10.

皇后小镇等国际著名体育特色小镇具有一定的借鉴意义，也成为学术界研究的重点案例。Moore K 和 Berno T 认为，新西兰皇后小镇是高级体育休闲小镇，探险活动和高端服务的完美结合使它成为户外运动天堂①。

Foray J 指出，法国夏蒙尼小镇具有悠久的发展历史，第一届冬奥会在此举办，推动了冰雪运动的发展，且该小镇有完善的配套设施、专业的冰雪设备，带动了当地经济发展②。

（二）国内文献研究综述

1. 国内特色小镇文献研究

21 世纪初，我国开始自发性地出现"特色小镇"这一说法，到 2016 年，官方文件正式提到"特色小镇"这个词。2016 年 2 月 2 日，国务院印发《关于深入推进新型城镇化建设的若干意见》明确指出，要加快培育特色小城镇，促进新型城镇化健康有序发展。以"特色小镇"为关键词，以"1990—2020"年为时间跨度，可在中国知网上检索到 1.04 万篇文献。在 2015 年以前，国内学者对特色小镇研究甚少，自 2016 年之后，研究大幅增加，2017 年高达 2 544 篇，2018 年 2 562 篇，2019 年 2 599 篇，到 2021 年 2 月为止已发表 40 多篇，并将持续成为学者的研究热点。

关于特色小镇的内涵，大多数学者以浙江省为参考，原浙江省省长李强将特色小镇定义为"产、城、人、文"四位一体有机结合的重要功能平台，不同于行政区划单元上的"镇"，也不同于一般的产业园区和产业集聚区③。学者陈安华认为，特色小镇是相对独立于市区，区别于行政区划单元和产业园区，具有明确产业定位、文化内涵、旅游和一定社区功能的发展空间平台④。陈安华与李强的观点相似，都将特色小镇定义为一个重要功能平台，实质与产业区不同。学者马斌以新兴城市化视角解读特色小镇内涵，他指出，特色小镇是城

① MOORE K, BERNO T. The nature of the adventure tourism experience in Queenstown[C]. Dunedin: University of Otago, 1996.

② FORAY J. Chamonix, an Alpine and scientific adventure[J]. International Journal of Sports Medicine, 1992, 13(S1):S9-S12.

③ 李强 . 特色小镇是浙江创新发展的战略选择 [J]. 小城镇建设 ,2016(3):9-14.

④ 陈安华 , 江琴 , 张歆等 ."特色小镇"影响下的小城镇建设模式反思——以永康市龙山运动小镇为例 [J]. 小城镇建设 ,2016(3):54-61.

市化与城市功能平台，“产、城、文、旅”相互融合，具有持续核心竞争力，创新整合多元要素的有形载体[①]。闵学勤教授认为，特色小镇是打造创新发展、协调发展、开放发展、绿色发展和共享发展的重要功能平台，建设目标是推动产业集聚、创新和升级[②]。白小虎等从区域层面的都市圈、城市群和微观层面的产业集聚全面阐述了生产力空间布局的理论基础，借助中心地模型，结合产业的区位选择，解释了浙江从块状经济到特色小镇空间布局的演变路径。他们认为特色小镇作为都市圈优势区位上的综合发展平台，产业与空间相匹配，内部叠加多元化功能，能集聚、锁定高端要素，发挥出特色小镇的生产力优势[③]。大多数学者都借鉴浙江经验，认同特色小镇是产业集聚、创新升级，融合多元要素，推动经济社会发展的功能平台。国家政策直接影响学者对特色小镇的研究，在2016年以前对特色小镇研究不足800篇，而2016年起至今，特色小镇研究多达1.02万篇，由此可见，特色小镇是现在学者研究的热点之一，也是国家和政府工作的重点。

2. 国内体育特色小镇文献研究

我国体育特色小镇建设正式启动于2017年5月。2017年5月9日，国家体育总局办公厅下发《关于推动运动休闲特色小镇建设工作的通知》，正式启动了运动休闲特色小镇建设工作。以体育特征鲜明、文化气息浓厚、产业集聚融合、生态环境良好、惠及人民健康作为体育特色小镇建设的标准。2017年8月9日，国家体育总局办公厅公布了第一批运动休闲特色小镇试点项目名单，体育特色小镇建设在全国范围如火如荼地进行。同时国内学者将研究方向放在体育特色小镇建设上来。实际上，“体育特色小镇”与“运动休闲特色小镇”“休闲小镇”“运动小镇”并无区别，“体育小镇”与普通小镇相比就是“特色小镇”，体育就是小镇的特色。本书以“体育小镇”为关键词，以“1990—2020”年为时间跨度，在中国知网上检索到719篇文献；以“体育特色小镇”为关键词，以“1990—2020”年为时间跨度，在中国知网上检索到598篇文

① 马斌.新型城市化进程中的特色小镇——城市功能展示的新平台[J].城乡规划,2017(4):14-19.

② 闵学勤.精准治理视角下的特色小镇及其创建路径[J].同济大学学报(社会科学版),2016,27(5):55-60.

③ 白小虎,陈海盛.特色小镇与生产力空间布局[J].中共浙江省委党校学报,2016,32(5):21-27.

献；以“运动小镇”为关键词，以“1990—2020”年为时间跨度，在中国知网上检索到342篇文献；以“休闲小镇”为关键词，以“1990—2020”年为时间跨度，在中国知网上检索到469篇文献；将其汇总，共搜索到2 128篇，且有一部分是报纸刊载。但由文献数量统计表可以看出，2016年开始，我国体育特色小镇建设开始筹备酝酿。2017年国家体育总局正式启动体育特色小镇建设工作，2017年体育特色小镇研究明显增多。2018年体育特色小镇将继续作为体育产业领域研究的热点。自2016年7月国家确定要开展特色小镇的培育工作开始，特色小镇便成为学者研究的热点。目前，浙江、江苏、北京等省市已经相继开始了体育特色小镇的实践探索，引发了社会各界的广泛关注，学术界也开始了此方面的研究。

蒋清、敬艳从全域旅游的视角探讨了体育特色小镇的开发，认为在全域旅游视域下开发体育特色小镇，应以市场需求为导向，培育全体验产品类型；以体育旅游产业为主体，推行产业融合战略；以部门协同合作为基础，构建全覆盖公共服务体系；以打通体育与资本链条为基点，探索多元主体融资模式；以互联网为媒介，打造全媒体网络营销模式[①]。沈克印、杨毅然探讨体育特色小镇的本质内涵、价值作用及产业融合要素并提出一些方略举措。他们从社会治理、产业融合、新型城镇化、全民健身等视角对体育特色小镇进行多维度解读，认为体育特色小镇有利于加快体育产业的转型升级、扩大有效供给和促进产业跨界融合，因此产业关联、制度供给、消费需求和科技发展是体育产业跨界融合的基本要素。他们提出做好科学规划、明确体育产业定位、优化资源配置、加强跨界融合、完善运营管理和重视动态评估等策略来建设体育特色小镇[②]。陈磊、陈元欣等认为体育特色小镇建设应立足现有资源，选择特色主题、统筹体育产业与多业态共生发展、逐步完善基础设施与配套服务。体育特色小镇建设应与本地发展战略相结合，规范小镇建设的指标体系，借力公私合作伙伴（Public-Private Partnership，PPP）模式建设小镇，完善小镇考核评价机制，树立小镇建设典范。

① 蒋清，敬艳．全域旅游视域下体育特色小镇的开发[J]．开放导报，2017(5):92-95.

② 沈克印，杨毅然．体育特色小镇：供给侧改革背景下体育产业跨界融合的实践探索[J]．武汉体育学院学报，2017,51(6):56-62.

2016年9月12日，江苏省体育局在体育领域内率先印发了《省体育局关于开展体育健康特色小镇建设工作的通知》，指出“体育健康特色小镇”是以体育健康为主题和特色，体育、健康、旅游、休闲、养老、文化、宜居等多种功能叠加的空间区域和发展平台。国家体育总局印发的《关于推动运动休闲特色小镇建设工作的通知》指出，运动休闲特色小镇是以运动休闲为主题打造的具有独特体育文化内涵、良好体育产业基础，集运动休闲、文化、健康、旅游、养老、教育培训等多种功能于一体的空间区域、全民健身发展平台和体育产业基地。有学者认为，体育特色小镇是具有独特体育文化内涵、良好体育产业基础，综合运动休闲体育技能培养、健康旅游等多种功能的体育产业发展平台①。学者指出我国资源分配有比较大的差异，笔者认为，东南沿海等发达地区有雄厚的经济基础，但是地价昂贵；西北、西南地区自然资源和传统文化资源丰富，但是交通相对发达地区不够便利，地区基础设施也不够完善，体育特色小镇建设有利于促进全国资源配置的均衡发展。体育特色小镇应当具备优美的自然环境和深厚的历史文化基础条件，体育特色小镇发展必须依托自然禀赋资源，明确小镇产业定位，融合文化、健康、科技、旅游等元素。综上所述，体育特色小镇是体育产业跨界融合的创新载体，具有明确的体育产业定位，融合文化、健康、生态、科技、旅游等多种元素，并具有一定社区功能的综合性空间。

三、研究思路与方法

（一）研究思路

遵循“提出问题—分析问题—深入问题—解决问题”的思路，构建“理论基础—基本条件—发展思路—模式提炼—对策建议”的研究框架：首先，从宏观经济转型期背景论证体育特色小镇建设的必然性及其大有可为的事实，定量刻画特色小镇对地区建设与发展的影响；其次，剖析体育特色小镇建设的历史创新性和模式选择的特殊性，使地区建设有更好的条件和更多的选择，并选取典型案例深化研究；最后，创新土地管理模式、产城融合路径

① 张潇潇.互联网+视域下的“体育小镇”构建研究[J].南京体育学院学报(社会科学版),2017,31(4):18-22.

等，根据实际情况提出针对性的可操作对策建议。

（二）研究方法

1. 文献资料法

本研究运用网络检索工具，利用中国知网以及其他网站查找、搜集有关体育特色小镇的学术期刊论文以及其他相关资料，以“体育特色小镇”和“特色小镇”为关键词，搜索1990年至今体育特色小镇建设的相关文章，主要是2016年到2021年发布的学术期刊论文。在国家体育总局官网、中国政策网、中央人民政府及地方政府官方网站、国家统计局官网等网站，以“体育产业”“体育消费”“特色小镇”为关键词，搜索国家发布的相关政策和统计数据。同时，在武汉体育学院图书馆借阅有关体育特色小镇、体育产业、新型城镇化、产业融合等方面的书籍，为本书的撰写提供了真实可靠的理论依据。

2. 案例分析法

案例分析法又称个案研究法，由于受调研时间及个人能力等因素的制约，本研究选取了国外五个典型的体育特色小镇及国内广东、浙江两地的典型案例和其他地区的典型案例。通过实地考察、国家图书馆、国家统计网、世界银行数据库、世界旅游网站等途径对典型案例进行基本的信息资料查询，从而对案例进行具体分析，为本研究作相应的参考。

3. 数据分析法

根据世界银行数据库、中国行业发展报告、政府网、统计网、全球数据库CEIE Data、Wikipedia等官网上的数据筛选对本研究有用的部分进行分析，为研究体育小镇相关问题提供有力的数据支撑。

4. 比较研究法

深入了解国内外体育小镇的具体情况，通过对比分析国内外小镇发展情况的异同，反思其中存在的问题，为体育小镇寻找到有价值的启示。

5. 座谈讨论或辩论法

积极开展党委政府相关部门、中小企业及农民代表调研，邀请其他研究者、决策者、开发者等进行讨论，明确研究的方向和路径。

6. 实地调查与问卷相结合法

以面谈和发放调查问卷的方式收集数据，以体育特色小镇建设试点区域为素材，对案例进行缜密分析。

7. 计量分析和模拟研究

运用统计软件，包括描述性统计、因子分析，提炼影响体育特色小镇建设模式选择的关键因素，采用 Monte-Carlo 方法模拟区域差别对特色小镇建设的影响，通过计算机模拟对政策建议进行比较。

四、研究创新

（一）研究的内容

第一章绪论。绪论共分为四部分，介绍本课题的选题缘由、文献研究综述、研究思路与方法和研究创新。在选题缘由部分，介绍了选题的背景和选题的意义所在；在文献研究综述部分，简单梳理了国内外关于体育小镇、特色小镇等方面的文献研究；在研究思路与方法部分，着重介绍了研究的具体思路及研究采用的方法；对于研究创新方面，主要介绍了研究的内容和创新之处。

第二章和第三章理论阐述和理论基础。在特色小镇理论部分，简单梳理了特色小镇的概念、类型、发展要素及成长路径等；在体育特色小镇理论部分，从体育特色小镇的内涵和体育特色小镇建设的理论基础及体育特色小镇建设的模式三个方面做了理论梳理。

第四章拓展性解读。该部分以上述理论作为基础，从体育运动与健康促进、休闲体育文化构建、旅游产业发展、体育用品制造业、就业岗位增加及基础设施建设的可持续性方面对体育特色小镇建设进行了拓展性解读。

第五章国外体育特色小镇建设的经验启示研究。分析了国外体育特色小镇建设的模式及经典的体育特色小镇建设，进而总结了国外体育特色小镇建设的经验及对我国体育特色小镇建设的启示。

第六章我国体育特色小镇建设的策略与建设。梳理了我国体育特色小镇建设的发展理念及思路，建设的现状及存在的问题，最终提出了我国体育特色小镇建设的对策与保障体系，以推动我国体育特色小镇可持续发展。

第七章我国体育特色小镇建设实践性研究。该部分选取了广东地区和浙江地区较为经典的体育特色小镇建设案例进行了分析，同时选取了其他地区较为突出的体育特色小镇做了简单介绍，以支撑上述理论研究。

（二）创新之处

在学术思想上。迄今为止，我国对体育特色小镇建设还缺少清晰的理论分析，缺少模式选择的理论或范式总结，虽然学界试图对体育特色小镇建设做出划分，但所谓的大、中、小也不过是从规模上做出的分类，对体育特色小镇建设的独特道路分析显然不足。本研究从动力机制和空间模式两个视角剖析模式选择的特殊性，充分体现了制度创新性及灵活性，更加尊重客观经济规律，促进政府与民众良性互动，以实现城市发展的公平正义，这也是各地亟待研究和解决的重大理论问题。

在研究方法上。本研究采用案例分析法、数据分析法、座谈讨论或辩论法及计量分析和模拟研究等方法，形成经济学、管理学、社会学等多学科的“多维理论分析构架”的基本分析方法体系，在“物的城镇化”向“人的城镇化”转变的趋势下，从“人的城镇化”静态维度和动态维度、宏观维度和微观维度上综合把握体育特色小镇建设的理论与实践研究，并准确把握体育特色小镇建设模式选择策略及建设的路径和方法，为推动体育特色小镇的发展及区域发展提供更加宽阔的视野。

第二章 特色小镇建设的理论阐述

第一节　特色小镇基本阐述

一、特色小镇的概念

（一）特色小镇的起源

2015—2016年特色小镇成为国家层面和地方层面以及学界关注的热点，其实特色小镇由来已久，古代的人口和商业聚集中心本身就是特色小镇。这是因为古代小镇都体现了当地民俗和生活风格，是地方产业、商业和文化的中心，从今天的角度来看，过去的城池基本都可以称为特色小镇。真正与城市发展结合，是从中华人民共和国成立之初对梁、陈方案（建筑学家梁思成和陈占祥为保护北京古城而提出的《关于中央人民政府行政中心区位置的建议》）的争论开始，后来在城市规划界也一直存在城市历史建筑保护方面的不同观点。真正探索城市经济和社会发展的特色小镇，始自20世纪80年代费孝通先生的《小城镇，大问题》报告。于是自20世纪90年代开始，学界和地方政府开始了对城市特色的认识，包括文化特色、民族特色、古镇特色、产业特色、空间特色等全方位的内容。产业界使用特色小镇主要指房地产开发中的特色小区建设和文化旅游业发展。真正作为政府指导工作的文件最早始于1996年中共昆山市委、市政府的小城镇建设经验。随后，尤其是“十二五”期间，各地政府分别在生态城市建设和小城镇建设等方面不断提到各具特色的小城镇。但是以上内容主要以建制镇的行政边界为基础，来讨论城镇化进程中最低级别行政区的发展，如北京市于2011年设立100亿元的小城镇发展基金，引导42个特色小城镇建设；天津市在“十二五”期间重点建设了周边50个小镇；黑龙江省首先在哈尔滨市开始了六类21个特色小城镇建设；同期云南省安排专项资金重点扶持和鼓励社会投资参与包括现代农业型、旅游型、商贸型和边境口岸型四类210个特色小城镇建设；江西省以南昌市为开端，分批分期建设包括历史文化名镇、旅游休闲名镇和都市现代农业休闲观光名镇三类17个不同类型的特色小城镇；安徽省的目标是力争打造200个特色小城镇。事实上，这些城镇在经过五年打造建设后多数成了著名的旅游城镇和全国的重点镇。真正突破行政界线而探索其聚集功能的始自浙江省为解决“块状”经济出现的缺乏创新、产业低端、资源利用粗放等问题带来的后续发展乏力而提出的代表了新型城镇化改革方向的特色小镇。因此，从其发展脉络来看，特色小镇实则是我国重点镇的延续，只是强调的内容、空间界定和功能以及作用随着新时期城镇化的需要而发生了一些改变。

浙江省原省长李强于2014年10月在杭州西湖云栖小镇举行的首场阿里云开发者大会上首次提出“特色小镇”的概念，之后浙江省的研究机构开始了对特色小镇的集中研究；2015年1月，“加快规划建设一批特色小镇”被列入浙江省政府2015年重点工作，并成为2015年1月浙江省十二届人大三次会议通过的《政府工作报告》中的一个关键词；同年4月22日浙江省政府公布的《关于加快特色小镇规划建设的指导意见》明确了特色小镇的定位和要求，将100个特色小镇建设作为推动全省经济转型升级和城乡统筹发展，贯彻国家新型城镇化和产城融合发展战略做出的重大决策。2015年6月4日，浙江公布第一批列入省级创建名单的37个特色小镇；同年6月24日，浙江省特色小镇规划建设工作现场推进会召开，标志着浙江省特色小镇正式步入实施阶段，浙江继而成为我国首个发起和实施特色小镇的省份。截止到2016年底，浙江省首批37个特色小镇中约三分之一已初具规模，如杭州西湖云栖小镇，依托阿里巴巴、富士康等优势平台资源，集聚各类涉云企业近300家，涵盖App开发、互联网金融、数据挖掘等多个领域；宁波市江北动力小镇，以高端海洋工程动力装备制造业为主导产业，大力发展新材料、机电与电子、信息与控制、新能源等上下游配套产业，打造了国内一流的高端海洋工程动力装备制造业；杭州市龙坞茶镇，以龙井茶文化产业为主导，集乡村旅游与民宿体验、文创产业及文化商业、运动休闲产业、养生健身产业于一体，成为全国最大的西湖龙井茶集散地和最具茶文化竞争力的特色小镇之一。

为贯彻党中央、国务院关于推进特色小镇、小城镇建设的精神，贯彻落实《国民经济和社会发展第十三个五年规划纲要》中关于加快发展特色小镇的要求，2016年国务院出台的《关于深入推进新型城镇化建设的若干意见》中明确指出要加快培育中小城市和特色小城镇。国家发改委、住建部、财政部三部委对全国各地培育特色小镇提出了明确要求，计划到2020年培育1 000个各具特色的小镇，引领带动全国小城镇建设，不断提高建设水平和发展质量。2016年10月14日，住建部公布中国特色小镇第一批名单。

与此同时，2016年，各地相继将特色小镇建设作为新型城镇化的主要工作，纷纷推出重大举措，推动特色小镇建设。河北省委省政府出台《关于建设特色小镇的指导意见》，计划每个小镇投资20亿元，力争通过3至5年的努力，培育建设100个产业特色鲜明、人文气息浓厚、生态环境优美、多功能叠加融合、体制机制灵活的特色小镇。北京设立100亿元的小城镇发展基金，该基金主要由市政府、国开金融公司以及其他央企、京企、民企、社保基金、海外资金等共同出资。北京市政府分两个阶段，力争10年把42个重点小城镇打造成旅游休闲、商务会议、园区经济等五类特色小镇。2016年山东省推出创建特色小镇实施方案，计划每年完成投资不少于6亿元，到2020年创建100个左右产业上“特而强”、机制上“新而活”、功能上“聚而合”、形态上“精而美”的特色小镇，这些小镇将成为创新创业高地、产业投资洼地、休闲养生福地、观光旅游胜地，打造区域经济新的增长极。安徽省住房和城乡建设厅、安徽省发展改革委员会、安徽省财政厅三部门发文要求加强特色风貌的设计和建设，培育特色小镇。福建省政府在《关于开展特色小镇规划建设的指导意见》中，要求在以特色为本、产业为根、精致宜居、双创载体、项目带动、企业主体的基础上，通过要素保障、资金支持、人才扶持、改革创新等途径，创建一批特色小镇。甘肃省政府在《关于推进特色小镇建设的指导意见》中提出，通过四个阶段，建设18个绿色低碳、生态良好、风貌优美、功能完善、产业集聚、特色鲜明、机制高效、体制创新的特色小镇。广州市将通过《广州市美丽乡村建设三年行动计划》，建设一批产业特色鲜明、人文气息浓厚、生态环境优美的特色小镇；争取在2020年前建成30个以上特色鲜明、产城融合、惠及群众的特色小镇。贵州省从2015年开始，以改革为动力、以项目为载体、以产业为支撑、以绿色为亮点，全力打造以城乡统筹的融合点为核心的示范小城镇，目前45个小镇已被列入全国宜居小镇名单。江苏省政府在《关于进一步加强城市规划建设管理工作的实施意见》中，强调实施特色小镇培育与小城镇建设整治行动，推动小城镇多元特色发展。四川省将以深化“百镇建设行动”

为主线，培育创建省级特色小镇。天津市制订了特色小镇规划建设工作推动方案，到2020年将创建10个市级实力小镇、20个市级特色小镇，在现代产业、民俗文化、生态旅游、商业贸易、自主创新等方面竞相展现各地特色，建设成“一镇一韵”“一镇一品”“一镇一特色”的花园小镇、实力小镇和特色小镇。可见，特色小镇已经成为各级政府关注和建设的重点，也成为新的经济增长点和新型城镇化的实验基地。

（二）特色小镇的含义

特色小镇是相对独立于城市地区，具有明确产业定位、文化内涵、旅游功能和社区特征的发展空间载体，是实现生产、生活、生态融合的未来城市发展方向。它既有特色产业，又是一个宜居宜业的大社区；既有现代化的办公环境，又有宜人的自然生态环境、丰富的人性化交流空间和高品质的公共服务设施。它是地区发展过程中具有某类特色元素的聚集区（或居民点），试图用最小的空间资源达到生产力的最优化布局；是一个“产、城、人、文”四位一体、有机结合的功能平台，也是融合产业功能、文化功能、旅游功能和社区功能的城镇地区。在这样的地区，产业是支柱，文化是内核，旅游是生活，社区是归属。

特色小镇在管理方面是指以建制镇的行政区划单元为基础，进行新型城镇化探索的一种特殊空间。一般来说，特色小镇是小城镇的核心聚集区，小城镇的其他地区是特色小镇的腹地。城镇化的具体实施进程是以特色小镇为起点，逐步向外推进，最终促使整个建制镇地区实现美丽小城镇的发展目标。

二、特色小镇的特征

从特色小镇的基本概念出发，国内的特色小镇主要以资源整合型、产业集聚型、“互联网+”三种类型为主。对于特色小镇的发展，“产业”“特色”是其建设的必备条件，特色的产业以及资源优势是打造小镇的前提。同时，文化环境、体制机制是特色小镇发展的软动力，是关系发展道路长远的重要因素，需要有具体化、特殊化的内容作为支撑。因此，我们可以从“产业、风貌、文化、机制”四个维度来总结特色小镇的基本特征，如图2-1所示。

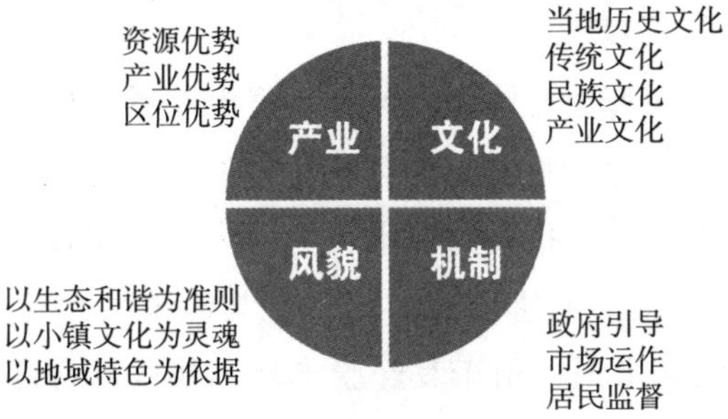

图 2-1　特色小镇的特征

（一）产业“特”

在体育特色小镇建设中，产业发展是建设的重中之重，尤其是国家级的特色小镇，对产业发展应当有更科学、更严谨的规划。产业创新发展不局限于产业规模的发展，还在于产业特点的突出，但是不能为了突出特点而脱离实际，特色建设必须以当地自然生态环境、文化习俗等作为依托，融合适合在当地发展的产业。确定好特色产业的发展目标与方向后，集中做好产业发展的规模化与科学化，进一步扩大产业内需，选择合适的运营模式，形成独具特色的产业结构。

（二）文化“特”

没有文化内涵的小镇是没有灵魂的，在建设特色小镇时，我们应对当地的历史背景、传统民俗、文化特点等进行深入调查与研究，同时对这些文化做进一步深度挖掘，总结其文化精华，将其与特色小镇建设融合，提高特色小镇的文化底蕴。除此之外，文化特色的选择应当符合特色小镇的发展模式，确保小镇与文化是互相融合的。恰当的文化融入能够为特色小镇的发展带来巨大的商业价值。

（三）风貌“特”

可以说，小镇的风貌就是小镇的名片，游客对小镇的初印象往往由小镇的风貌决定。要突出小镇特点，在风貌方面就应当别具一格。我们在进行风貌营造时，可以依托当地的自然景观，因地制宜地规划设计，小镇的整体布局要精美、要有特点。另外，在功能布局上，也应当全方位考虑，尽可能保证功能的全面性。

（四）体制机制“特”

特色小镇的运营和管理与体制机制有着很大关系。要打造特色小镇，务必会花费大量的资金、人力、物力，并且特色小镇的设计、建设工序等都非常复杂，单纯依靠政府部门进行指挥与管理较为困难，需要政府、企业、社会等多方参与，这意味着特色小镇建设的体制机制与传统城乡建设不同，具有一定的“特点”。对于政府来说，由于其经验丰富，并且具有良好的资源和资源配置权力，因此在特色小镇建设中可以对建设的整体进度、发展方向进行有效把控；对于企业来说，其资金运转更顺畅，对市场化运作更熟悉，因此可以把控建设和运营的具体细节；对于社会来说，社会公民应当对特色小镇的建设进行适当监督。在多方参与的机制下，特色小镇的建设将更加独特和顺利。

三、特色小镇的作用

（一）破解城乡二元结构，提升城镇化水平

近年来，我国致力于脱贫致富，打破城乡二元结构，通过多项举措来改变城乡现有面貌，提高城镇化水平，这不仅是促进我国社会进步的重要途径，也是加快我国经济发展的重要举措。只有打破了这种结构，才能实现社会资源的合理配置，实现城乡的均衡发展。特色小镇是城乡的联结体，特色小镇的建设能够为农民提供更多的就业机会，吸引更多的农民参与就业，降低农民迁入城市带来的城市人口压力，在一定程度上改善了人口结构，对我国供给侧结构性改革具有重要的促进作用。

1. 提升小城镇的整体质量

根据2016年《中国工业化蓝皮书》发布的内容，中国工业化水平综合指数已达83.69，到2020年基本实现工业化，到2025年我国工业化水平综合指数将达到最大值100。由此可见，我国的工业化发展进入到中后期阶段，但工业经济的高速发展也带来了劳动力、土地成本不断上升的问题，出现了产能过剩、资源过度开发的现象。在这样的经济背景下，依靠房地产项目开发、农副产品简单加工、资源低附加值开发的小镇发展难以为继，转型升级迫在眉睫。事物的发展是扬长避短的过程，小镇建设也是如此。小镇的优势在于拥有大城市居民无比向往的绿水青山，拥有得天独厚的产业资源优势。

这些“软价值”即小镇的特色，是小镇的竞争力。

特色小镇建设需进一步完善小城镇基础设施水平，主打“特色”牌，提升小城镇“软价值”，全面提高特色小镇整体质量。

2. 促进农村人口向城镇人口转变

中国城镇化发展与西方国家的城镇化发展有着明显的不同，西方国家更注重将先进的科学技术应用到农业中以实现技术创新，中国则更加注重将城市边界向周围扩大与延伸，通过此方式与农村建立起联系，从而促使农村结构逐步发生改变。要实现城镇化，首先应当实现人的城镇化，现阶段，我国人口城镇化和土地城镇化的发展程度并不匹配，人口城镇化率还较低。

我国自开始实施城乡一体化建设以来，已经采取了相应措施来改变农民的生活方式与生活条件，促使其向市民转变，但是这个转化速度非常缓慢，相应的基础设施在数量和种类上都还有所欠缺，村镇在城镇化发展过程中缺乏有力的推动力，产业发展不突出。建设体育特色小镇，可以在很大程度上改变这种状况，吸引更多的产业进入村镇。相应地，一部分农民就会向工人转化，并且当地的生态环境和地理条件等都会得到进一步充分利用，特色小镇的不断发展也会进一步吸引更多的人才，由此便会带动村镇的经济发展。举例来看，浙江绍兴的柯桥镇主要以化纤布纺织为主要工业，当地部门结合地域特点和产业特征对小镇做了进一步优化与改造，将其建设成了特色小镇，使得其生产规模和生产水平等都有了突飞猛进地提升，提高了该地区纺织业和纺织产品的影响力。地域不同，重点产业发展就不同，在河北武强周窝镇，当地农民主要以农业生产为主要经济来源，并且这里的人们喜欢享受慢节奏的农业生活，该镇结合当地农民的生活习惯和劳作方式，将这里打造成了极具休闲特色的农业小镇，这不仅吸引了大量游客来观赏，还增强了该镇经济发展的信心与决心。

3. 凸显建制型小城镇的平台作用

2017 年的国务院政府工作报告中并未明确提出“特色小镇”的说法，而是将其并入“支持中小城市和特色小城镇发展”的表述当中。现如今，我国已经建设了数万个建制型小城镇，部分小城镇为了更好、更快地发展，做出了相应的创新改革，朝着特色化方向进行了改造，目前已有 127 个完成了建设改造。这些特色小镇之所以能够取得更好、更快地发展，是因为它们对城市、对农村的发展都有着促进作用。例如，从地理位置来看，特色小镇多建在城市边缘靠近农村的地方，这既可以减轻城市的人口压力，也能够将城市的部分功能引用到农村中去；从管理运营来看，建制型特色小城镇有着更好的土地资源，便于组织实施和管理，能够加快特色小镇发展的步伐。

（二）促进现有产业形态的转型升级

1．“产业＋资本”造就新价值

作为经济“新常态”的突破口，特色小镇在得到党中央的肯定后，就吸引了社会各方的密切关注，成为社会资本规划发展的新方向。一批相当有实力的大企业、龙头企业，如万科企业股份有限公司（简称“万科”）、碧桂园集团（简称“碧桂园”）、华夏幸福基业股份有限公司（简称“华夏幸福”）、美好置业集团股份有限公司、南山控股（集团）股份有限公司、蓝城集团等，始终坚持以产业立镇为原则，根据自身发展状况调整投资模式，将资金注入特色小镇，投资产业，完善基础设施，创造新的价值，从而形成了良好的资本回报。例如，华夏幸福运营的河北大厂影视小镇，启动“人才孵化—产业基地”双驱发展模式，打造了影视制作的前期拍摄、后期制作、宣发交易的全流程产业，并且带动了人才孵化等相关产业。在产业机构上，小镇引入 Base FX、金海岸影业、派格控股传媒、北京电影学院等企业和机构；在运作模式上，吸收借鉴美国影视业先进运作模式经验，创造本土影视发展的基地，被业内人士誉为“中国唯一特别上路的影视小镇”。

2. 为园区转型提供新思路

在过去几年，城市边缘地区建设了诸多产业园区和工业园区，这些园区的建设确实减轻了城市污染的压力，但是园区的集聚却使得城市边缘地带的环境受到了严重污染。另外，随着科学技术的快速发展，一些园区的生产技术较为落后，跟不上社会发展的步伐，生产无法满足市场的需求，要想长久生存下去，就需要重新进行改造与转型。在崇尚“绿色、自然、生态”的今天，特色小镇因集产业、文化、自然为一体而备受人们喜爱。因此，这些园区可以以特色小镇发展模式为参考依据进行改造转型，改善生产结构，引进先进的、环保的生产技术，调动更多的资源进行合理分配，招纳人才，为园区发展提供源源不断的动力。

例如，青岛西海岸新区琅琊镇，为了提升自身经济发展水平，对生产的海产品和农产品做出提档战略，产品档次和价格的变化带来了产品滞销问题。针对此问题，该镇引入信息技术，开始建设以“互联网＋山情海韵”为特色的电商小镇，开发了全省第一家镇级电商平台，以电商平台为基础更好地整合百家农场与商家的资源，组建了覆盖全国的电商网络，在产业建设的同时，重点对海岸线的环境问题进行整治，加强小镇生态的治理。

（三）促成多元协同的治理模式

“社会管理”主要是指政府和社会组织为促进社会系统协调运转而进行的规范管理，其中政府是管理的主体。“社会治理”不再是政府包干的模式，而是依据法律、道德、文化等手段，通过协商、协作的方式，由政府主导，社团组织、企业、公民等社会各方共同参与的“社会治理”。具体表现为：

1.产业协同

特色小镇是集产业基础、文化底蕴、社区功能为一体的融合平台，产业是小镇发展的中流砥柱。小镇要以核心产业为主导形成产业链，通过龙头企业的培育和新企业的孵化、入驻形成产业集群，联动发展其他相关产业。相同产业、不同产业之间只有协同发展才能实现共赢。

2.城乡协同

小镇是城市和农村的联结体，小镇的建设使得城市和农村的联系更加紧密，不论是在情感方面还是在经济方面，都拉近了二者的距离，二者相互依存，协同发展。小镇在建设和管理运营过程中，能够有效借鉴城市的发展模式和人才管理方式等，提高经济效益，也可以为城市提供农产品，满足城市农产品的需求。

3.生态协同

近年来，城市热岛效应使得环境污染越来越严重，而生活节奏的加快也使得人们的休闲娱乐时间变得越来越少。特色小镇刚好是在保持原生态环境的基础上进行建设的，能够为人们提供更好的自然环境。另外，特色小镇的建设还融入了人文历史与地域文化，能够让人感受到文化特色与氛围，增强了人的感官体验，是贯彻和谐社会的重要举措。

第二节　特色小镇的类型与发展要素

一、特色小镇的类型

（一）旅游特色小镇

旅游特色小镇是针对旅游成熟期游客对旅游地全方位的深度需求，在环境良好、交通方便、具有一定产业基础的地区，以某个特色元素为主题，围绕高端游客对旅游地城市生活的多样化体验而进行的城镇建设、管理和服务的产业及公共服务活动，是在当地居民真实生活的基础上，让游客充分融入当地城镇生活。因此，旅游特色小镇首先是一座小城，其次才是旅游业和旅游服务，在这样的城镇生活既有归属感又有新鲜感。

1. 旅游特色小镇的形成

旅游特色小镇是基于地区的某种旅游价值而产生的，当然这种旅游价值并非完全与生俱来，而是通过建设引导它们朝特色小镇的方向发展，如影视基地和创意产业基地。因此，地区的旅游价值就是特色小镇形成的基础。世界各地都有很多旅游小镇，但多数是随着城镇的发展自然形成的，如荷兰北部的羊角村就是村民们共同选择的生活方式，随着时间的流逝而一直保持下来；法国南部的普罗旺斯，从诞生之日起，就谨慎地保守着她的秘密，直到英国人彼得·梅尔的到来，普罗旺斯许久以来独特的生活风格才渐渐被外人知晓；德国的巴登巴登小镇因为其卓越的建筑吸引了很多著名人物的到来，由此发展成一个集旅游、博彩和度假为一体的特色小镇；美国加州旧金山北部的索萨利托小镇发展于 19 世纪，南欧的西班牙和意大利移民最先居住于此，在这里他们将带来的地中海生活习俗不断演化，形成了一个镶嵌于旧金山而又有别于美国文化的意大利风情小镇。这些小镇都有一个共同的特点，那就是小镇的发展不受外界干扰，保持自身独特性，按照它应该有的样子变化。我国的旅游小镇则具有太多的人为打造痕迹，过度的投资项目和修饰已经成为特色小镇发展的障碍。

不同的旅游资源对应着不同的特色小镇类型，常见的主要有两大类：一类是自然风景类型；另一类是历史文化类型，下面对这两种类型的小镇做具体介绍。

首先是自然风景类型。有些自然风景区的景色非常优美，吸引众多游客前来参观，依靠这种优势在景区周围地势较好的地方建设特色小镇，特色小镇能够借助景区的知名度而招揽更多的游客。但就现阶段来看，很多自然风景区的位置往往距离城市较远，不论是交通设施还是景区服务都不完善，供人们休闲娱乐的设施数量少、种类少且陈旧，这也给自然风景类型小镇的建设增加了难度。

再来看历史文化类型的小镇。通常这类小镇距离城市较近，处在城市周边的县城或者农村，这些小镇具有浓厚的文化底蕴，当地人们的历史文化习俗和生活习惯等都较为突出，建筑风格别致，很容易吸引游客前来参观。但是随着经济的快速发展，人们生活发生了很大变化，城镇开始朝着城市的方向发展与建设，一些古建筑遭到了破坏，城镇生活也更加都市化，一些文化习俗和文化观念逐渐被淡化甚至模式化。基于此，这些地方要想建设特色小镇，需要对古建筑做大量的修复工作，对历史文化和民风习俗进行更多的宣传与传承。一些地区为了快速建设历史文化小镇，将建设重点放在了古建筑原貌恢复上，对文化内涵缺乏深入融合，使得小镇仅仅是表面上的文化特色小镇。另外，即使对当地的建筑进行了修复，人们住在了古建筑中，但是生活方式和生产方式并没有改变，使得小镇缺乏生机与生活气息，小镇的文化历史特色仅仅体现在外观上，与人们的生活显得格格不入，整体感欠缺，小镇的特色失去了内涵。

2. 旅游特色小镇的特征

（1）经济性。旅游特色小镇无疑会引导游客进行消费，各种特色小吃、特色产品、娱乐项目以及特色住宿环境等，都能够带动旅游特色小镇的经济发展。在旅游特色小镇中，最核心的产业就是旅游业，其他产业为旅游业做辅助，通过主辅联动的产业体系来紧密各产业间的联系，既可以促进小镇的经济增长，又能够拉动内需，促进产业升级。

（2）规模尺度。旅游小镇的建设并不在于规模，也不强调过于华丽的外观，其主要是因地制宜在小镇内构建有旅游特色的设施和环境，更注重游客在小镇内的体验和感受，目的是提升游客的满意度。所以，旅游特色小镇在规模尺度上不必过大，但小镇内部应更加紧凑。

（3）价值功能。旅游特色小镇的游客多数都是为了感受小镇的旅游特点，从而使整个人得到放松，因此小镇的度假娱乐功能更为突出，在这里，人们能够使身心暂时逃离大都市那种喧嚣和繁杂，获得片刻轻松自由，缓解压力，给身体、思想放个假。

（4）文化象征意义。文化特色不仅可以使小镇的形象具有特色，还可以使小镇的精神内涵有特色，这些精神内涵是小镇的灵魂，是推动小镇发展的重要支柱。目前我国有很多特色小镇都带有浓厚的文化特征，例如徽州地区众多古村落集群，该地的“马头墙”向人们传达出不服输、勇于冒险、不屈不挠的精神，文化象征意义非常明显。

（5）商业导向。人们到旅游特色小镇旅游，一定会进行消费。旅游特色小镇的每一个项目、每一种产业，都在以直接或间接的方式引导人们消费，只不过在消费过程中感受到的体验是轻松的、愉快的、享受的。这种消费引导体现的就是旅游特色小镇的商业导向，但是需要注意，引导人们消费需要使用恰当的方法，不能强制游客，也不能歧视游客的消费，尽量使游客自愿、愉快，主动消费。

（二）产业型特色小镇

产业型特色小镇面积较工业园区小，如果实施综合性的城镇管理甚至创新的城镇管理，城镇建设与管理就能够享受扶持政策和改革机会，企业能够利用特色小镇的生产和生活环境与氛围。这种小镇是一个以产业为核心的完整城镇综合体，在一个聚集中心逐渐辐射和影响周边地区的发展过程中，呈现出一种可持续创新的产业组织形态，代表了产业功能与城市功能相融合的未来城镇发展方向。

1.产业型特色小镇的形成

产业型特色小镇主要是在某一个专业领域里具有独特竞争优势的情况下，企业通过与周边各种因素进行组合，采用远程分工而形成的专门化的生产地区。这种小镇一般以一个地域专门化的形式与外界建立联系，或者呈一个企业族群（企业集群）的方式与其他地区进行合作与竞争。在这样的地区，企业与企业之间、企业与城镇之间都建立了紧密联系，也与所在城镇的各种要素融合在了一起，任何一个企业离开这个环境都很难存活，也会给其他企业带来损失。这样的小镇成长的原因有两种：一种是在小尺度空间范围内，因为某个发展契机而形成特色鲜明的产业聚集区，并经过与外界的多次博弈最终寻找到一个适合本地的发展机会，如美国纽约的格林尼治基金小镇，利用毗邻纽约金融市场、区域税收优惠、生态环境优良和全方位的生活配套等综合优势，在对冲基金如日中天的40多年前，由投资界的传奇投资人巴顿·比格斯设立第一只对冲基金开始，利用康涅狄格州个人所得税税率低的条件，吸引大量与日俱增的对冲基金配套工作人员居住，从而形成了基金小镇。另一种是基于某项传统手工艺不断延续形成的、以产品品牌为标志的特色小镇，如荷兰的伊顿镇（Edam）、高达镇（Gouda）和马斯丹镇（Maasdam）等，都以传统奶酪制作工艺而成为世界著名的集产业、旅游与文化活动为一体的小镇。

产业内部也分为多种类型，不同的特色小镇具有不同的发展方向，其对应的产业也就不同，可能在某一个小镇中主要发展农业产业，那么农产品就比较多；如果一个小镇主要发展制造业，那么该小镇中的制造业产品就比较多。因此，在对小镇的类型进行划分时，应当从小镇的功能入手进行划分。

自改革开放以来，我国经济飞速发展，在国际上的地位也得到了显著提升，但是在产业发展方面，我国产业转型升级工作还有很长的路要走。在经济发达地区，产业发展还算相对稳定，但是在经济落后的地区，很多小城镇的产业规模都很小，技术和管理也都比较落后，缺乏创新，面临着很多问题。浙江省有很多有名的产业基地，如纺织针织、五金电器、小家电、皮革等。这些小型企业集群都是该省的重要经济支柱，但都因为其规模小、产品技术含量低、产业链短、设计能力和市场开拓能力弱，日益陷入“低端制造＋低端服务”的“低端价值链”发展模式。为了建立高端产业、新兴业态和优秀人才集聚平台，顺应新型城镇化的发展趋势，浙江省在“一镇一品”的“块状”经济的基础上，提出建立毛衫小镇、皮革小镇、乌龙茶小镇以及裤艺小镇等产业特色小镇。

与此同时，围绕某种独特产品而形成的产业小镇，如“一村一品”“一镇一品”等，基本上都属于这种小镇的原型，在围绕该类产品逐渐丰富其产品类型和消费方式的过程中，演化成了产品与地域相融合的“地域商标”型小镇。很多乡镇工业基础弱，但环境和自然条件适宜特色农产品种植。因此，在一些农业基础好的乡镇，也陆续出现了以地域品牌为特征的农产品小镇，如天津滨海新区的中塘镇以冬枣而闻名，河北邢台市隆尧县莲子镇以小麦产地建立了今麦郎集团而闻名，山西吕梁汾阳市杏花村镇以酒都而闻名等。还有一些小镇是在旅游业和文化创意基础上，经过投资建设和品牌打造而形成的。这些小镇往往形成时间相对较长，旅游和文化产业融合得较为充分，项目运作较为成功，从而使所在地成为特色发展地区。这类小镇一般属于旅游与产业兼业型，产业种类较为丰富，如上海青浦区朱家角镇利用了沿海资源，建设了国际现代化水上设施活动中心、上海市青少年校外活动营地、上海太阳岛国际俱乐部、上海国际高尔夫乡村俱乐部等，是集商务、度假、休闲为一体的娱乐旅游基地，借助这些文化体育产业，古镇区还开放了大清邮局等20多个景点。江苏无锡宜兴市丁蜀镇，在紫砂壶文化基础上，形成了集文化、商贸服务和旅游于一体的小镇。浙江金华东阳市横店镇，利用影视基地形成了文化产业与旅游型小镇。

另外一种旅游和产业兼业型小镇由于产业资源和旅游资源同时开发而形成，一般是因为农业基础好、农产品具有地方特色，或者某一种独特的传统产品有很高知名度，所在地区的自然环境或人文景观具有旅游价值，而采用“两条腿”走路进而发展起来的小镇，如北京昌平小汤山镇，兼具农产品和温泉旅游；天津武清区崔黄口镇，兼具地毯和古迹旅游。

2. 产业型特色小镇的特征

产业型特色小镇仅涵盖某个产业链内部的一个环节或一些产品，是一个细分行业内的产业或产品，而不是产业的专业化分工。它们往往采用行业细分后的产业类型，所形成的产业关联以横向联系为主，即围绕该领域生产的外围生产环节和服务机构，如策划、设计、研发、推广、生产、销售和服务的综合体，甚至围绕该产品的会展等文化创意活动，如产品展销会、销售体验活动、展览活动，以及文化艺术活动等。这种产业类型有可能打破现有的产业划分而建立新的扁平式的产业划分体系。

为了突出产业特色和竞争的独特性，尤其是为了使产品在更大的地区范围内有竞争力和知名度，产业型特色小镇在选择主导产业时的理论根据是地区的绝对优势，即在该地区生产该产品比在其他地区有绝对的成本优势和竞争力，这与一般在编制地区发展战略选择主导产业时依据地区比较优势完全不同。因此，产业选择的范围小，生产聚焦于产品的深度开发和质量提升，在找准特色、凸显特色、放大特色的基础上进行创新，是产业型特色小镇发展的关键所在。

浙江省根据自身的产业发展方向，提出特色小镇应该集中在支撑浙江长远发展的信息经济、环保、健康、旅游、时尚、金融、高端装备制造 7 大万亿元产业及茶叶、丝绸等历史经典产业上。小镇目前已形成的产业一般是新兴产业，如私募基金、互联网金融、创意设计、大数据和云计算、健康服务业或其他智力密集型产业。但我们认为，仅从新兴产业本身来确定产业选择方向，并不能真正体现当地的绝对优势和竞争力。这是因为，地区发展的多样性以及特色小镇的独特性决定了小镇不可能按照以往的产业发展思路进行决策，而应该基于地方发展的需要和城镇发展的方向，在产业选择时采取内发型模式，后续的生产过程（包括策划、研发直到最后的销售服务）采取外发型道路。这是一个基于最基层经济体的发展决策，政府不可能代替市场来进行。

（三）其他类型

特色小镇的独特之处，就是每个小镇都有其特殊的形成路径。按照小镇各自的形成路径会有很多不同类型。从目前已有的国内外特色小镇来看，依照其起源，除了旅游和产业型以外，特色小镇还有重大事件型、科研教育型和众创空间型等类型。由于这类小镇多以某个新兴行业为契机，难以按行业划分，又多以专业创新为主，是以某个有生命力的新兴行业为特点形成的聚集区，如基金小镇和航空小镇等，故这里暂且称为专业创新型小镇。

以某个重大事件，如奥运会、重大国际会议等为开端创建了知名度也可以形成特色小镇，如瑞士的达沃斯小镇，就是以每年召开的世界经济论坛而闻名。

科研院校建在某个自然环境好的地方，会带来人口和服务业聚集，从而形成大学城小镇，如荷兰奈洛德小镇，以奈洛德大学而闻名；美国的普林斯顿小镇，以普林斯顿大学为核心；康奈尔大学所在的伊萨卡小镇，是一个人口约 3 万的温馨小镇等。美国很多远离大城市的著名大学城都属于这类小镇。这些小镇自然和人文环境融为一体，颇有世外桃源之感。

随着创新活动在全球展开的热潮，众创空间成为充满梦想和追求的新事物。在城市外围选择一个自然环境好、基础设施完善和文化氛围浓郁的地区，打造众创空间，非常符合特色小镇的要求。因而，这类众创空间也就成为创新小镇，如上海枫泾小镇中的农业众创空间、浙江云栖小镇中的云生态空间等。与创新有关的当数美国硅谷的小镇群。硅谷核心地带共有15座小城镇，都坐落在美国西海岸旧金山南湾地区的山谷中。无论是苹果的库比提诺市，还是谷歌公司的山景城，都以著名公司为特征，建起了相对独立的城镇设施，并围绕创新开拓了以创新为主题的城镇生活。硅谷一带的繁荣，其实是由这些特色小镇的聚集而促成的。尽管它们已经使圣何塞，甚至西海岸旧金山湾区变成了美国的大城市地区，但其内部仍然还是一个个有特点的小城镇。

二、特色小镇的发展要素

（一）经济基础

地区经济基础是特色小镇发展的核心。特色小镇不仅与经济发展水平息息相关，也是城市经济的载体。因此，特色小镇要以产业为核心，与大城市形成以产业为关联的空间整体。

1. 特色产业的根植性

特色小镇需要有地方特色资源，比较扎实的产业基础，一定的经营规模、生产技术、管理标准、深加工能力、市场拓展能力和投资能力，才能打造特色产品。与此同时，这种产业在地方需要具有一定的根植性，即核心企业与地方各组织之间建立的长期合作与信任关系。特色产业的根植性主要在于核心企业（或产业）与当地经济和社会环境对该企业（或产业）产生的有利或不利因素，居民认知是否与企业文化具有趋同性，及居民是否普遍具有该产业（或产品）的生产或销售技能。

2. 产城融合需要地区经济支撑

产城融合是特色小镇的目标。作为“城市之尾”和“农村之首”的小城镇与农村联系更紧密，是农村经济发展后产生的剩余劳动力转移的最直接目的地。因此，地方经济发展创造了特色小镇产生的条件，以及对特色小镇的需求，而不是特色小镇带来地方经济发展。当然，特色小镇可以引导地方经济朝健康方向发展，可以在一定程度上使之少走弯路，但不能在毫无经济基础的条件下盲目推进。

腹地与中心城镇的经济发展息息相关。城镇是腹地经济的领导者和要素的聚集核心，腹地是城镇发展的经济支撑。有什么样的腹地就有什么样的城镇；有多大的腹地经济规模，就有多大的城镇规模；腹地经济水平在何种程度，城镇质量就在何种程度。只有地区经济发展到一定水平才可以为城镇建设提供足够的资金，进行基础设施建设和提供完善的公共服务，才有条件实现产城融合。

（二）空间资源

空间资源是特色小镇的载体。如何在土地供给逐渐缩减的情况下，以集约用地的方式建设特色小镇，是特色小镇发展的必然问题。

1.特色小镇对空间选择的要求

土地是特色小镇建设的基本条件，为避免重走过去土地财政圈地卖房的老路，特色小镇对空间选择要有更高要求。特色小镇建设是以产业为核心、实现经济转轨的重要手段，因此，需要布局在经济效益较好的地方，同时又要兼顾自然和人文环境，选择能充分体现其独特性的地区。作为连接城乡，又需要突出发展特点的特殊区域，特色小镇在空间上可以有多种选择。首先，可以选择在大城市周边自然环境和人文条件比较好的地区建设特色小镇，这样可以借助大城市的经济辐射和产业转移，承担大城市的特色功能。其次，在三、四线中等发展城市建设特色小镇，这样可以采用背靠城市的办法，在与城市保持一定距离的基础上建设特色小镇，既可以享受便利的产、学、研配套的聚集优势，又可以避免大城市中的喧嚣。最后，在经济较为落后、某种自然资源和文化资源在全国甚至全球具有独特性的地区，可以利用地方经济和产业发展的需要，通过内发型方式形成自己的品牌。这类小镇一般属于独立城镇，无大城市可依靠，需要周围腹地支持。小镇建设需要内部与外部资源共同发力，也需要更加开放的政策环境，保证各类资源不断集聚和涌入。由于脱离腹地孤立发展，小镇难以形成规模，更难以可持续发展。因此，一定要避免特色小镇孤立存在。

2.特色小镇的空间维度

特色小镇在土地约束日益收紧的情况下，既要实现经济与环境、产业与城市、自然与人文的有机融合，又要探索存量空间与增量空间相互弥补的城市有机更新方式，在增量空间之间搭建融合的桥梁，为存量空间探索多样化的复活方式，就需要多维探索，这种多维是指社会、经济、人文、自然等维度在空间上的高度统一的空间结构，借鉴“田园城市”理念，将多重功能在空间上进行组合，建设立体城市，即从空间设计上，通过垂直分布各功能层，如引入城市内新兴的垂直绿化，实现垂直空间的城乡融合田园城镇，进行“多重空间”实践；在产业功能上，按照不同产业对密度的要求，通过有机组合生产、生活和生态要素，以疏密搭配的方式，将各种产业功能区进行组团式组合；从城镇多样性上，将住宅、商业、娱乐、医疗、体育、宗教、文化、休闲、会展等进行融合化的空间布局，并细化功能空间形式，采用整合、叠加及集聚等多种方式，实现资源利用的最大化，同时与日常出行半径最小化完美结合，创造生产、生活满意度最高的新型社区。

3.特色小镇空间利益关系

特色小镇往往处在城乡接合部，是农业用地和城镇用地的交叉点。随着城镇化进程的加快，土地在由农业用地向城镇用地转化过程中的各种利益交点都会在该地区反映出来。特色小镇的主要空间利益关系表现为：土地权属性质和使用性质转化过程中的利益关系纠结；城镇发展中产生的垃圾和污染等空间负效应在此集中。这些利益变动都会牵涉不同利益相关者之间的矛盾和冲突，空间利益关系如果处理不好，会成为特色小镇发展的障碍。

大城市周边的空间利益关系主要表现为大城市空间扩张征地过程中的利益损益以及对周边地区带来的空间负效应。这种利益关系在城乡接合部地区最为明显，主要表现在：大城市在拥有优美环境和完善设施的同时，将一些负面的空间效应通过空间置换转移给周边地区，使得外围地区承担了大城市转移出的垃圾、无序建设、非正规产业，以及低收入群体集中而产生的负面影响。

较为边远的小城镇地区有比较好的自然景观，但由于景观建设严重滞后，与美丽小镇有较大距离，尤其是农村地区，垃圾问题日益严重，而小镇由于与农村地区接壤且被农村包围，在享受周围腹地充裕劳动力和资源以及低物价等优势的同时，也面临农村垃圾堆放带来的困扰。不过随着新技术和环保产业的发展，一些地区探索出了行之有效的解决办法。

（三）资金支持

资金是支持特色小镇发展的必要条件。特色小镇建设与其他的城镇建设一样，同样需要资金支持。一般来说，用于特色小镇建设的资金，与具体项目对应，主要从五个环节进行投入。

1.土地开发投资

我国的土地一级开发，是指由政府或其授权委托企业对一定范围内的土地进行适当的基础设施建设，使其达到具备给水、排水、通电、通暖气、通电信、通路、通气以及场地平整（又称“七通一平”）的条件，使二级开发商可以进场迅速开发建设。随着“政府主导、市场化运作”原则的进一步落实，其中逐渐引入了私人资本介入，多元化的融资渠道成为土地开发的主要方向。

不过在特色小镇建设中，由于小镇的经济规模小、产业竞争力尚未显现，投资预期存在诸多不确定性，“七通一平”的基础设施建设资金回收周期会更长，而且缺乏规模效益，加之小城镇土地储备不健全，政府财力紧张，融资渠道更加狭窄。如果在已有建设用地上进行改造性建设，地上物复杂且对周围环境要求严苛、拆迁成本高和难度大等诸多困难相叠加，资金缺口比城市地区大。另外，特色小镇的多样性用地导致建设项目种类多、规模小，资金收益往往不高。

2.房地产开发建设资金

尽管我国的房地产业方兴未艾，但还是主要靠银行贷款和商品房预售筹款。无论是哪种资金来源，都是基于投资者和出资人对房地产价格上涨的高度预期。虽然特色小镇的产城融合理念为文旅型特色小镇的房地产业开辟了一条新途径，但却对开发商提出了更高的要求，项目的多样性和高度融合性要求资金使用和来源以及运营模式的多样性，也致使资金使用成本增加。

3.运营资本

城市运营是建筑载体与城市空间相结合，并对城市进行多系统的组织与管理。它要求企业、运营商、主管单位、监理单位、设计单位、政府监督部门、规划部门、公用事业部门、市政部门以及周边相邻单位及住户的相互配合、协同发展；需要与社会经济发展目标和城市总体规划目标紧密结合，进行统一规划、合理布局，获得良好的经济效益、社会效益和环境效益。

特色小镇要保持产城融合、自然与环境融合，以及在各方面相协调，就需要开发商从城市规划，城镇设计，土地一级开发、二级开发，以及招商、产业配套服务、公共服务和商务服务，甚至社会服务等进行“一揽子”承包。与其他形式的城市运营相比，特色小镇的建设目标与城市运营目标更契合。因此，综合运营资本是保证特色小镇成功的关键。

4. 产业投资

特色小镇需要以产业为核心。不过我国特色小镇的产业起步晚，项目规模小，比较适合小企业运作。而目前我国的小企业，尤其是民营小企业，都面临资金短缺的难题。加之新兴产业又非常适合特色小镇中的特色产业，所以小企业尤其是创新和创意型小企业，因为没有固定资产作为担保，加之受非国有性质歧视，导致信用文化缺失、抵押式担保能力不足、规模小、盈利能力差、经营风险高以及信息不对称等问题，融资变得异常艰难。所以，要促进以小企业为核心的特色产业发展，需要改革产业政策，创造中小企业的发展环境。

5. 品牌打造

小镇需要进行城镇品牌打造，才能成为真正的特色小镇。城镇品牌打造有很多途径可以实现，以资金运作为核心的城市品牌打造，被称为城镇经营，其资金链及运营主体构成了城镇经营的主要内容。一般来说，城镇经营的要素包括土地、河湖、绿地等自然资源，也包括公共设施等城镇公共有形财产，还包括如公共场所的使用权、冠名权、专营特许、文化遗产、广告设施以及城市形象等无形资产。城镇经营的目的，就在于通过运作这些公共资产使之升值。为了更快地推进基础设施市场化，政府需要在参与者之间进行利益平衡，如将土地收益与基础设施投资挂钩，建立外部利益重新分配机制，通过外部收益平衡机制进行资金运作和经营城市，打造特色品牌。在解决特色小镇建设融资难的问题上，毫无疑问，采用公私合作伙伴（Public-Private Partnership，PPP）模式，是目前比较可行的。

（四）文化底蕴

文化底蕴是特色小镇的灵魂和内涵，每个小镇都有自己的文化图腾，才能形成向心力和凝聚力。特色小镇的个性、特点、灵魂和魅力，均体现在其文化中。特色小镇之所以能够在较小空间范围内形成全国甚至全球知名度，就是文化内涵所产生的影响力。这种影响力是通过文化对各种要素和各利益相关者的凝聚力实现的。因此，特色小镇的文化是一个贯穿产业、空间、生产和生活的融合剂，是整体文化而不是单独文化。如果脱离了整体文化，就会使各小镇千篇一律，失去独特性。

1. 文化价值的实现途径

特色小镇的文化发展有其历史延续性、地域独特性和文化传承性，同时具有开拓性和创新性。具有时代性的人文特色小镇，需要在传承的基础上做好提取，在创新的基础上做好植入，传承中见创新，创新中有传统。特色小镇正是通过留住当地居民和保留传统产业实现文化传承的。

传承性文化价值的实现，需要运用特定手法深入挖掘传统文化内涵，并将其内涵通过规划建设，融入小镇的各种细节中，营造出浓厚的文化氛围及意境，提升小镇的吸引力和感染力。一般来说，传承性的文化价值来源于具有民族性、历史性和地域性的特质，只有将文化特征与人文历史、自然环境和建筑特色相结合，才能彰显小镇的特色。因此，要以整体风格与周边环境协调为原则，保护区域文化，并在传承的基础上做好“提取”，如乌镇作为人文旅游小镇，通过互联网活动使其成为世界互联网大会的永久会址，实现了旅游小镇向智慧小镇的转型，并因此被业界称为“乌镇模式”。

2. 企业文化与环境文化的融合

企业文化与小镇环境文化的融合体现的是有形资产与无形资产的链接。这种链接可以将文化生产方式与物质生产方式相融合，将文化转变为生产力。一般来说，这二者的融合有两条途径：一是直接将文化资源转变为文化产品，如文学艺术作品、广播电影电视作品，以及围绕文化产品形成文化产业；二是在物质产品上增加文化内容，增添物质商品的文化价值含量，提高物质产品的附加值。当企业文化与特色小镇文化进行人文链接时，所创作和添加的文化内容都应该围绕小镇的核心文化内涵有步骤地实施。

在特色小镇这一文化共同体内，不同行动主体之间只有建立相对一致的目标、愿望和利益诉求，才能更好地形成凝聚力。他们作为小镇文化的组织者和战略设计者，需要发挥整体文化对每个成员的引领、渗透、感召、辐射和凝聚作用，成为建设文化的主要力量，为企业的经营文化创造条件。

3. 生产者文化与消费者文化之间的链接

特色小镇的文化氛围能够催生出具有地域特点的文化产品。与实物产品不同，文化产品需要消费者的认同。产品的文化内涵和消费过程有消费者参与体验甚至互动等特点，使消费过程与所在城镇的关系比传统产品密切得多。产品完全是意识形态领域的消费，其价值基本是由消费者的个人文化感受和情感体验来决定，价格是消费者体验需求的产物。因此，文化产品还需要小镇的整体氛围能够适合消费者的消费行为习惯和个人偏好，而不是完全由生产者决定。无论是企业还是小镇文化的组织者，都需要营造特色小镇的人文因素和生活气息，以适应不同消费者（本地居民和游客）多样化的文化需求。这种需求依赖消费者的思想观念、文化水准、专业素养、精神境界。所以，特色小镇文化的整体性，除了上述企业、各种机构和各利益相关者与小镇文化构成的共同体外，还在于这种文化既包括生产者文化，还包括消费者文化。

4. 文化表现方式

特色小镇的文化根植性使它区别于以标准化流程改造、仅有漂亮名称但缺乏文化内容的房产开发项目和造城项目，在表现方式上，是将整个小城镇视为文化创意的有机载体，因势利导、因地制宜地创造“小而活”和“小而美”的文化氛围。

特色小镇走的是就地城镇化道路，需要文化传承、文化品格、文化产业、文化服务和文化主体，来实现乡土风貌的活化、乡情记忆的再现、乡村资源的挖掘、乡里生活的体验和乡愁创客的集聚，才能使小镇变成历史文化“活化石”，以真实的场景呈现小镇历史，而不是仅摆设一些文物供游客参观。因此，所有特色小镇的发展之路，一定是沿着自身文化的衍化道路，在延续地方文化的基础上，保持地方文化底蕴的现代化，而不是一味地在外形上模仿古代城镇，而内在缺乏灵魂的“特色”化。

（五）自然环境

自然环境是特色小镇建设的基础。不过我国农村地区在重大环境项目中缺乏投资建设，环保政策执行力度弱，环境基础设施严重滞后。除经济发达的城市和地区以外，我国大部分地区普遍走着先污染后治理的老路，而且有过之而无不及。这种大面积的污染有极强的地区外溢性，即使某些小城镇本身没有污染企业，也能处理好自产生活垃圾，但却不能独善其身。因此，我国特色小镇建设中的环境基础与国外相比要脆弱得多。

1. 环境保护意识

特色小镇尽管可以选择在一些自然环境好的特殊地区，但除了上述的污染外溢性以外，特色小镇作为我国城镇化的发展方向最终要实现普遍改善。因此，环境建设和保护是根本，所以特色小镇除了强调产业和文化特色外，自然环境的特色亦是各种特色的基础。而这些特色却是在当地的特殊环境下才能显现的，是大自然赋予的财富，是任何人工建设所不能代替的。人工建设的自然环境意味着可复制性，可复制就不能保证其独特性，更不可能体现真正的特色。因此，特色小镇的自然环境重在保护而不是建设。

在保护环境时，根据特色小镇需要各要素相互融合的理念，在遵循自然生态系统规律的基础上，要注重营造整体氛围，尤其是注重产业布局与自然景观的和谐，文化打造与自然习俗的和谐，城镇建设风格、密度、空间布局与环境的和谐，要将人工设施融入自然环境中，而不是不顾环境特点，照搬别处的设计或凭空想象设计。例如，我国在一些山地建设房屋时，几乎所有做法都是将山头推平，变成平地后再进行建设，这样的房屋与平原地区无多大差异，还严重受限于平地数量。而同样处于山地之国的瑞士，很少破坏山势地形，其房屋几乎全部循山势而建，一座楼内的不同房屋有的在地上，有的在地下，朝着下山方向的房屋在地上，朝着上山方向的房屋在地下，楼房都像是“镶嵌”在山中。这就保持了山地特有的地形地貌景观，并与山体融为一体。山体丰富多样的自然景观造就了城镇丰富多样的特色景观。

2. 区域内环境利益分享

在特色小镇这样小范围和多样性融合的地区，每个个体和企业以及机构都是这里的环境利益相关者。

企业是环境利益的最核心相关者。企业除了不污染环境外，还要保护和维护自然环境，甚至积极营造适合自身发展的自然环境。环境好坏不但与企业的声誉直接相关，而且是其价值的组成部分。一般来说，积极的环境政策和严苛的环境控制，能提高当地企业的声誉，增强企业可持续发展能力，但环境投资成本会使企业短期经济绩效下降，影响后续发展能力。这就需要公共利益维护者在环境投入与收益之间进行平衡。

对于政府（或代替政府进行前期投资和开发的投资者）而言，如何为当地企业和消费者创造一个适合本小镇独特风格的自然环境是其主要责任，也是提升小镇核心价值之所在。其主要任务是整体设计，将环境投入作为基础设施的重要组成部分，为整体环境系统搭建框架，并规定不同地区的环境建设内容，将环境价值计算在成本和收益核算中，使之成为企业入驻的前期成本。同时，对小镇地区的区位环境进行定价，根据企业的利益诉求，以及企业对小镇价值的重要程度，合理安排企业布局；将环境要素作为企业所在区位的资产，与企业投入和绩效挂钩，以调动企业开展环境营造的积极性；对个人和其他组织可以视其对环境的贡献大小，以及在小镇中所处的地位，决定其成本和收益关系。

3. 区域之间的环境共同体建设

自然环境的整体性和系统性，决定了环境之间有很强的邻避效应，即一个地区的环境建设或破坏会影响到周围地区。特色小镇主要是维持区域良好的生态系统，不受周围地区污染，并保持周边一定区域内生态系统的完整性和协调性。因此，其核心内容就是区域之间环境利益的协调与统一。但是由于非特色小镇与特色小镇发展目标存在着不一致性，生态利益和生态价值相矛盾，利益不容易协调。从目前已有措施来看，可行的办法是生态补偿，即生态环境获益方（往往是特色小镇）补偿损益方（非特色小镇）。但是由于特色小镇大都建设周期短、经济力量弱，这一措施难以实施。可行的办法就是回避周边环境差的地区而选择特色小镇。但随着小镇建设的进一步推进和小镇数量的增加，环境污染问题终究无法回避。这就要求在特色小镇建设过程中，推进环境利益共同体建设。

环境利益共同体建设包括：一是以特色经济为地区带来示范效应，扩大外围地区腹地，争取利益共同体成员数量；二是合理布局一些外围产业，在延伸本地产业链的同时，为周边地区带来产业发展机会；三是与周边地区建立基于共同自然环境为特征的产业联盟，共同建设特色小镇群。

第三节　特色小镇的成长路径

一、特色小镇成长方式

目前全球各种特色小镇的成长方式主要有自发形成、开发建设、投资打造、产业转型、特色产品扩展和聚集创新六种路径。

（一）自发形成方式

由于地域的差异性和多样性，各地经济和景观都呈现出与本地发展条件适宜的地方特点，表现出明显的地域性特征；进入工业化时代，由于聚集带来的规模效应，越是大城市越表现出相似性，城镇特色逐渐消退，尤其是我国人为城镇化干扰因素多，多次“造镇运动”加速了城镇特色的消失；进入服务经济时代，城镇化进入郊区化阶段，随着企业生产对独特性优势的追求，人民对特色文化和舒适环境的向往，特色小镇的独特优势又逐渐显现。由此可以看出，随着生产进步和经济水平的提高，在城镇化向高端迈进的进程中，城镇经历着从特色走向相似，再向特色的变化轨迹。这说明，特色城镇并不是新近才出现的，而是早已存在的，只是不被认可而已。

基于本地资源特点、按照居民原本生产和生活状态演化成的特色小镇，我们称之为自然小镇。当地居民选择的生产和生活方式与外界截然不同，并且居民长期坚持自己的生活习惯，这类小镇的特色才得以保留。当然这种不同的生产和生活方式，有的是居民自愿保留传统，使独特的生活方式长期不受外界干扰而形成的；有的是没有条件进行改造，在无意识下保留而形成的。前者的例子一般多见于国外发达国家；后者多见于发展中国家或较落后地区。

其实各地本来都是有特色的，如果加以保护和遵循其发展规律发展，那就可以说是特色建设，但并不是所有的特色都要靠人为打造才能成功。这类小镇以本地居民生活方式的特色为主，有旅游公司介入后才有一些商业活动。所以，产业与城镇的融合功能较为突出，城镇发展成熟度高。这种方式成长起来的小镇主要是生产、生活和旅游兼顾型小镇。

（二）开发建设方式

特色小镇除了已有资源条件外，还有很多建设空间。因此，一些小镇是在充分利用本地自然或历史文化资源的基础上，在特定发展目标的约束下，经过后来的开发建设而形成的。与前一类自发形成不同的是，这类小镇一般是将自然资源或文化资源融入建设目标中，并对已有资源进行了提升，使其更接近产业发展的需要，更具有可经营性。不过需要明确的是，无论投资起多大作用，本地资源仍然是竞争力的核心。因此，这类小镇一般以项目为契机，主要由企业对当地独特资源（自然的或文化的）进行开发建设。旅游开发公司是这类小镇建设的主体和促使其成长的主要力量。这样一来，旅游项目的成功与否决定了该小镇的成败，旅游项目的客户群和定位、营利模式就构成了小镇的发展轨迹。一般来说，此类特色小镇有针对自然资源开发和针对历史文化古城开发两种建设模式。前者以自然资源为主导进行开发，建设自然资源型的旅游小镇；后者以特色旅游古镇开发为主，建设历史文物古迹旅游型的特色小镇。

（三）投资打造方式

在以产业为核心形成的特色小镇发展过程中，有些产业聚集区是围绕某个企业或项目而形成的。这类聚集区的形成并不是因为地区独特的资源优势，或者资源在其中所起的作用并不重要，而是投资人利用了某个偶然因素或本地的市场机会，凭借其经营能力和对市场的运作经验，成功运作了该投资项目。这类聚集区的核心竞争力并不是本地区自然资源或历史文化资源，而是借用地区腹地的市场和区位条件形成的企业竞争力。这类聚集区的核心企业一般是由投资人精心筛选出某个有竞争力的项目，通过运作该项目，不断吸引相关产业和人口聚集并向特色小镇的方向发展。尽管这类聚集区在开始阶段还不具备特色小镇功能，但从其发展方向和潜力来看，这些项目一般是新兴的娱乐和文化创意项目，能够通过企业之间的横向联系和纵向延伸，促使地方政府完善基础设施，并不断增强服务功能，同时为相关服务业创造了很多就业机会，最终可以将本地资源和文化融入企业竞争力中，从而实现建设产业与城镇融合、自然与人文融合的特色小镇的目标。

尽管通过投资打造方式成长起来的小镇对本地自然资源没有太大依赖性，却利用了该小镇周边地区的区位和市场条件，以及某个发展契机，并经过了成功的投资运作。这种发展契机实则是产业空间转移和梯度推移的结果，在其他地区不一定适用。因此，这种成长路径仍然存在着其不可复制性，不考虑地区特点，尤其是周边发展条件而一味模仿，这并不可取。深度旅游型和创意文化产业型小镇多采取这种方式。

（四）产业转型方式

随着规模经济逐渐失去竞争力，范围经济越来越显示出其生命力。创新引领时代，需要企业之间增强横向联系，通过扁平化实现更广泛的知识溢出，提高创新能力。特色小镇以其规模小、功能丰富、城镇设施完善、环境好、创新氛围浓厚，可以吸引大量的人才和资金，为传统产业转型提供了有助于企业之间建立广泛网络联系和增强创新能力的特定空间。在这样的空间里，企业可以通过相互联系建立创新平台，通过增强研发能力使原有产业向产业链高端推进；也可以利用原有企业优势，开创新产业领域，创新特色产品；亦可以与其他产业融合满足新的市场需求，如健康小镇就可以融合医疗、医疗仪器、生物制品、制药，以及中医健康服务、健康咨询、养生等多种产业，形成一个人性化的健康小镇。基于此，很多传统产业区经过改造、创新与融合，形成了产业型的特色小镇，这类城镇多数是在制造业基础上演变而成的。

（五）特色产品扩展方式

具有地域特征的产品往往容易成为地方的特色产品，也是小镇特色产业的基础。除了上述制造业外，很多特色农产品对地域特征依赖性更强，成为特色小镇发展的起点。而且有特色农产品的地区一般都具有独特的自然环境，使特色小镇具备了自然基础。这些地区如果能够充分发挥该特色农产品的独特性，采用先进技术，提升品牌影响力，并将具有当地特点的传统文化融入其中，与其自然环境相结合，就能形成产品竞争优势；同时，扩展其横向和纵向产业联系，强化相关的服务业和制造业，以及种植农庄的创意体验，开展节庆、会展、贸易等多种方式的活动，并在经济和旅游业发展的基础上，完善城镇设施和公共服务与公共事业，必能在“一村一品”和“一镇一品”的基础上，形成一批特色小镇。

（六）聚集创新方式

创新是特色小镇发展的动力，这种创新不但表现在产业升级和创意产业方面，还表现在特色小镇是一个创新平台，承担着聚集创新的功能。因此，一些创新空间，如创新科技园等，经过完善城镇设施和公共服务以及居民生活服务，可以形成创新型特色小镇。但是，由于创新空间要求更小范围和更紧凑的“俱乐部”式聚集，这个创新空间就构成了特色小镇的核心空间。前述的特色小镇一般具有“核心—腹地”的双层空间结构，这种创新小镇因多了核心层而成为“三层”结构，如图 2-2 所示。

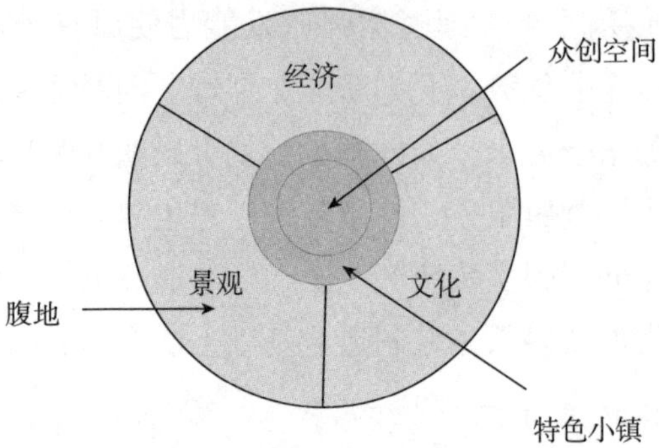

图 2-2　创新型特色小镇的“三层”结构

二、特色小镇成长阶段

很多地方在涉及小镇的产业定位时，习惯于将特色小镇的主导产业与“一村一品”和“一镇一品”对应，主张一个小镇只能有一种产业。但特色小镇的最终发展目标是产城融合、人文与自然融合等“融合”理念，因此，一般来说，在初始阶段往往是“一村一品”和“一镇一品”，但到高级阶段后，传统产业与旅游融合、生产与消费融合、物质产品与文化创意融合，就会成为多业融合的综合特色小镇。因此，为了强调特色，不能总是将产业简单化为“一镇一品”，而应该是分阶段选择主导产业，并且打破产业分类限制，鼓励产业横向延伸和多维度联合。

根据不同阶段的特点，我们可以将特色小镇的成长划分为四个阶段。第一阶段，萌芽期，以某一特色资源或特殊机遇形成单一功能的小镇；第二阶段，成长期，在核心功能基础上，沿着特色小镇的发展方向和最终目标，叠加了其他功能；第三阶段，成熟期，以特色小镇的发展理念为目标，融合了多重功能，成为功能完善的发展地区；第四阶段，衰退期，由于核心功能在地区经济中地位的衰减，不能满足这个地区所需要的空间功能，需要升级或重新改造，如图 2-3 所示。

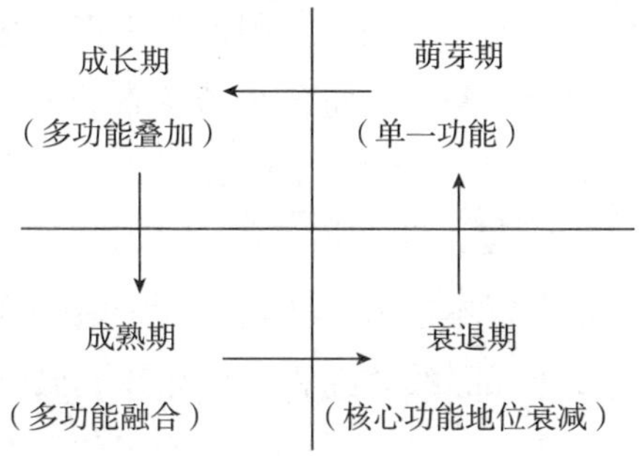

图 2-3　特色小镇发展阶段及其功能特征

不同类型，初始功能各不相同，在演变过程中所要叠加的功能也各不相同。但是无论是哪种类型，也无论在哪个地区，都需要经过从简单向融合方向发展的过程。因此，小镇的成长过程就是一个发现价值、创造价值和传递价值的过程。越向高级阶段发展，其融合价值越大。

第四节　特色小镇的发展模式

一、政府主导的发展模式

特色小镇属于地区发展范畴。我国的地区发展一般是政府主导，但在具体实施过程中，由于政府的地位和角色有一定差异，所以我们将政府直接参与投资，以及政府行为对小镇建设、产业发展以及投资者产生直接影响的小镇发展模式，称为政府主导模式。这种模式一般来看主要有三种：①政府直接投资，撬动社会资本进入；②政府通过产业政策等各种政策，鼓励社会资本进入，帮助企业成长；③政府搭建小镇产业的发展和创新平台，为企业创造转型和创新的环境。

（一）投资撬动

特色小镇建设需要走可持续发展道路，因此公益性、改造性和保护性建设远大于一般的开发建设。基础的公益性项目是一项巨额资本沉淀甚至是无直接收益的投资，因此私人资本介入的积极性不高；在政府渐渐失去对土地财政依赖的条件下，完全靠政府投入也不现实。因此探索多元化的投资模式，尤其是建立利益共享、风险共担的机制，是特色小镇探索的任务之一。

政府从自身的角度看，需要采取合适的方式，真正发挥好主导作用。地方政府根据地区经济发展的需要，前期需要投入一定资金，改善地区外部条件，增加区位价值，以吸引私人资本进入，实现小投资撬动大投资的目的。不过这种模式容易导致政府过度干预，往往忽视投资效率，致使用在地区发展上的投资效率低，在纯粹的私人资本投资不看好资金回报的情况下，一旦政府的后续投资跟不上，特色小镇建设就有可能会停滞，反而欲速则不达。

（二）政策引导

政策引导是我国地区经济发展的主要手段，一般表现为资金性的鼓励扶持政策、产业政策和土地、税收等优惠政策、规划调控手段。但是，长期以来，政策都由各部门制定，缺乏针对某个地区的一揽子政策，没有完备的政策体系，很多政策在具体实施过程中效果都不理想。尤其是经过了多年的实践后，以产业政策为核心的扶持政策暴露出了很多缺陷。因此，特色小镇建设也需要探索有效的一揽子政策，即从规划阶段开始，建设目标、产业标准、鼓励和扶持措施以及后续发展和整体运营等所有管理措施，都包括在一个政策工具箱里，使得各阶段和各部门之间的措施和管理目标、任务相互协调。

（三）搭建平台

政府最有效的引导方式，是为小镇建设、产业发展和创新搭建平台。在公共性项目方面，如基础设施和公共服务，充分利用市场机制，逐渐开放市场，通过搭建利益补偿和利益平衡机制引进私人资本。可以采用“捆绑式”利益平衡机制，引进私人资本修建基础设施，然后将相关土地开发权让给企业，使开发企业将基础设施建设与后来的土地增值收益相结合，既提高了企业的积极性，又平衡了利益关系；将教育培训任务委托给相关机构，政府实行购买制度，以解决培训需求。在企业服务方面，为企业提供公共服务帮助，并通过政府平台为企业提供技术、人才、专利等信息和服务，必要时可以代表本地企业与需求量大的产品或服务的供给方进行谈判，以降低本地企业成本。目前，已有很多地方开始探索建立众创空间的企业投资运营等平台，一些地方还成立了特色小镇发展基金，来解决特色小镇建设的资金问题。

二、项目主导的发展模式

特色小镇与以往的城镇建设不同，突出的是特色和质量，并通过质量求特色，其运作的成功与否与项目有直接关系，建设项目是培育特色小镇的前提。小镇从单一功能向复合功能的转变过程，其实也是一个个项目不断运作成功的过程，而且这些项目是沿着某个产业的核心不断延续和延伸的，从而加长了产业链，实现了多产业融合的目标。以往的城市建设，都是通过政府的招商引资实现项目落地的。但是，特色小镇对项目数量的限制以及纵向和横向关系导致对项目有很高的要求，需要在各个环节上把关，如项目立项、论证、落地、实施、跟踪、评估、推广等。其外延远远大于招商引资的工作范畴，必须有“一条龙”式工作流程和服务机制，并要指导实际操作。在选择项目的执行机构时，相关主体需要慎之又慎，既要有利于延长产业链，又能够扩展横向联合，以实现城镇服务与主导产业，以及多产业的相互融合。一旦选择好了项目与执行机构，就由这个机构为主导，进行市场化运作，政府辅助其完成项目的各项约定。

杭州特色小镇的建设，基本都是以项目带动，通过选好项目、大项目、产业群项目和产业链项目，进行产业化集聚，形成产业生态圈，如临安区的创客小镇，由浙江省环科院研发中心具体进行项目建设，以杭州源牌环境科技有限公司、浙江绿色低碳建筑科技馆、杭州福斯特光伏材料有限公司研发基地、国家林业局竹子研究开发中心、浙大——中国安防智慧能源研发基地等生态产业和生态研发项目为开端，形成了生产、生活、生态“三生共融”的创新生态体系。酷玩小镇，依托东方山水乐园和浙江国际赛车场两个核心项目，并使之与已建的鉴湖高尔夫球场、乔波滑雪馆，以及在建的若航直升机场、天马（F2）赛车场等项目相结合，形成“酷玩”主题。这些例子说明，通过引入龙头企业打造一个以核心企业为依托、企业与企业间相互联系并采用众筹等手段带动相关企业进入的“项目包”，以“大项目支撑，小项目扩张”的方式，将这些项目列入规划中，通过从直接引导到实际项目落实的路径来建设特色小镇，可以取得较好效果。

三、龙头企业主导的发展模式

浙江省曾提出的“政府引导、企业主体、市场化运作”模式已经成为基本共识。该省规定，自项目申报开始，就需要明确非政府类投资主体，这有利于按照产业发展规律和市场化机制谋划小镇建设时序。建设启动期，政府主导基础设施和重要公共服务设施建设，通过政府先期投入来引导企业共同推动小镇的早期建设。建设中后期，政府充分利用浙江雄厚的民营资本，以市场运作方式，结合 PPP 模式，建设经营性设施，为特色小镇的可持续发展提供运营保障。这一理念下形成的模式在具体操作时，企业的主体地位需要龙头企业才能得以体现。因此，好的运作模式是，小镇的主导产业需要一个好的龙头企业。尤其对制造业和农产品企业而言，龙头企业具有市场力量强大、资金实力雄厚的特点，既有能力建设大项目，又有能力布局产业链。例如，吉利主导了浙江台州沃尔沃小镇建设，绍兴黄酒集团主导了浙江绍兴东浦镇的黄酒小镇建设，乌镇旅游股份有限公司主导了浙江乌镇建设等。

政府主导是指政府主要对淘汰产业进行整合，为新产业腾出空间。云栖小镇采用了“政府主导、民企引领、创业者为主体”的运作模式。民企引领的具体做法是龙头企业为众多创新创业型小微企业建设基础设施和创新平台。例如，阿里小镇利用阿里巴巴的云服务能力、淘宝天猫的互联网营销资源和富士康的工业 4.0 制造能力，以及英特尔中航工业、洛可可等大企业的核心能力，打造了全国独一无二的创新服务基础设施，并以创业者的需求为目标，构建了产业生态圈。

四、房地产开发主导的发展模式

在以城乡统筹、城乡一体、产城互动、土地集约、生态宜居、和谐发展为基本特征的新型城镇化趋势下，“让城市融入大自然，让居民望得见山、看得见水、记得住乡愁”也成了房地产开发的理念。因此，很多业内人士认为以“文化旅游”为主要功能的特色小镇，是房地产新的增长点。但是，房地产开发建设的文旅小镇多数沿袭了原来的开发模式，政府将所有事宜交给房地产开发商，导致整个地区的基础设施和公共服务严重滞后。

以泛旅游产业为支撑的房地产开发，一般有以下两种模式。

一种是在大城市周边、主要针对大城市高端人群、以休闲度假为目的开发的度假型小区。由于购房用途仅为休假，使用时间有限，因而房屋出售后，基本无产业或仅有季节性消费，与本地居民无关。这样的小镇完全脱离了当地发展，不是严格意义上的城镇。这种新的房地产开发形式，同样是一种“造镇”运动。

另一种是围绕著名景点开发的度假休闲住宅或酒店。由于这类景点在空间分布上较分散，开发商只管自身楼盘建设，区域整体基础设施滞后，房屋使用率不高。即使是同一个景区，也会因为缺乏跨行政区的地区发展规划和旅游规划，开发商建设各自为战，围绕风景区的零散开发与建设混乱现象较为普遍，同一个小区甚至一栋楼一个风格。另外，房屋出售后，后续工作往往缺乏统一管理，经营混乱。

可见，以房地产开发为主导的小镇建设，由于地产商的营利目的与地区发展不一致，只能是短期行为，如果让房地产企业对地区长期可持续发展负责，这对房地产企业不公平。地产商只能是地区开发建设的承担者，而不是地区产业发展的主导者。另外，地产商的开发模式以营利为目的，容易导致过度使用文化资源和随意开发文化资源，带来建设性破坏。特色小镇重在对已有城镇发展基础的改造以及保护性建设，而不是新空间的扩张。因此，特色小镇一般不需要地产商开发，更不需要从土地一级开发入手。地产商的介入，必须是为产业和本地居民的生产和生活服务，在旧城改造和旧村改造基础上建设与开发。房地产企业应该与各类企业尤其是中小企业、实体经济企业和创新型企业进行合作，而且在合作过程中，实体经济和生产企业是主体，地产企业仅是配角，而不应该是地产商以某产业命名，甚至是仅进行房地产开发。由于特色小镇的居民规模很小，房地产企业应该将自己定位成特色小镇建设的服务者，以开发商业建筑为主；善于改善边缘的商业用地和改造性建设，而不是新开发用地，以实惠低廉的商业房产吸引后续的商业企业入驻，从而带动土地升值，激发小镇的商业潜力。

五、PPP 模式探索

PPP 模式的核心是政府与私人组织之间达成的“利益分享、风险共担、全程合作”机制，通常以特许权协议为基础，并通过签署合同来明确双方的权利和义务。其初衷是调动民间资本参与社会公共事业，最终使合作各方达到比单独行动更好的预期效果。在 PPP 模式中，企业一般在项目前期阶段承担设计、建设、运营、维护基础设施等工作，参与度较深，并通过“使用者付费”

及必要的“政府付费”获得投资回报；政府一般在项目中后期、建设管理运营阶段的参与度更深。对于社会投资主体来讲，PPP 项目主要有两类收益：一类是项目长期运营收益，另外一类是项目建设过程带来的收益。特色小镇是融合休闲、产业、旅游、投资于一体的综合性项目，从整体收益来看具有较好的发展前景。特色小镇资本运作的目的是让具备一定自然、人文优势的地方小镇实现资产价值。就目前国内金融市场状况及政策导向来看，借助 PPP 运作模式，搭建包括资本机构、产业运营商等元素的一体化的第三方运营平台，撬动社会资本投入，可有效实现项目落地。后期如引入商业、旅游方面的运营商，项目的持续盈利性及良性资本收益可以预期。

PPP 不仅是一种项目融资模式，更是一种项目管理模式，其本质是利用私人或私营企业资金、人员、技术和管理优势，长期向社会提供优质公共产品和服务。特色小镇的建设不能仅在开始阶段资金缺乏时采用 PPP 模式，还应该在长期发展中调动所有利益相关者积极参与，采用长期的公私合作方式发展小镇经济和社会事业。

特色小镇的开发内容包括土地一级开发、二级房产开发、产业及产业链项目开发、小城镇综合开发和公共服务事业发展等，针对不同开发内容，有不同的资金供给模式。PPP 模式为实现各方面长期利益提供了机会，可以促进城镇建设以硬件建设为主向以公共服务等软件建设为主转型，并有助于提升公共产品服务质量，促进政府职能从建设者向监督管理者转变。一般来说，公共服务多采取 ROT、PFI 或委托运营的方式，文化遗产、公共空间、旅游资源等公共资源项目常采用公共资源经营权作价入股和公共资源经营权公开转让两种方式。

位于大城市郊区的特色小镇，宏观区位条件好，中微观交通条件差，并长期受大城市“虹吸”效应影响而发展滞后，一般基础设施和公共服务与城市地区相比有较大差距；产业发展弱化或缺乏竞争力，主导产业不突出；本地人口有限，不能形成有效消费，只能靠周边大城市；有些虽然已具备初步发展条件，但投入产出难以平衡。远离大城市地区的小镇则各种条件都较差。因此，特色小镇的 PPP 模式既要借助外部资本，又不能与本地发展水平脱节，尤其不能凭借一时的优惠政策吸引投资而忽视后续发展能力。

（一）PPP 模式开发类型

1. 企业主导的综合 PPP 开发模式

该模式是一种将土地、基础设施和公共服务、产业发展及后续的城市经营管理等一揽子项目，全部以 PPP 方式，由私人企业实施的公私合作伙伴关系。这种综合开发的 PPP 模式，有别于以往土地开发与基础设施建设运营相分离的情形。它以私人企业为主体，将土地一级开发与基础设施和城市运营等建设项目整合在一起交给私人部门，政府仅支付投资者的前期投入成本，企业主要通过项目用地所形成的土地出让收入进行补偿。另外，企业投资人还将获得使用权出让溢价部分及园区后期入驻企业的运营税费收益。这是一种新的公共基础设施建设融资手段。

2. 园区开发中的 PPP 模式

园区开发 PPP 是指园区从长期建设开始，直到后续企业入驻都采用 PPP 模式。由于园区本身的聚集效应，使投资收益稳定、风险小，这种模式往往受到投资者青睐。但如果掌握不好收益分享机制，政府利用行政优势压低企业收益，就会损伤企业积极性；反之，将后续项目的收益也分享给前期参与企业，则有利于园区产业生态的形成。

3. 民生工程的 PPP 模式实践

新型城镇化的核心内容是以人为本，民生工程是核心建设项目。这类项目一般属于准公共项目类型，公益性强，收益稳定但获利少，见效慢。我国大多数特色小镇最缺乏的就是民生工程。政府如何通过利益补偿和对社会保险资金的运作，平衡城市整体收益与企业收益的关系，是保证这类工程项目投资可持续的关键。比如，上海青浦区的民生工程 PPP 项目、杭州养老业 PPP 模式的先行先试实践等。

（二）PPP 模式的风险与问题

由于我国开展 PPP 运作时间较短，法律制度不甚完善以及其他问题等，PPP 项目在运行过程中有很多潜在风险。处于基层的特色小镇建设先期投资不足、地区发展基础差、法制不完善，PPP 的问题和风险会更大。另外，PPP 项目在基础设施建设中，国内外都有比较成熟的经验，而在其后的产业和生态建设甚至社会工程建设方面还有待探索。

目前PPP模式存在的普遍问题是合作门槛过高，这对以中小企业为主体的特色小镇建设更加不利，企业可能会为了获取更多利润而过度建设，透支性使用，在移交使用权之前维护不足。此外，因为目前的PPP项目仅在政府和承担企业双方之间产生合约，缺乏第三方监督，双方都可能产生寻租行为。还有专业人才缺乏、相关法律滞后、信誉体系缺失以及政府角色转换还未完成等问题。

总结以往经验，PPP项目在特色小镇建设中可能会存在以下风险：

1. 审批延误风险

由于我国垂直行政级别多、行政审批手续繁杂，项目审批程序难免烦琐，审批过程要花费时间成本甚至行政成本，审批之后项目性质和规模也难以进行商业调整。

2. 政治决策风险

我国地方政府在建设决策中，往往跟随中央政策而行，对本地实际情况考虑较少，容易进行运动式开发和建设；决策过程大多没有固定的专业委员会把关，加之前期准备可能不足、信息不对称等问题，有一定决策风险。

3. 融资风险

在特色小镇建设过程中，中小企业是参与主体，它们与政府和其他机构之间开展PPP项目，中标者在协议签订之后的一定期限内必须完成融资，特许权协议才能生效，这给中小企业增加了一定的困难。

4. 市场收益不足的风险

由于特色小镇的生产和服务基本是创新型产业、特色产品和体验服务，市场容量和前景存在很多不确定性，加之PPP项目收费不能随行就市进行调整，市场风险比普通产业和商品高。

5. 进入的领域

PPP模式能够进入的领域基本都属于利润低、资本回收周期长的领域。

第三章　体育特色小镇建设的理论基础

第一节　体育特色小镇的内涵阐释

一、体育小镇的内涵

体育小镇是一种以体育产业、旅游产业及其他相关产业的整合为支持，以大量就业人口及体育休闲消费的聚集为动力机制，以配套设施及服务的配置为基础依托，以就业人口的居住建设与旅游人口的度假居住建设为居住配套，以管理、金融、运营的创新为相关保障，以提高人们生活质量与幸福指数为目标的产城融合发展模式。体育小镇是指以体育产业为核心，以项目为载体，围绕体育、健康、旅游、休闲、文化、养老等多种产业，集健身、娱乐等多种功能于一体，集聚创新资源，转化创新成果，实现生产、生活、生态深度融合，具有独特精神气质与文化风味的特定经济区域。体育小镇涵盖了体育特色小镇、运动休闲特色小镇、体育健康特色小镇等多种类型，完善的体育设施和配套服务是体育小镇发展的基础。

在产业开发上，体育小镇应以体育产业链的整合为主，发展“体育 +”，打造赛事、体育休闲项目等吸引点，融合高科技元素，强化服务，推动体育用品的供应，最终将体育与制造业、科技、文化、旅游等有机结合，形成以体育产业为核心，以体育旅游、体育影视等为特色，以体育产业服务为有效延伸的产业发展体系。

综上所述，本课题研究认为，体育小镇建设是以体育产业为特色，以发挥体育产业对其他产业的辐射作用，促进产业间融合发展为手段，以体育休闲消费人群及就业人口的聚集为目的，以配套设施及全面服务为依托，以提高小镇居民获得感和幸福指数为落脚点的产城融合式开发模式。

二、体育特色小镇的内涵

（一）体育特色小镇概念

2016 年 9 月，江苏省体育局发布《省体育局关于开展体育健康特色小镇建设工作的通知》，明确提出“体育健康特色小镇是以体育健康为主题和特色，体育、健康、旅游、休闲、养老、文化、宜居等多种功能叠加的空间区域和发展平台”[①]。有学者认为，体育特色小镇作为一种具有明确产业定位和文化内涵及一定社区功能的发展空间平台，在满足现代人休闲旅游和娱乐需求上发挥了巨大作用。

伴随着中国科学技术的进步和人民生活水平的显著提升，我国现在的社会矛盾也发生了变化，人民对美好生活的追求越来越高，对休闲娱乐有需求的人也越来越多，开始花费更多的时间进行娱乐、健身等，在此背景下，建设体育特色小镇非常有必要。体育特色小镇不仅能够吸引群众，带动当地经济发展，还能够促进全民健身，提高全民身体素质，是我国体育休闲健康产业发展的新载体。

从产业发展的视角来剖析体育特色小镇，不难发现它是集体育产业、旅游产业和新型城镇化发展于一体的结合体，能够根据本地的地域特色、景观特点和气候等条件开发建设不同体育特色的小镇，进而带动体育产业、城镇的特色化发展。

（二）体育特色小镇的特征

1. 小镇体育产业特色鲜明，有完整的支撑体系

体育特色小镇以特色体育产业引领，融合健康、休闲、文化、金融、互联网等元素，形成严密而完整的发展体系。体育特色产业、旅游产业、智慧化与互联网三引擎相互协调，体育产业链整合、旅游目的地、新型城镇化三架构共同支撑。

2. 小镇建设规模小，形态美

与大型城镇不同，体育特色小镇通常规模并不大，并且小镇各个景点和项

① 江苏省体育局 . 省体育局关于开展体育健康特色小镇建设工作的通知 [EB/OL]. (2016-09-12)[2021-02-18].http://jsstyj.jiangsu.gov.cn/art/2016/9/12/art_79491_9425777.html.

目相对集中，这些区域内的自然景色优美、文化特色显著，在此基础上增加体育项目并进行适当改造，既可以起到突出体育特色的作用，又能够贯彻可持续发展的方针政策。

3. 小镇功能聚合度高，专业性强

体育特色小镇注重生产、生活、生态的“三生融合”，坚持“产、城、人、文”四位一体，发挥“产业 + 文化 + 旅游 + 社区”的特有功能，实施“体育 + 旅游”双核驱动战略，助推经济社会健康可持续发展。

4. 小镇特有的运营和开发机制，敏捷灵活

由于体育特色小镇本身和其他普通城镇的发展有本质的不同，因此在对其进行开发、运营和管理时，运行的机制与方法也不同，其有更明显的市场化特征，并且具有很强的包容性，能够接纳多种产业发展，促进了市场的多元化。

三、体育特色小镇的多维审视

（一）社会治理视角

党的十八大报告中提出加强和创新社会管理，党的十八届三中全会提出了社会治理理念，指出要加快推进社会领域制度创新，推进基本公共服务均等化，加快形成科学有效的社会治理体系，推进国家治理体系和治理能力现代化。社会治理理念的正式提出表明我国更加注重政治、经济、文化和社会领域的协调可持续发展。社会治理相对于传统的治理而言更加强调权威来源的多元化、治理主体的多元化，政府不再扮演全能型角色。就当前而言，我国的社会治理是在“党委领导、政府负责、社会协同、公众参与、法治保障”的总体格局下运行的中国特色社会主义社会管理。我国“十三五”规划提出，要构建全民共建共享的社会治理格局，就是要在全球治理体系与中国特色的国家治理体系和治理能力现代化进程中，坚持创新、协调、绿色、开放、共享的发展理念，实现全民参与社会建设、全民共享发展成果的小康社会，进一步强化了社会治理理念。党的十九大报告再次强调打造共建、共治、共享的社会治理格局，加强社会治理制度建设，这是我国当前社会治理领域最重要的指导原则和创新方向。党中央对社会治理体系建设提出的更高标准推动着体育社会治理体系的发展与完善，积极推进社会治理体系改革探索中国特色社会主义的发展道路。

在我国全面进入深化改革的关键时期，社会转型和城市化进程给经济社会带来了巨大活力，同时社会结构不断变化，社会矛盾集中涌现，传统的社会管理模式已不能满足社会需求，主要表现为以下三个方面。第一，在经济体制层面，我国的经济体制逐渐由单一的公有制经济发展转化为以公有制为主体，多种所有制经济共同发展的所有制结构，市场发挥着决定性作用，以前的计划经济时代的政府管理方式无法为经济发展注入活力。第二，在政治体制层面，我国的政治结构由集权型转化为民主法治型，强制性的行政管理不适合当前的发展环境。第三，在文化体制层面，文化体制改革不断深入，传统政府统包统揽的管理方式束缚了文化事业与文化产业的发展。在经济新常态背景下，社会治理的特征愈加突出，主要表现为政府主导、多元参与的治理方式；综合化、现代化、科技化、网络化的治理手段；人民利益、社会稳定、百姓安康的治理目标。从社会管理到社会建设，再向社会治理转变，就是要坚持在中国共产党的领导下，改变以政府为主导的传统治理结构，形成政府、社会、市场和公民之间的良性关系，在法治框架内化解社会矛盾，解决社会问题，促进社会公平，推动社会有序发展，实现公共利益最大化。

目前，体育产业和全民健身已经上升到国家战略层面，这为体育特色小镇建设提供了很好的发展机遇。体育特色小镇一般选择在城乡接合的区域，一方面可以促进城乡体育一体化发展，另一方面可以有效解决“城市病”问题。建设体育特色小镇，不仅刺激了体育产业、旅游、健康、房地产、基础设施、文化及服务业等多个产业发展，也在一定程度上拓展了社会治理空间。体育特色小镇作为社会治理领域多元融合跨界发展的特色产业，依据小城镇地理基础和生态环境，因地制宜充分利用地区资源，整合各种社会资源，最大限度地增进公共利益，为社会提供更丰富、更有效的公共服务，是对社会转型期间凸显的社会问题的积极回应与解决。体育特色小镇的社会治理是创新国家社会治理的一个重要组成部分，是社会治理精细化的具体体现。建设体育特色小镇，应发挥市场机制，通过运用精准治理模式，发展社会力量和组织，推进体育治理体系和治理能力现代化。

（二）产业融合视角

在我国综合实力不断增强，国际影响力越来越大的今天，我国对体育产业的重视程度越来越高，体育产业取得了飞速的发展与创新，体育产业的发展层次更深，发展方向更加多元化。可以说，体育锻炼已经与人们的日常生活相融合，并与多种产业文化相互渗透，以体育产业为基础的综合产业发展越来越多，如体育休闲业、体育表演业等，这些综合产业的发展进一步反映了我国体育业态的发展进程，彰显出新型体育业的特色。在与其他产业进行融合的过程中，体育产业从业者应用先进的科学技术和市场融合发展等理论，遵循合作共赢的原则与发展理念，不断对管理机制、运营方式以及市场服务等进行创新，积极借助政府、社会、企业等多方力量，促进体育产业和其他产业的有效整合。

2014 年，国务院出台《关于加快发展体育产业促进体育消费的若干意见》，明确指出积极拓展业态，丰富体育产业内容，推动体育与养老服务、文化创意和设计服务、教育培训等融合，促进体育旅游、体育传媒、体育会展、体育广告、体育影视等相关业态的发展，支持金融、交通、制造、信息等企业开发体育领域产品和服务，促进体育产业与相关产业相互融合。2015 年，国务院印发了《关于积极推进“互联网+”行动的指导意见》，为“互联网+体育”提供了政策保障，为体育产业融合提供了发展动力。2016 年，我国相继发布了《关于加快发展健身休闲产业的指导意见》《关于进一步扩大旅游文化体育健康养老教育培训等领域消费的意见》《“健康中国 2030”规划纲要》等文件，促进了体育产业与相关产业的融合发展。2016 年，《体育产业发展“十三五”规划》中提到“十三五”时期体育与科技、文化、传媒、健康、养老、旅游等相关行业日益融合，并指出发展目标是实现体育产业各门类协同融合发展。2016 年 12 月，国家体育总局与国家旅游局加强合作，共同印发《关于大力发展体育旅游的指导意见》，提出要加快发展体育旅游，推动体育产业与旅游产业深度融合。

为了深入贯彻相关文件和政策，我国在此方面也作出了诸多努力，到现阶段，体育产业跨界融合，尤其是与旅游产业的融合已经形成了鲜明的特色，并且随着社会文明程度的提高，我国在养老方面的投入也逐渐增多，体育产业与健康养老产业的融合也有了新的进展。但是需要注意的是，产业融合发展要扎实有效，不能形同虚设，要注意各产业之间的匹配度。体育特色小镇作为体育产业发展的新途径，应当做好产业链的自然延伸，尽可能满足市场的需求。体育特色小镇与传统的产业边界明显的市场有着明显的不同，由于其是将体育产业渗透到其他诸如文化、旅游、健康等产业中，因此边界较为模糊。由此也可以看出，体育特色小镇具有产业融合性、经济带动性等特征，对多个产业的发展和城镇的繁荣都起到了重要的推动作用。

（三）新型城镇化视角

我国城镇化自改革开放以来得到迅速发展，它是历史自然选择的合理结果，也是经济社会的物质推动结果。当前，中国城镇化发展已经进入中期阶段，传统城镇化发展模式是以经济发展为中心目标、以地方政府为主导、以外向型工业化为推动力、以土地开发利用为主要内容、以规模扩张为发展方式、以大量的物质资本投入为驱动要素，这种发展模式违背了可持续发展的规律。传统城镇化发展所带来的问题愈演愈烈，主要表现为城镇区域发展、产业布局、人口分布不均衡；城镇建设和发展规划不科学、不合理；社会发展成本增加，社会问题突出。总之，在我国传统城镇化发展过程中，地理多样性和城乡二元分割的体制造成了区域发展的不均衡，特别是产业布局和人口分布差别较大，在发展和建设规划方面也缺乏特色。

城镇化是人类社会发展的客观趋势，也是实现国家现代化的重要标志，推动新型城镇化对我国经济社会发展以及社会主义现代化建设具有重大的推动作用。2016 年 2 月，国务院出台《关于深入推进新型城镇化建设的若干意见》明确要求地方政府结合本地区的实际，充分发挥市场的主体作用，制定完善的土地、财政、投资等政策，以人为核心，将小城镇发展与特色产业相结合，推动特色小城镇快速发展。2018 年 9 月，我国出台的《乡村振兴战略规划（2018—2022 年）》同样指出，要保护乡村特色资源，坚持与新型城镇化相结合，因地制宜发展特色鲜明、充满魅力的特色小镇，以完善城乡结构，推动城乡一体化发展。与传统的二元结构城乡发展相比，特色小镇有了更突出的特点，其不仅坚持创新、绿色和共享的发展理念，还更加注重各个产业的协调发展，对于城镇发展与建设有着重要的作用，能够更好地对城镇产业要素进行合理调节，对地区文化进行更好的传播与传承。在新型城镇化建设的道路上，我国涌现出了多种创新发展方式，特色小镇是其中较为突出的一种，是新一轮城镇化的“综合实验区”和乡村振兴的重要结合点①。特色小镇的打造，能够为居民提供更舒适的生活环境，为群众健身休闲、享受多种娱乐活动提供了更多的选择。除此之外，体育特色小镇的建设还可以有效推动我国体育产业供给侧结构性的改革。要深入贯彻落实新型城镇化建设，就需要将特色小镇的建设与发展作为重要手段，如合肥市包河区大圩镇利用承办国际马拉松赛为抓手，立足于良好的基础设施和生态环境，结合景区优势，兴建体育休闲广场、体育公园等，积极打造安徽省乃至全国有名的体育特色小镇；无锡江阴市新桥镇以海澜国际马术俱乐部为抓手建造具有国际标准的马术综合训练馆、马术比赛馆、马术表演馆和马术三项赛场地，逐步建成江苏省乃至全国有名的体育特色小镇。

（四）全民健身视角

2014 年 10 月，国务院发布《关于加快发展体育产业促进体育消费的若干意见》（46 号文件），第一次将全民健身上升为国家战略。2015 年，党的十八届五中全会审议通过《中共中央关于制定国民经济和社会发展第十三个五年规划的建议》，将建设“健康中国”正式上升为国家战略，特别提出要发展体育事业，推广全民健身，增强人民体质。2015 年，国务院发布的《关于积极发挥新消费引领作用加快培育形成新供给新动力的指导意见》和《关于加快发展生活性服务业促进消费结构升级的指导意见》都指出，全民健身在更好地满足居民消费需求，提高人民生活质量，加快推动产业转型升级以及实现经济增效方面发挥着积极作用。2016 年 6 月，国务院印发的《全民健身计划（2016—2020 年）》指出，统筹建设全民健身公共服务体系和产业链、生态圈，提升全民健身现代化治理能力，让全民健身成为拉动内需、形成新的经济增长点、促进体育产业发展的动力源。2016 年 10 月，国务院印发的《关于加快发展健身休闲产业的指导意见》指出，加快发展健身休闲产业是推动体育产业向纵深发展的强劲引擎，是增强人民体质实现全民健身和全民健康深度融合的必然要求。同时，《“健康中国 2030”规划纲要》提出，要进一步优化市场环境，引导社会力量参与健身休闲设施建设运营，打造健身休闲综合服务体，积极培育冰雪、山地、水上、汽摩、航空、极限、马术等具有消费引领特征的时尚休闲运动项目，打造具有区域特色的健身休闲示范区、健身休闲产业带。习近平强调：“没有全民

① 林凌．新型城镇化背景下特色小镇建设 [J]. 城市建设理论研究（电子版）,2018(8):28,21.

健康，就没有全面小康。”全民健康离不开全民健身，全民健身是全面建成小康社会的重要保障，是健康中国建设的重要内容，对经济结构战略性调整的意义重大。习近平在十九大报告中指出：“人民健康是民族昌盛和国家富强的重要标志。要完善国民健康政策，为人民群众提供全方位全周期健康服务。”

近年来，随着国民经济的快速发展和人民群众健身需求的日益提高，健身休闲产业正在成为带动消费升级、促进体育产业发展和促进相关产业迅速增长的重要动力。休闲时代的来临，使全民健身在国家发展中的战略地位不断提升，体育产业作为运营和构建积极健康生活方式的生产经营性活动，成为推动全民健身战略实施的中流砥柱。全民健身对于增强人民体质，推广积极健康的生活方式起着保障性作用，而国民健康的体质是国家富强的物质基础，是实现民族振兴的重要途径，是实现人民美好生活的根本途径。全民健身强调在“健体”的基础上实现“健心”，培育良好的健身运动休闲方式，而结合了“体育 + 养生”“体育 + 旅游”等诸多突出强身健体特色的体育特色小镇旨在多层次、全方位地满足消费者的需求，达到“健体”“健心”的效果。体育特色小镇是发展健身休闲产业的绝佳载体，蕴藏着无限市场潜力和发展空间，正面临着重大发展机遇。

第二节　体育特色小镇建设的理论基础与趋势研判

一、体育特色小镇建设的理论基础

（一）体育小镇建设的理论基础

1. 产业融合理论

（1）产业融合的出现。产业融合最早源于通信和信息领域，信息交流的不通畅阻碍着经济和社会的发展，产业融合最早的体现是技术融合[①]。随着科学技术和信息技术的发展，不同产业和行业之间相互融合、渗透，成为产业发展的必然选择。基于信息技术的高新技术革命，推动了产业之间的融合。

① 厉建梅. 文旅融合下文化遗产与旅游品牌建设研究 [D]. 济南：山东大学 ,2016.

信息技术的出现使得人们的生活和各个产业的发展发生了翻天覆地的变化，有效地促进了各行业的交流与融合。21 世纪初，我国通过了《中华人民共和国国民经济和社会发展第十个五年计划纲要》，该文件针对信息技术在我国的应用提出了相应的要求，即电信、计算机以及有线电视都应该实现互联互通，以便三网通过合作更好地服务社会发展。但是今天，我国的产业结构迫切需要升级，单纯的技术融合已经无法跟上社会发展的步伐，只有将不同的产业进行融合，延伸产业链，才能实现产业创新，满足市场多元发展的需求。对于体育产业来说，在物质生活显著提高的今天，其可以与文化产业、健康养老产业甚至互联网产业等进行有效融合，以新的产业形式实现创新性发展。

（2）产业融合的含义。日本产业经济学家植草益将产业融合定义为通过技术革新和放宽限制来降低行业间的壁垒，以此来加强行业中企业间的竞争合作关系[①]。罗森伯格（Rosenberg）将在产业工具的演化中发现的技术向其他产业扩散的现象定义为产业融合[②]。大卫·尤菲（David B.Yoffie）认为，产业融合是独立产品的整合[③]。克里斯滕森（Christensen）和罗森布鲁姆（Rosenbloom）认为，产业融合必须建立在充分考虑市场需求和新产品的竞争优势基础上，以通过产业融合满足市场消费需求[④]。国内学者厉无畏认为，产业融合是不同产业或同一产业内的不同行业相互渗透、交叉，共同合作，融为一体，形成新产业的过程。产业融合是将不同产业、行业间的内容进行互补，共同合作，最后达到 1+1 ＞ 2 的效果。体育产业与其他产业的合作与融合，能够实现双方互惠互利，形成新的产业业态，促进经济发展。

（3）体育小镇对产业融合理论的应用。前述提到，单纯进行技术融合已经无法满足市场发展的需求。因此，我们在应用产业融合理论时，应当进一步做

① 植草益 . 日本的产业组织 [M]. 北京：经济管理出版社 ,2000:450.

② ROSENBERG N. Technological change in the machine tool industry: 1840-1910[J] .The Journal of Economic History,1963,23 (2):414-446.

③ YOFFIE D B. Introduction: Chess and competing in the age of digital convergence[C]. Boston: Harvard Business School press, 1997.

④ CHRISTENSEN C M, ROSENBLOOM R S. Explaining the attacker's advantage: Technological paradigms, organizational dynamics, and the value network [J]. Research Policy, 1995, 24(2):233-257.

好业务的融合和市场的融合。具体来说，做到产业融合需要着重从以下三个方面考虑：第一，做好技术的融合，即产业融合应当符合国家相关标准与规范，这是特色小镇与体育产业融合的基础。第二，做好业务的融合，业务发展离不开人才的参与，在特色小镇与体育产业融合发展中的工作人员，应当具有较高的综合素质，了解多个产业知识与形式，同时需要拥有较高的管理能力与经营头脑。另外，业务的融合还需要保证各个组织间的有效合作，通过人才融合和组织融合来实现商业模式创新，进而实现体育特色小镇的创新发展。第三，市场融合。市场融合主要体现在需求和产品供给上[①]。现如今，伴随着人们生活观念的转变，人们的体育消费观念也发生了很大变化，越来越多的人为了体验体育项目、参与体育活动而进行体育消费，这促使体育相关产品、产业的形式也逐渐多样化，体育产业在我国国民经济中所占的比例也得到了显著提升，有效满足了人民群众的生活需求。这也给体育特色小镇的建设与发展提供了新的思路，即与当地文化、旅游等多个产业进行融合发展，打造不同形式的特色小镇，吸引更多的群众进行体育消费和体育体验。

2. 新型城镇化相关理论

（1）新型城镇化的含义。我国许多学者对新型城镇化进行了研究。盛广耀认为，新型城镇化是以全面提升城镇化质量和水平为目标，坚持以人为本，统筹城乡，促进社会和谐，坚持集约发展和规模结构合理的城镇化发展模式[②]。吴殿廷等认为，新型城镇化要坚持以人为本，是大中小城市、小城镇、新型农村社区协调发展、互促共进的城镇化[③]。黄开腾认为传统城镇化与新型城镇化存在本质区别，传统城镇化注重城镇规模的大小，任务是征地拆迁以扩建城镇规模，新型城镇化强调生活质量的提升，坚持以人为本，重在提高公共服务的均等化水平[④]。

① 杨强．体育与相关产业融合发展的路径机制与重构模式研究 [J]. 体育科学 ,2015,35(07):3-9,17.

② 盛广耀．新型城镇化理论初探 [J]. 学习与实践 ,2013(02):13-18.

③ 吴殿廷，赵林，高文姬．新型城镇化的本质特征及其评价 [J]. 北华大学学报（社会科学版）,2013,14(6):33-37.

④ 黄开腾．城乡协同：新型城镇化背景下乡村治理的新思路 [J]. 云南行政学院学报，2016(4):123-129.

新型城镇化不仅是人口迁移、地域变迁等有形的新变化，也包括城乡居民思维方式、意识形态以及世界观、价值观和人生观等无形的新变化。国家所倡导的新型城镇化根本目的在于统筹城乡区域发展，提高城乡居民生活水平，缩小贫富差距，转变城乡居民的思想价值观念，提高人口素质，促进城乡公共服务均等化。

（2）新型城镇化理论的形成。国外传统城市化进程对我国城镇化进程产生了深刻影响，西方城市化起源于 18 世纪工业革命，为了加快城市化进程和获得经济利益，资产阶级盲目圈占农民土地，剥削农民，破坏生态环境，造成工业污染等城市化问题。

我国城镇化发展主要分为两个阶段：第一阶段是 1978—2002 年，为改革开放之后早期城镇化发展阶段。第二阶段是 2003 年至今，为新世纪城镇化发展阶段。在第一阶段，由于缺乏对城镇化发展的科学规划，形式主义严重，"先污染后治理"，为了提高我国城镇化率，盲目扩大城镇规模，造成了交通拥堵、住房拥挤等社会问题。牺牲农民利益，农村土地被转卖给开发商，浪费社会资源，激化了社会矛盾，损害人民利益。在第二阶段，2002 年十六大报告明确提出，坚持大中小城市和小城镇协调发展，走中国特色的城镇化道路。

有学者指出，我国城镇化发展水平严重滞后，且区域发展不平衡，为了推动我国的新型城镇化发展进程，2014 年 3 月，国家出台了《国家新型城镇化规划（2014—2020）》，指出要加快发展中小城市，调整优化城市产业布局和结构，推进城乡公共服务一体化，注重生态环境保护和人文城市建设，推动城乡发展一体化。

（3）体育小镇对新型城镇化理论的应用。通常体育小镇都会选择建在城市周边，因为这些地区有着更优质的自然资源，可以为体育小镇提供更好的场地、景观等，因此我们也可以将体育小镇看作是城市与乡村的联结体。体育小镇是以体育产业为基础，加之文化、旅游等产业而形成的，是从人类生活、发展需求方面出发建设的，因此非常注重协调和可持续发展，在体育小镇中能够明显感受到原有生态环境的魅力，给人以舒适怡人的感觉。由于体育小镇建在城市边缘，并具有浓厚的体育特色，因此能够有效带动消费群体，进而促进更多的人就业，这在一定程度上缓解了城市压力，也给乡村发展带来了更多的机会与资源，有利于实现城乡资源的均衡分配。另外，打造体育小镇必然需要增添相关配套设施，这在很大程度上能够加快城市体育产业的升级和转型，拉近农村与城市的距离，提高农村群众的生活水平，增强他们的幸福感。在经济新常态发展背景下，我们可以将体育特色小镇看作是新型城镇化建设的一种新形式，这对于调整产业结构、平衡城乡资源、推广地域文化等具有显著作用，有利于我国新型城镇化的建设与发展。

3. 供给侧改革理论

（1）供给侧结构性改革理念。供给侧结构性改革是党中央在经济新常态背景下提出的宏观经济管理战略举措，旨在提高社会生产力水平，实现中国经济社会健康、快速与可持续发展。党的十八届五中全会通过的《中共中央关于制定国民经济和社会发展第十三个五年规划的建议》提出了“创新、协调、绿色、开放、共享”五大发展新理念，成为推进供给侧结构性改革的行动指南。2016 年 1 月 26 日，习近平在中央财经领导小组会议上强调，在适度扩大总需求的同时，进行供给侧结构性改革，要从供给端扩大有效供给和减少无效供给，在生产领域提高全要素生产率，实现供给结构优化和升级，增强经济持续增长动力。

供给侧结构性改革与五大发展理念一脉相承，是我国在宏观经济管理方面的重大理论与实践创新，对发展体育产业具有重要的理论价值和指导意义。改革开放以来，我国体育产业虽然取得了很大进步，但也出现了供给与需求不平衡、产业结构不合理、创新驱动力不强等问题[①]，需要我们以改革创新的思维，从供给端进行结构优化和升级。“十三五”时期，在全面深化改革背景下，以五大发展理念为指引，加强供给侧结构性改革是体育产业发展的内在要求和必然趋势。

改革开放以来，我国所奉行的经济政策强调需求管理，集中在“需求端”发力，依靠投资、消费、出口“三驾马车”来带动经济发展。“十二五”以来，人口红利不断下降、劳动力成本连年上升、自然资源利用粗放和低效能、制度供给严重滞后、政府职能改革不到位等原因，导致供需关系出现严重的结构性失衡，即出现“供需错位”现象。自 2011 年以来，中国经济增长率告别了两

① 胡鞍钢，周绍杰，任皓．供给侧结构性改革——适应和引领中国经济新常态 [J]. 社会科学文摘，2016(8):11-13.

位数的增长状态从而进入新常态。传统的需求侧和供给侧的宏观管理效果不断减弱，倒逼生产关系的改革，这就需要产生新的经济管理思想，培育一批新型产业来优化经济结构、最大限度地解放和发展生产力。马克思主义的“生产关系要适应生产力”这一经典论述，是全面深化改革的基础，成为供给侧改革理论思维和战略举措的逻辑起点[①]。供给侧改革是在新常态背景下，以全面改革为核心，从供给端来促进和解放生产力，提升竞争力，实现总供给平衡和结构优化，是我国基本国情与未来经济社会发展的战略选择。供给侧结构性改革作为新时期经济管理的重大理论创新，是中国发展经济学的“升级版”，是制度经济学发展在中国的“增强版”[②]。供给侧结构性改革就是要淘汰落后产能和清理“僵尸企业”，发展新兴领域和创造新的经济增长点。目前，全民健身已上升到国家战略，对于提高社会公众的生活质量、满足居民体育消费需求和加快体育产业发展具有重要作用。发展体育产业是中国经济在新常态发展中的一个新亮点，推进体育产业的供给侧结构性改革，对于我国经济结构转型和优化具有重要的推动作用。

体育产业供给侧结构性改革是由体育产业的供给端出发，从制度、机制和技术等方面，通过改革的方式来优化和调整体育产业结构，扩大有效供给，减少无效供给，提高体育产业的全要素生产率，实现体育资源配置的优化，促进体育产业的健康与可持续发展，满足社会公众日益增长的多元化体育需求。其实质是以市场为导向来改革政府现有的政策供给方式，充分发挥市场在配置体育资源中的决定性作用。

（2）供给侧改革对体育特色小镇建设的作用。供给侧改革对体育特色小镇建设的作用有很多，突出的有以下三点：

第一，加快产业结构的转型与升级。体育小镇的建设，为产业升级和结构调整提供了可能，政府是宏观政策和资源调配中的“供给者”，让市场在整合体育资源中起决定性作用，通过竞争来促进产业升级，推动资源优化配置。体育特色小镇加快产业结构的转型与升级，一方面是对产业的规模进行调

① 刘元春．供给侧结构性改革的理论逻辑探析 [J]. 国家治理，2016(12):36-48.

② 王小广．供给侧结构性改革：本质内涵、理论源流和时代使命 [J]. 中共贵州省委党校学报，2016(2):82-87.

整，另一方面是对产业结构进行优化。体育特色小镇无疑是以体育产业发展为基础。在全面健身、绿色低碳的时代背景下，体育产业被称为“绿色产业”，该产业的附加值非常高，这对与其他产业进行融合有着很好的促进作用。在“十二五”期间，虽然我国体育产业的发展取得了很大进步，其在国民经济中所占的比例也越来越大，但是与国际体育产业发展水平相比还有较大差距，产业结构还有待完善。“十三五”期间，我国针对体育产业的发展做了进一步的规划，提出了新的发展方向，要求进一步优化体育产业结构，改变产业发展方式与方法，对体育产业相关设备设施做进一步升级，对体育工业生产进行转型，鼓励更多的人参与到体育行业中，提高体育服务业的水平，促进体育消费。至今，我国群众的消费观念已经发生了很大变化，很多人在体育方面更乐意进行尝试和参与，基于此，越来越多以休闲为主题的体育小镇拔地而起。在这样的大趋势下，我国的体育产业结构必定能够得到优化。

第二，资源更加丰富，供给得到保障。我国地域辽阔，各个地区的经济发展水平差异较大，对应的体育产业的发展差异也较为明显，一些地区的体育资源充沛，而经济较为落后地区的体育资源则非常匮乏，资源分配的不均衡导致一些公民的体育需求无法得到满足。举例来看，近几年我国多个地区每年都会举办马拉松比赛，虽然这与往年相比有了很大进步，但是就整个国家公民体育需求而言，这种马拉松的规模还较小，举办的次数较少，比赛质量有待进一步提高。要想改变这种现状，就需要从扩大供给着手，真正为群众提供更有效的服务，增添更实用的体育设施。体育产业供给侧改革在具体实践中强调供给侧管理，优化体育产业结构，解决体育服务和产品有效供给不足的问题。政府提供的有效供给“产品”就是制度政策，这是非常重要的公共产品，特色小镇建设规划是政府公共政策供给的逻辑必然与创新，是政府推进供给侧结构性改革的一项重大举措①。可以说，体育特色小镇建设规划是政府在体育产业政策方面的一次创新，是实施体育产业供给侧改革的具体实践。体育特色小镇建设中政府不直接去推动某一个具体产业，而是在土地、人才、税收、资本等要素资源方面实施优惠政策，激励地方政府、市场、社会组织等多元主体积极参与，

① 卓勇良．政府公共政策供给的逻辑必然与创新——浙江特色小镇规划建设的理论思考[J]．决策咨询，2016(2):26-29,83.

聚集优势产业，形成特色，扩大体育产业的有效供给。

第三，建设体育小镇促进体育产业的跨界融合。随着国家政策红利的逐步释放和体育改革的不断深入，大量资本涌入体育产业，体育金融出现了突破和跨越，体育产业投资获得高度重视，特别是健身休闲与赛事产业备受关注。习近平在2016年全国卫生与健康大会提出“大卫生，大健康”的理念，强调全民健身在健康中国建设中的战略地位，并推动全民健身和全民健康的深度融合。我国体育产业进入快速发展时期，跨界融合和业态裂变成为一种趋势，互联网与体育产业的跨界融合逐渐加速，特别是“互联网+”为体育产业发展提供了科技支撑，产生了新的业态形式。体育特色小镇就是迎合了时代发展趋势，模糊了产业结构划分，使体育产业与旅游、文化、健康、养老、生态、金融、培训、科技、房地产等进行跨界融合，全面体现了“大体育”的理念。

（二）体育特色小镇建设的理论基础

1.马克思主义的城镇化思想

“城乡融合”是马克思主义思想的内容之一，马克思在批判继承前人基础上结合所处时代状况，认为城乡必然走“一体—分离—对立—融合”的道路。近代空想社会主义学说创始人托马斯·莫尔的论述、法国圣西门的“实业制度”、傅立叶的“和谐制度”、亚当·斯密关于城乡关系的观点等为马克思城乡关系的论述奠定了基础。马克思认为，在城乡关系矛盾运动中，社会分工是其根本动力，分工成为城乡分离和对立的基础，且促进了现代意义城市的产生与发展，并认为社会的运行，就是城乡对立与融合的过程，对立是个人屈从于分工、屈从于其被迫从事的某种活动。城乡分离要求大力发展生产力，城乡分离也促进了社会分工，并且对发展社会经济具有重要作用，从而推动了文明社会的出现。另外，城乡分离与对立也导致了阶级矛盾尖锐化，造成人的片面发展。城乡融合就是使城乡融为一体共同发展。城乡对立是历史范畴，消灭城市和乡村的对立是可能的，一些人必须通过剥夺和限制另一些人才能满足的状态也将终结，城乡关系也将由对立走向融合，最终实现全体成员全面而自由的发展。马克思认为，私有制是推动城乡对立的根源，并主张用公有制替代私有制，生产关系方面应该通过消灭阶级的对立来达到城乡的融合。马克思对城镇的先导作用给予高度的肯定，城市是现代文明的标志和先进生产力的发展载体，工业化进程中的城镇化不是要消灭农村，而是为城乡融合奠定基础。农村劳动力转移是世界各国普遍关注的现象，“劳动力转移”思想最早可以在马克思的《资本论》中发现雏形，为后来的学者传承和发展提供了理论借鉴。资本积累是农业劳动力转移的根本驱动力，农村因大地主占有制和土地的集中，必然导致剩余劳动力转移到城市成为企业工人。机器在农业上的应用对农业劳动力的“过剩”有强烈的推动作用，机器的使用替代了劳动力，农业生产对劳动力的总需求减少[①]。当然，劳动力转移的规模和路径受社会经济发展水平影响。

2. 发展经济学人口流动理论

美国经济学家刘易斯通过在发展中国家的大量实地调查，指出发展中国家由农村中的手工劳动生产和城市中的资本主义生产两类性质不同的部门构成，在农村剩余劳动力无限供给的条件下传统部门必然向现代部门转化，构建了二元经济结构理论，主要思想体现于其 1954 年发表的文章《劳动力无限供给条件下的经济发展》中。为促进一元化，刘易斯认为必须加快城市工业部门的资本积累，有时甚至可以牺牲农业，但其贬低了农业在发展中的重要地位和作用。耶鲁大学费景汉和拉尼斯对刘易斯的“二元结构”理论进行了扩展，在规避其理论问题的基础上，构建了“费景汉—拉尼斯”模式，并共同发表了《经济发展的一种理论》（1961 年）《劳动剩余经济的发展：理论和政策》（1964 年）两篇文章。西奥多·舒尔茨对刘易斯的无限剩余劳动力供给模式及其相关观点提出批评，指出刘易斯模型的基本假定是不成立的，认为农业对现代化有重要贡献，落后的传统农业在发展中国家依然占有支配地位，只有增加人力资本的投入才能保证农业生产，并于 1964 年出版了《改造传统农业》一书。舒尔茨根据农业生产率高低，将农业生产分为传统农业均衡阶段、传统农业向现代农业过渡阶段、现代农业非均衡阶段，非均衡阶段农业生产率达到了很高水平，农业劳动力供给过剩。美国发展经济学家托达罗鼓励消除要素价格扭曲现象，并于 1971 年提出著名的“乡—城劳动力迁移”模型[②]。劳动力流动受相对经济利益影响，但也有心理因素；劳动力迁移的决策和行动取决于预期的而非实际的收入

① 李玉梅 . 马克思主义与西方发展经济学劳动力转移理论比较分析 [J]. 中国劳动 ,2015(2x): 21-25.

② 孙金洲 . 农村城镇化与农村剩余劳动力转移研究 [D]. 武汉 : 武汉大学 ,2004.

差异；城市高失业率是城乡经济机会不平衡的必然结果。托达罗认为劳动力迁移主要取决于迁移的成本和收益。城市也存在失业，每一个流动人口并非都能找到工作，但实际收入差距使农村与城市人口的迁移始终会存在。人口迁移包括离开"推力"和吸引"拉力"，R. 赫伯尔 1938 年提出了"推力—拉力"理论，推拉理论模式使复杂的过程高度简化。迁移生态学理论最早由生态学家霍利于 1968 年提出，认为人口会通过调整自身规模和分布来适应平衡的破坏，通过迁移来调节人口数量和分布是最直接有效的方式，主要体现在其出版的《生态学：人类生态学》一书中。但霍利没有对人口迁移个体的迁移动机进行考察，且忽视了思想意识和情感因素对人口迁移的影响。芝加哥古典人类生态学理论通过研究芝加哥城市人口空间分布的影响因素，提出了有效的土地利用模式。

3. 空间经济学的区位、城市理论

区位理论是最早涉及城镇的形成和人口集聚等的理论之一，包括农业区位论、工业区位论和城市区位论等。农业区位论依据农产品特征和运输成本，第一次从理论上系统地阐述了空间摩擦对人类经济活动的影响，代表人物有杜能，代表作为《孤立国同农业和国民经济的关系》。工业区位论分析了工业区位选择和布局问题，论述了最佳区位点，主要观点体现在韦伯的《工业区位论》①。城市区位论指出商品和服务依其特性可分成若干档次，并确定一个中心地在中心地系统中的地位和作用，代表人物克里斯塔勒，代表作《德国南部中心地原理》。城市经济学运用经济学原理和经济分析方法研究城市问题，并关注空间要素对城市发展的重要影响，如城市出现、城市层级、城市规模及分布等，最早可以追溯到 19 世纪 20 年代相关学者对城市土地和土地区位的研究，随后韦伯 1909 年提出了"工业区位论"等观点。新经济地理学对产业发展和劳动力流动的解释丰富了经济地理学的内涵，以劳动力要素流动、规模报酬递增、不完全竞争等假设条件来研究区域经济问题，从经济全球化视野下重新考察国家的区域经济差异问题，为区域产业发展和劳动力迁移政策提供了一定的依据。美国经济学家克鲁格曼于 1991 年发表《报酬递增与经济地理》一文，构建了开创性意义的"中心—外围"模型。1991 年和 1995 年克鲁格曼的著作《地理和贸易》《发展、地理学和经济理论》出版，引导了经济地理和空间经

① 杨旭东．吉林省人口城镇化模式与调控研究[D]. 长春：东北师范大学,2008.

济学的复兴，随后藤田昌久、布雷克曼等于2002年出版《集聚经济学：城市、产业区位与区域增长》《地理经济学》，鲍德温于2003年出版《经济地理学与公共政策》。美国城市与区域经济学家约翰·弗里德曼借鉴熊彼特的创新理论，将创新与发展概念引入时空体系中，于20世纪60年代提出了著名的“核心—外围”理论，该理论认为区域发展是由创新最终汇集为大规模创新系统的逐步累积过程，创新往往由变革中心自上而下、自内而外地向周围地区扩散，而空间体系中的其他区域被称为“边缘区”。增长极理论是区域经济学、发展经济学等学科和领域重要的分析工具，由法国经济学家佩鲁于1955年出版的《略论“增长极”的概念》中首次提出“增长极”概念，指出现实中的经济要素往往是非均衡进行的，通过特定的渠道将增长点的经济影响向周围辐射，之后得到法国的布代维尔、美国的赫希曼、瑞典的缪尔达尔等的修改和完善。集聚理论吸收了区位理论、增长极理论、“核心—边缘”理论等的积极因素，研究根源最早可以追溯到1891年英国著名经济学家马歇尔对产业区概念的描述，他把专业化产业集聚的特定地区称作“产业区”，生产要素为追求外部规模经济而在产业区内集聚。

4. 新制度经济学与城镇化理论

新制度经济学是当代西方经济学主要流派之一，继承了制度学派的传统，以制度分析、结构分析为标榜，比制度学派更加注意资本主义现实问题，批判其缺陷。以科斯理论为代表的新制度经济学最早由威廉姆森提出，主要代表人物有科斯、威廉姆森、德姆塞茨、阿尔奇安、诺斯、张五常等。科斯定理是他人从其文章《社会成本问题》中归纳出来的，即在交易成本为零的条件下，谈判能导致利益最大化。因为世间万物本来就是相互联系、相互作用的，产权正是联系两者之间的纽带，因此科斯定理可以扩展为研究社会整体效率问题。但现实世界中交易成本为零的情况是不存在的，权利的初始分配影响整体利益，因而不同的制度和产权安排会有不同的效率，要增进社会整体的效率必须促进产权结构创新和降低交易成本。诺斯从现代经济学理性选择假定出发，运用交易成本等构建产权理论、国家理论等新经济史理论体系，认为“有效率的”的产权是稀缺的，国家规定着产权结构并最终对产权结构的效率负责①。制度并

① 韩英坤．新制度经济学视角下征地制度创新研究[D]．北京：中共中央党校，2014.

非一成不变，总是借助不断的创新来开拓自身范围，经历着无数的制度变迁。马克思主义认为，任何社会制度都有一个发展过程，且在一定条件下必然消亡。诺斯认为，制度变迁即制度随着时间变化而被打破的方式，内在逻辑结构归纳为制度变迁的主体、动力、来源、过程以及路径，并指出制度变迁的路径依赖取决于交易成本高且不完备的市场和收益递增两因素。传统制度会被另一种效率更高的制度所替代，表现为由非均衡向新的均衡变更，从均衡到非均衡再到均衡的往复循环，均衡状态下行为主体对既定制度满意，自愿接受这种制度，实现了社会的稳定。制度变迁可表述为制度的转换、交易和替代过程①。制度本身的稳定性、所处环境的变动性及人类利益最大化存在永恒的矛盾，也即制度变迁的决定因素，制度供给与需求、制度均衡与非均衡构成了制度变迁过程。科斯在《论生产的制度结构》中指出，交易费用为正的真实世界里，企业因交易费用的节约而出现。城镇化是一个不同等级规模的组织系统，城镇的产生和发展是政府、企业、家庭及其他组织为节约交易费用而导致的，但城镇会有单个企业所无法企及的更大规模效应②。城镇的发展也表现为各子系统之间完成交易的所有费用的节约。

二、体育特色小镇建设的趋势研判

（一）顶层设计逐步完善，政策提供便利

近年来，特色小镇的兴起使得相关政策也更加科学和规范，这些政策的不断优化也为体育特色小镇的建设与发展提供了更好的政策保障，使得建设更加快捷与便利。随着人民生活水平的提高，人们对美好生活的要求也越来越高。为了满足人民的需求，我国加大了对特色小镇的建设力度和投入力度，先后出台了多个利好政策，如表 3-1 所示。2016 年 7 月，住建部、发改委、财政部联合发布《关于开展特色小镇培育工作的通知》，对中国特色小镇的建设与发展具有里程碑意义。随后，住建部、中国农业发展银行又发布了《关于推进政策性金融支持小城镇建设的通知》，加大对特色小镇建设的信贷支持力度，切

① 卢现祥 . 新制度经济学 [M]. 武汉：武汉大学出版社，2004:162.

② 李泉 . 城镇发展机理的反思与检讨——来自新制度经济学与新经济地理学的理论解读 [J]. 财经科学 ,2011(1): 51-57.

实利用政策性金融支持，拓宽特色小镇建设的资金渠道，全面推动小城镇建设发展。发改委等部门在《关于实施“千企千镇工程”推进美丽特色小（城）镇建设的通知》中，提出“政府引导、企业主体、市场化运作”的建设模式，引导社会资本参与美丽特色小（城）镇建设，促进镇企融合发展、共同成长。在此类激励政策的推动下，我国各地特色小镇的数量如雨后春笋般快速增长，基金小镇、文化小镇、旅游小镇以及体育特色小镇纷纷出现在特色小镇领域。

2017 年 5 月，国家体育总局发布《关于推动运动休闲特色小镇建设工作的通知》，不仅对“运动休闲特色小镇”进行了官方界定，而且对申报和推荐的特色小镇提出了明确的要求。同时，要求各部门对纳入试点培育小镇的经费、体育设施、赛事资源、相关政策提供全方位支持，助力体育特色小镇健康可持续发展。

表 3–1　部分特色小镇文件相关信息

文件名称	时　间	发布部门
《关于开展特色小镇培育工作的通知》	2016.7	住建部、发改委、财政部
《关于做好 2016 年特色小镇推荐工作的通知》	2016.8	住建部
《关于加快美丽特色小（城）镇建设的指导意见》	2016. 10	发改委
《关于推进政策性金融支持小城镇建设的通知》	2016. 10	住建部、中国农业银行
《关于实施“千企千镇工程”推进美丽特色小（城）镇建设的通知》	2016.12	发改委等
《关于推进开发性金融支持小城镇建设的通知》	2017. 1	住建部、国家开发银行
《关于开发性金融支持特色小（城）镇建设促进脱贫攻坚的意见》	2017.2	发改委、国家开发银行
《关于推进商业金融支持小城镇建设的通知》	2017.4	住建部、中国建设银行
《关于保持和彰显特色小镇特色若干问题的通知》	2017.7	住建部

续表

文件名称	时　间	发布部门
《关于规范推进特色小镇和特色小城镇建设的若干意见》	2017. 12	发改委、国土资源部、环保部、住建部

（二）培育对象基本确定，投资建设规模不同

浙江省之所以成为我国特色小镇建设与培育的领先省份，主要原因在于其独特的块状经济为特色小镇的发展创立了良好的经济环境，以及“自愿申报、分批、年度考核、验收命名”的科学合理的建设原则。2015—2016 年该省公布了两批特色小镇，特色小镇的浙江模式成为全国各地的关注焦点。在全社会的高度重视下，各部门将特色小镇建设逐步提上日程。随着国家政策的支持与推动，住房和城乡建设部分别于 2016 年 10 月和 2017 年 8 月公布了第一批、第二批中国特色小镇名单，总计 403 个。在体育产业发展的“黄金十年”，体育特色小镇的发展经历了“启蒙—研发—实践”的阶段，当下正是体育特色小镇由科学规划逐步向落地实践的关键时期。2017 年 8 月，国家体育总局公布了《关于第一批运动休闲特色小镇试点项目名单的通知》，标志着我国第一批体育特色小镇培育对象基本确定，全国 31 个省、自治区、直辖市的 96 个运动休闲特色小镇成功入选。从各省市的入选数量来看，北京市、河北省、湖北省入选的数量最多，分别为 6 个。从申报主题来看，以“运动休闲”为主题的小镇达 63 个，占总数的 65.63%。资金是建设体育特色小镇的基本要素之一，也是获取其他基本要素的重要手段。特色小镇普遍具有建设周期长、投资规模大等特点，短期的投资并不能快速变现，必须要经过数年的精心运营后方可回收资本，这对小镇所在地的政府部门、管理部门、运营部门提出了更高的要求。然而近年来，我国体育产业总产出稳定增长，2016 年体育产业总规模达到 1.9 万亿元，为我国体育市场的培育和稳定发展提供了强大动力。在此市场环境下，社会资本大量积累，其投资热情有增无减。各地体育特色小镇的建设与发展得到国家的高度重视与政策的大力支持，虽然投资规模有所不同，但为小镇建设目标的实现提供了重要保障。宝鸡市金台区体育特色小镇采取“政府主导、企业运作、合作共赢”的市场化运作方式，运用公私合营的 PPP 模式，

引进具有突出产业、金融资源优势的社会资本与政府合作，总投资达320亿元，以实现“产业高度聚集、城镇功能完善、生态环境优美”的建设目标。而河南省驻马店市确山县老乐山北泉体育特色小镇投资21亿元，以独具特色的“体育+旅游+文化+休闲”功能开发为中心，全方位打造特色文化运动休闲旅游综合体，改变老乐山旅游景区单纯观光游的现状，促使“让文化活起来、全民健身动起来”的体育旅游、文化旅游、运动休闲度假游的转型升级，以实现老乐山建成特色文化高地和生态旅游胜地的目标。

（三）运营模式因地制宜，小镇发展各具特色

在体育产业相关政策陆续出台之时，浙江省牢牢抓住了体育产业发展的机会，加大发展力度，以体育产业发展为核心建设了多个特色小镇，这些小镇结合当地的自然资源与文化，极具地域特色。浙江省在2015年和2016年先后公布了两批特色小镇建设名单，有效促进了浙江省特色小镇的发展，使浙江体育特色小镇成为我国特色小镇建设中的佼佼者，为其他地区特色小镇的建设做出了良好示范。但是需要注意，浙江特色小镇的建设是结合浙江本地的地域文化、自然景观以及经济发展现状等多个因素进行建设的，而我国不同地区的地理位置、自然景观和文化习俗等有着明显的差异，因此其他地区在建设特色小镇时不能完全照搬“浙江模式”，应借鉴其创新方式，并结合自身的实际情况做进一步规划。

（四）平台化运营模式

通常我们将不生产产品，但为参与者及客户提供产品与服务的场所称为平台，平台为人们相互合作、交易提供了便利。体育特色小镇虽然是以体育产业为核心建设的，但是其主要功能是供人们休闲娱乐、放松身心、享受生活的，因此，与其称之为城镇，不如将其称为一种以体育产业为基础融合多项产业的发展平台。体育特色小镇这一平台要想为群众提供更好的服务，得到更好的发展，就需要充分挖掘与整合当地资源，积极引进先进的体育设施，不断创新体育产业与其他产业融合的方式方法，吸引更多的群众进行体育消费，进而推动体育特色小镇的发展。湖北省京山市在建设体育特色小镇方面有着很成功的经验，该城市通过融合体育资源，建设了网球特色小镇，这一小镇以网球为主题扩建多个户外网球场，并配备相应的商业、教育设施，这种运营模式使得京山

市成为中国唯一一个被网球协会授予“中国网球特色城市”荣誉称号的城市，也吸引了更多网球爱好者、学习者来这里参加网球赛事，参与相关培训等。平台化运营模式包括体育旅游运营模式和体育扶贫运营模式。

体育旅游是以体育为载体，以旅游为形式的休闲游玩活动，是体育产业与旅游产业交叉融合而生的新兴业态。体育特色小镇充分发挥体育特色，可实现体育产业与旅游产业“双赢”。

党的十九大报告明确指出，要动员全党全国全社会力量，坚持精准扶贫、精准脱贫。体育扶贫也是建设体育特色小镇的重要目的之一。体育特色小镇建设发展要与脱贫攻坚任务密切结合，发挥体育特色小镇的扩散效应，以体育产业发展带动地方经济、文化等各项事业全面发展，做到精准扶贫、精准脱贫。

（五）体育特色小镇建设更加规范，多元治理模式逐渐形成

经过五年发展，产业立镇的原则成为体育特色小镇领域内的共识，体育产业的可持续性及特色性决定了体育特色小镇发展的未来。在经济飞速发展、国际金融市场不断变化的大背景下，我国经济社会转型成为重要工作内容之一，而体育特色小镇的建设由于融合了多个产业，并且极具特色的运营能够有效带动当地经济发展，因此其成为中国经济社会转型以及体育产业发展的重点选择。就目前来看，我国很多地方还存在着一些不符合市场规律的小镇，这些小镇的运营模式过于陈旧，无法为民众提供良好的体育体验，无法满足人们的休闲娱乐需求，因此发展越发缓慢甚至出现萎缩，这也进一步证明了体育特色小镇的建设与运营是符合人民大众的运动需求和休闲娱乐需求的，是提升新型城镇化水平的重要举措。体育特色小镇有力打破了传统城市与乡村的界限，它将城市与乡村的资源进行了有效整合，集城市功能与乡村功能于一体，对促进农村城镇化起到了重要作用，也对我国体育产业供给侧结构性改革起到了重要的推动作用。目前我国已经从传统的社会管理方式转变为了社会治理，在体育产业方面，要进一步完善体育治理，实现体育治理的创新，体育特色小镇是一个新的选择，它是政府、体育组织、公民等多个主体参与合作的项目，由它们共同治理。虽然体育特色小镇是融合多种产业共同发展的，但是其产业定位非常明确，仍旧是以体育产业发展为主，是体育产业发展的重要载体，并且体育特色小镇还是企业之间协同创新的社

区。按照这样的发展模式和发展速度来看，体育特色小镇未来的发展将更具内涵，相关支持政策更多、更好，小镇长效运行机制更加成熟，小镇发展模式将被更多城市关注和借鉴。特别是2018年8月30日，国家发改委发布了《关于建立特色小镇和特色小城镇高质量发展机制的通知》，对特色小镇的发展提出了若干规范管理措施，要求各地区严格对标对表，认真查摆问题，切实加以整改，特色小镇的基本条件得以明确，同时鼓励各地区挖掘多种类型特色小镇，避免模式雷同、难以推广。2019年之后，规范体育特色小镇建设的长效机制将进一步建立健全，切实强化对特色小镇的统筹指导，统一行动，促进特色小镇高质量发展。在市场对资源配置的主导作用之下，优胜劣汰成为常态，具备长远体育战略规划和体育产业资源优势的体育特色小镇开发商、体育产业运营商等，将占领体育特色小镇发展的前沿阵地，各种资源不断向其聚集，“排头兵”效应开始凸显，而缺乏体育特色和产业资源的体育特色小镇将被淘汰。2020年之后，体育特色小镇的发展路线将更加清晰明朗，体育产业将为小镇的可持续发展提供源源不断的动力，在推动体育产业高质量发展中起到重要作用。

第三节　体育特色小镇建设的模式与意义

一、体育特色小镇建设的模式

（一）体育小镇建设的模式

体育小镇，是随着我国体育旅游产业、新型城镇化与社会生活形态的发展而出现的新兴业态。作为前瞻性、试探性的研究，我们从体育小镇的概念出发，针对产业可能性，根据细分产业类型与目标受众（人群 / 企业 / 组织）的不同，体育小镇可分为四类：产业型体育小镇、休闲型体育小镇、康体型体育小镇、赛事型体育小镇。

1.产业型体育小镇

产业型体育小镇无疑是以产业发展为主，因此此类小镇主要集中于产业制造，生产体育用品，在此基础上进行生产技术研究和产品交易。同时，在互联网发达的今天，产业型体育小镇还需要积极应用互联网技术，通过打通上下游产业链实现体育小镇多产业融合发展。产业型体育小镇虽然以生产为核心，但仍具有休闲体验的设施供人们享受，只不过休闲娱乐功能相对较少，属于配套功能。这种建设模式将导致小镇主要企业为生产企业，其他企业围绕生产而发散性建设，呈现出“一中心，多散点”的特点。

2. 休闲型体育小镇

与产业型体育小镇相比，休闲型体育小镇更加民众化和生活化，这类小镇在建设之初更多考虑的是当地的自然环境条件、文化特色以及民众对体育休闲的需求等。休闲型体育小镇内部设施往往更加多元化，有多种体育体验项目供民众消费。但是无论哪种体验项目，其都是依托当地自然环境而建设的，如滑雪运动、水上运动等。这种特色促使体育产业和旅游产业更好地进行了融合，根据景区特点，以及不同阶段人群对体育休闲娱乐的需求，进行多样化的项目打造，为人们提供更完善的设施，满足人们的需求。休闲型体育小镇在建设的时候应当对建设地点进行深入考察，选址决定了小镇发展的水平与发展规模，通常选址需要对周围消费群体的消费水平、消费方向以及该地区对体育设施承载量等进行综合考虑，一般城市周边的地区更加符合这些要求，是休闲型体育小镇建设的首选地。

3. 康体型体育小镇

康体型体育小镇更加注重健康和养生，其主题也是运动与健康。这类小镇的整体特点是依托当地的生态环境，并配备相应的体育设施与体育项目，供人们旅游、度假、养老等。最常见的项目包括温泉、瑜伽等，这些项目运动量不大，主要是让人们在小镇中享受慢节奏的生活，缓解平日里的生活、工作、学习压力，进行修身养性，并起到健身的作用。通过这些项目的特点我们可以总结出，康体型体育小镇的受众群体主要是中老年人或高端人群，虽然受众群体范围较小，但是近些年，我国各个层次的消费群体尤其是中老年人，对健康运动的需求量显著增加，人们的健身养生意识也得到了明显提高，因此他们为康体型体育小镇带来的消费总额并不低，甚至更高。总之，康体型体育小镇主打“绿色”、健康，通过体育与健康设施和当地自然环境相融合，为人们提供更多的健身、养生服务和居住环境，使人们的身体、心理都能感受到放松，属于健康养生、度假的综合体。

4. 赛事型体育小镇

赛事型体育小镇主要用来举办相关的体育赛事，因此其在建设上多为各种体育项目的比赛场地，运动休闲场地与服务作为辅助项目数量较少。一般赛事型体育小镇举办的体育赛事等级较少或较低，成熟的、先进的赛事型体育小镇可以承接多个项目、多个等级的赛事，这是大部分赛事型体育小镇发展的目标。在运营与管理这类小镇时，需要从两个方面着手：第一，为承办的体育赛事提供丰富的物质资源与人才资源，确保赛事项目与组织的顺利运营；第二，赛事过后的场地应当得到充分利用，可以举办其他小型体育赛事或者开展体育教育、体育培训等。其中，在利用赛事后的场地时可以从三个角度考虑：一是利用场地进行体育团队的培训；二是借助体育赛事的价值开展多项活动，如赛事精彩瞬间照片展、赛事体验项目等；三是利用赛事后的场地开展其他活动，如举办音乐节、动漫展等，将其他领域的特色融入体育小镇经营中，实现体育小镇的多元化发展，也进一步促进其他产业在该小镇的发展。需要注意的是，不论是专业体育赛事还是延伸出来的其他活动，都应当配备高标准的设施和高水平的服务，在确保活动顺利进行的同时，为参与者带来更舒适、更独特的体验，从而不断吸引更多的人来参观、体验赛事型体育小镇，带动当地经济发展。

（二）体育特色小镇的发展模式

体育特色小镇建设的外部环境、经济基础、要素禀赋、发展战略等均具有较大的差异，不同国家或区域的发展模式也不尽相同。实际情况决定了一些具体的模式，根据动力机制与空间布局，我们可以将特色小镇建设模式划分为企业带动模式、政府引导模式、优势产业模式、文化民俗模式、旅游休闲模式、健康疗养模式等类型，另外并没有一个永恒不变的主导模式，也存在混合模式（表 3-2）。

表 3-2　体育特色小镇的发展模式

序号	模式名称	主要内容	适用区域
1	企业带动模式	企业区位调整的一种特殊形式，是企业区位的再选择过程，优化农村地区产业结构，促进农村剩余劳动力就业	适用于有一定潜力和基础的地区，当地产业基础较好，企业配套能力较强，并且有充分的就业需求

续　表

序号	模式名称	主要内容	适用区域
2	政府引导模式	中央或地方政府依据相关的法律法规，在一定范围内向特定人群提供优惠和服务	适用于特殊的区域，有利于解决中低收入家庭困难
3	优势农业模式	具有明确的产业定位、文化内涵和优势资源，兼具产业、文化、休闲和社区功能的农业特色产业发展集聚区	适用于农业发展较好的区域，小镇不受行政建制限制，也不同于一般的农业产业园区，其主导产业特、农耕文化深、融合程度高、生态环境美、富民效应大
4	文化民俗模式	需要尊重历史和传统，从本地的历史出发，按照历史的脉络进行发展。特色小镇建设过程中，赋予文化内涵，需要观念更新	适用于传统文化比较浓厚的区域，真正赋予小镇文化内涵，彰显古镇文化驱动型经济特色
5	旅游休闲模式	通过旅游资源的开发建设，将旅游区的农民转化为服务人员、加工人员等，在形成人群聚集的同时，以产业为依托推动城镇化	适用于区位条件优越，旅游资源吸引力强的区域，完善城市空间和旅游功能分区，发展周末度假、小型会议、商务旅游、农家乐、农业体验旅游
6	健康疗养模式	传统健康观念注重的是身体方面，现代健康观念更加注重身心及社会关系全面健康。城市人口增加、交通拥挤、三废污染造成城市生态系统失衡，直接或间接对城市居民的身心健康造成威胁	适用于天然条件比较好的区域，当前越来越多的人希望到山清水秀、环境优雅、空气清新、配套服务齐全、独具风格的小城镇旅游、度假、疗养
7	多种动力机制和影响因素组合的混合模式	—	—

1．企业带动模式

近年来，我国大力倡导走绿色可持续发展道路，很多城市为了贯彻环保相关政策，增强城市经济软实力，将大型生产企业搬到了城市周边的郊区或者农村，这种生产组织方式的转变使得城市郊区或农村的经济发展有了新的助推力。一些农村为了给村民提供更多的就业机会，发展农村经济，制定了多种利好政策来吸引更多企业迁入。这与其说企业进行了搬迁，不如说企业的区位发生了变动，企业区位的变动在一定程度上反映出了企业场地选择在市场中的地理位置，也反映出了中国企业发展技术的进步。从地域范围来看，企业区位的变动包括区域内变动、跨区变动以及国际变动，从企业整体发展来看，企业区位变动又分为整体变动和部分变动，从区位变动的距离来看又分为短距离变动、长距离变动等。不论从哪种角度来审视企业区位变动，都可以总结出以下几个特点：第一，随着中国农村经济的不断发展，现有的生产组织方式、结构以及农村的生产环境等无法满足其发展需求，因此越来越多的农村企业开始进行迁移，区位变动频率较城市企业更高，虽然这样有利于农村企业的进一步发展，但在一定程度上为我国城乡协调发展工作增加了难度；第二，企业区位的变动距离有所衰减，很多企业考虑长距离迁移带来的经济损失以及人力消耗较大，多选择向近距离的周围地区进行迁移，跨区和国际区位变动较少；第三，企业整体迁移较少，多数企业选择对现有企业进行部分迁移，或者在现址上扩大企业范围，实施扩张性外迁；第四，企业区位变动具有多元化的特点，伴随着我国社会生产力水平的提高和科学技术的迅猛发展，我国的产业分布越发多元化，不再单纯以重工业为主，很多高新技术产业、轻工业以及服务业的数量和规模都在逐步增加；第五，村镇集聚决定于企业家价值预期。当前农村绝大多数乡镇产业集群规模小、产业分散、集聚效应不明显，急需当地主管部门采取针对性措施招进企业、留住企业。

企业出现区位变动主要是因为企业的现有空间无法满足其发展需求，企业日益壮大，必须扩大规模或者将企业中具有特殊任务的部门独立出来。现如今，科技的快速发展和应用使得各个企业之间的竞争越发激烈，为了在市场中站稳脚跟，一些企业不得不对企业生产、运营等进行创新，同时寻求更好的发展空间。很多企业选择迁移至农村，是因为农村一方面土地面积较大，另一方面农村的资源较多，生产成本较低。企业带动型模式能够有效带动地区的经济发展，这是因为企业在生产运营过程中，员工和企业都需要缴纳相应的税费，这些税费能够为农村地区的经济发展起到助推作用。而且，企业的发展必然需要与其他产业进行合作，如电力产业、互联网产业等，进而形成服务产业链，在这个过程中，各个行业之间的商务活动必然涉及消费，这也进一步带动了农村地区的经济发展。充分利用农村的土地资源，加大土地规模化的开发利用，是体育特色小镇建设的一大方式。另外，企业的移入可优化地区产业结构。转移来的企业一般属于劳动密集型，这些企业在欠发达的农村地区则尚处于成长阶段或是急需的。农村先进产业比重低，其比较优势主要以传统要素为依托。企业的移入必然带动着资本、技术等稀缺要素的迅速积累，推动新的主导产业的形成，提高农村在区际分工中的地位，通过新观念、新工艺、新产品等拓展市场。

企业带动模式还能够为农村居民提供更多的就业机会，能够有效地利用农村剩余劳动力。很多农村劳动力的学历并不高，他们对先进知识与技术了解不多，在找工作时受到多种限制，而一些生产企业的基层工作对员工的学历以及知识技能要求并不高，这对解决农村剩余劳动力就业问题有着很大帮助，同时能够为企业降低运营成本。另外，招纳这些农村劳动力进入企业后对他们实施相应的培训与教育，有利于提高他们的专业水平，也是知识人才的再造。再者，企业的转移能够为农村建设、为特色小镇建设提供更多资金支持，也能够在农村物质条件欠缺的情况下为特色小镇建设提供更多基础设施资助，既有利于提高企业形象，又有利于促进乡镇发展。上面提到，转移到农村的企业为农民提供了就业机会，也提供了知识再学习的机会，这从更深层次来看，其实是带动了当地的教育发展，有利于为当地培养更多的人才。

综上所述，特色小镇的建设涉及多个领域、部门，在这个过程中能够实现政府、开发商和当地居民的共赢。

2.政府引导模式

国家、集体与市场在不同时期扮演着不同的角色，但是在特色小镇项目的实际执行过程中，各个主体的角色是交织在一起的，政府与市场、社会（集体）扮演的角色并不是完全固定的。特色小镇在建设中，要积极转变政府职能，加大服务力度，确保土地、资金要素，也要及时开展招商推介工作，吸引有实力的投资主体深度参与从前期谋划到项目建设的各个过程，把企业的市场意识和政府的规划更好地结合起来。中央及有关部委大力支持特色小镇发展，政策支持力度正在逐步加大。各地特色小镇发展普遍受到重视，广东省及一些市县纷纷出台鼓励政策，充分说明了特色小镇的发展有生命力。当然，我们需要避免一哄而上，避免盲目规划、投资建设特色小镇，形成新的“面子工程”造成资源浪费，必须提高各类政策的规划水平与质量，准确把握推进特色小镇发展的政策重点，在特色小镇的物理空间上，持续拓展创新发展空间，不断增大改革空间，推动特色小镇健康发展。

与企业带动模式相比，政府引导模式的特色小镇建设具有更加完善和有利的政策支持，政府部门由于特殊的性质，通常在资源配置和资源调度等方面具有更好的优势，这能够加速特色小镇建设目标的实现。除了资源优势外，伴随着社会经济的发展和社会的变革，政府部门的征税权力与征税能力都有了很大的提升，这意味着政府部门能够为特色小镇建设提供更多的资金支持。在金融方面，金融改革虽然市场化了，但是各级政府对于金融机构发放信贷仍有很大的影响力，政府行政主管部门可以通过划拨土地、股权等资产，包装出一个资产负债指标达到融资标准的公司，并用政府信用给予隐性担保，获取贷款，投向政府想做的项目。财政借款方面，债务意味着政府的借债支出，构成中央财政和地方财政的当期支出，也就是说，中央和地方的庞大债务，亦构成了政府可以支配的资源。此外，土地出让金收入也可以作为地方政府可支配的重要资源。另一方面，政府还掌控了制定各种政策的权力，为特色小镇建设创造经济发展环境，行政审批制就是其具体表现。在宏观调控过程中，各项政策对整个国民经济有着直接影响，对于许多微观主体也存在生杀予夺的直接效果。在我国人口资源东西部分布不均衡的情况下，老少边穷地区想要完全依靠市场经济自发成长起来，形成优越、成熟的投资环境是非常困难的，甚至是根本不可能的。只有在政府强力的作用下，才能有效地改变这种不利局面。

3. 优势农业模式

农业特色小镇是特色小镇建设的一部分，是遵循创新、协调、绿色、开放、共享发展理念，具有明确产业定位、文化内涵和优势资源，兼具产业、文化、休闲和社区功能的农业特色产业发展集聚区。培育农业特色小镇，是扎实推进农业供给侧结构性改革的重要载体，旨在实现农业特色产业由“特”向“强”“聚”“合”升级。农业特色小镇不受行政建制限制，也不同于一般的农业产业园区，规划面积一般控制在3～5平方千米，核心区在1平方千米左右，主导产业特、农耕文化深、融合程度高、“双创”氛围浓、生态环境美、富民效应大的农业特色小镇，有的属于农业传统产业，有的是生态旅游产业，有的是特色优势产业，还有的是创意休闲农业等。随着乡村旅游的快速发展和持续火爆，自驾游、亲子游等形式，使乡村日渐成为游客前来住宿游玩的热点，农业特色小镇将会有效推动乡村小镇在农业、休闲、生态、旅游、消费等方面的发展。

在城乡一体化建设浪潮中，城镇的发展与农村的发展联系更加密切，二者相互影响。作为城乡一体化建设的新方式，特色小镇的建设为农业提供了更多的发展机遇。由于特色小镇多建在城市边缘，城市人民对周围农业需求量非常大，当地农民可以利用特色小镇这一中间体，将农业产业进行升级改造，做良心菜、放心菜，合理调整蔬菜价格，打造极具特色的农村小镇。不同层次的人民有着不同的生活需求，特色小镇在这中间能够扮演不同的角色，能够将城市发展与农村发展紧密联系在一起。随着计算机技术和互联网技术的不断创新发展，如今电已商成为一种重要营销方式，电商的出现对人们的生活产生了巨大影响，特别是对农业的影响，使得农产品供应不再受时间与空间的限制，农民能够通过电商将农产品销往全国各地。特色小镇在建设与发展过程中应当充分抓住此商机，在特色小镇周边种植适宜生长的瓜果蔬菜，通过生鲜电商进行更广范围的销售。

很多地区的农业发展本身就具有很强的特色，特色小镇完全可以依靠农业本身而建设，充分利用当地的农业资源，对现有农业的品牌做进一步推广，并改进优化农产品的加工方式，将本地农业特色作为小镇特色持续发展。另外，特色小镇的建设在优势农业模式建设下，可以打造多层次产业体系，通过提供多种农业需求，如养老需求、乡村旅游需求等，实现小镇农业服务的多元化。

4. 文化民俗型模式

特色小镇的建设既包括物质方面的特色建设，也包括文化方面的建设。每个地区都有不同的文化历史与民俗习惯，虽然很多地方看似相同，但是文化特点又有细微不同，不同地方的文化民俗也有差别，因此在建设特色小镇时应格外注意当地文化的深刻内涵，更新传统乡镇建设的观念。要想使特色小镇的文化内涵真正符合当地历史文化，不仅要深入了解和调查当地历史，更需要领导者、执政者改变传统观念，更新观念，改变政绩模式，将精力转移到民生建设上来，深入到群众中了解本地的实际情况，赋予特色小镇真正的文化内涵。根据国家建设标准，特色小镇要有特色鲜明的产业形态、和谐宜居的美丽环境、彰显特色的传统文化、便捷完善的服务设施和充满活力的体制机制。例如，我国第一批特色小镇之一的广西贺州市贺街镇，传统文化传承与创新自然成为该镇建设特色小镇的核心内容。该镇挖掘2100多年历史文化，依托千年宗祠文脉，用创意经济理论，大力打造创新文化产品，发展创意文化产业，主打华夏寻根文化之旅、特色创意文化产业、健康养生之都三张名片，用“互联网+”思维，推动贺街传统农业经济转型升级，彰显古镇文化驱动型经济特色，是建设贺街文脉小镇应有的新思维。

一是文化助推旅游。按照“文化市场+旅游景区+产业提升”的模式，各个文化特色小镇都首先立足于各自的文化特色，以特色文化产业为基础，整合旅游资源，并融入其他市场要素，进而拓展文化产品内容，形成以文化产业、旅游景区、产品开发、市场运营四大业务群为中心的产业链，四大业务群相互渗透，协同发展，培育出一条完整的文化旅游产业链；二是文化提升规划。根据统一规划、分步实施的原则，各小镇围绕各自基本建成的目标要求，根据空间布局和整体规划，分期逐步实施建设。优化功能布局、突出区域特色，规划形成风景名胜旅游区、产业集聚区、文化博览休闲区、原生度假养生区、体验区等板块。这样可新增就业岗位，通过景观绿化等工程的建设，以及山林植被结构的再优化，对推动生态环境的改善也具有积极作用；三是文化汇聚产业。特色小镇“特”就特在其不是一个行政区划单元，而是强调区块概念，是一个产业发展载体，是以企业为主体、市场化运作、空间边界明确的创新创业空间，通过培育特色小镇，集聚人才、技术、资本等资源要素，推进产业集聚、产业创新和产业升级，实现“小空间大集聚、小平台大产业、小载体大创新”，从而形成新的经济增长点；四是区域经济转变。区域经济核心要素由物质、生态、环境等自生性资源向知识、技术、智力等再生性资源转变。经济增长方式由资源浪费、环境污染向资源节约、环境友好转变。城市经济形态从工业经济向信息经济、创意经济、总部经济、流量经济等知识经济新形态转变。特色小镇必须留住青山绿水，必须记住乡愁，就像贺街“宗祠文脉”特色小镇的建设，应肩负着记住乡愁、文化引领、绿色崛起的时代使命。

5.旅游休闲模式

旅游业被誉为“无烟产业”，是现代社会新兴产业。特色小镇通过旅游资源的开发建设，可以把旅游业打造成为城镇的主导产业之一，推进城镇化建设。旅游业可以将旅游区的农民转化为服务人员、加工人员等，从而实现农民身份的转变；旅游景区在形成人群聚集的同时，也形成了消费聚集、服务聚集和产业聚集，从而形成了以产业为依托的城镇化基础。旅游小镇又可以分为资源型、区位型和综合型小城镇 3 种类型：首先是资源型。这种类型的小城镇因拥有长久吸引力的旅游资源能够直接吸引旅游者的兴趣，该类型小城镇旅游宜进行深度开发，以某个主题，如古镇、红色旅游为主线，打造精品；其次是区位型。该类型的小城镇区位条件明显优于旅游资源质量，旅游资源吸引力一般不强，更多的应从完善城市空间布局和旅游功能分区的角度出发进行旅游开发，找准切入点，发展周末度假、小型会议、商务旅游、农家乐、农业体验旅游等；最后是综合型。该类型小城镇或者区位条件和旅游资源质量均很优越，或者区位条件和旅游资源质量相当，对于前者要做好旅游文章，形成地区旅游品牌；对于后者，宜以良好的区位为依托适度开发旅游业①。

旅游休闲模式特色小镇的开发建设具有以下优点。一是有利于完善旅游产品体系。旅游产品也从单一的传统观光型向生态旅游、特色旅游等转变。旅游资源种类丰富、质量很高，可以提供自然风情产品、民居产品、红色旅游产品、民俗文化产品、特殊需求产品等几乎所有类型的旅游产品。因此，开发小城镇旅游业有利于完善旅游产品体系，满足不同层次旅游者的不同需求；二是有利于促进地方经济发展。科学合理地开发小城镇旅游业，在转移农村富余劳动力，发展乡镇企业，繁荣农村贸易，优化农村产业结构，实现农村经济由粗放型向集约型转变等方面有重要作用。小城镇旅游开发的形式很多，如开办家庭旅馆、农家乐、民俗表演、提供向导等，这些具有投资少、见效快特点的开发形式，对于提高旅游地群众收入效果明显，一旦这种示范作用表现出来，将引发旅游发展的热潮，若能善加引导，对于促进地方经济发展不无裨益；三是有利于提高居民生活质量。对于纷繁复杂的喧嚣城市而言，风景如画的田园诗式的小城镇无疑具有梦幻般的吸引力。对于相对闭塞、远离城市的小城镇而言，一定数量游客的到来，既带来了资金流，也带来了信息流，在很大程度上展示了现代城市文明的成果，言谈举止、举手投足均会影响到旅游地居民的言行，在一定程度上可以提高居民的文明素质和生活质量。

---

① 王忠诚，李金莲．小城镇旅游开发模式研究 [J]. 江苏城市规划，2009(3):27-29.

6. 健康疗养模式

养生一词最早见于《庄子·内篇》，曰："知生也者，不以害生，养生之谓也。"即养生是根据生命发展规律，以达到保养生命、健康精神、增加智慧、延长寿命为目的的科学理论与方法。传统的养生包括生理层面，即养颜、养体、养老和心理层面，即养心、养性、养神①。实际上，一个人的健康既包括身体健康，又包括心理和精神的健康，但是在过去，人们常常将健康视为身体健康，因此更多地追求无疾病困扰。现如今，人们对健康有了更深层次理解，越来越多的人开始关注心理健康和社会关系。而且，如今工业发展也更加成熟，城市化进程显著加快，这在提高人民生活水平的同时，也带来了诸多城市问题和环境问题，如交通拥挤、城市污染等，城市环境遭到了严重破坏，城市生态系统受到了严重威胁，人们长期在这样的环境中工作和生活，身体与心理都遭受了极大的威胁②。在这样的环境下，人们开始向往空气良好、环境优美、配套服务齐全的乡村小镇生活，人们更乐意花时间、金钱来进行适当的疗养和度假。这反映了当前中国小镇养生旅游发展的趋势。

健康产业由三大业态组成，即休闲、度假、居住，涵盖休闲娱乐、生态农业、观光农业、健康养生等。围绕三大业态组成的"观光农业种植基地""养生产业基地""温泉主题公园""国际温泉酒店""湖泊娱乐"等硬件设施，综合打造出以"人"为本的新型城乡一体化示范区。健康疗养模式可以综合地保护性开发地方资源，全方位发展地方经济，打造产业链；集三个业态的优势为一身，围绕核心产业，打造符合未来消费趋势、生活方式的生态。从消费者、农民、政府、企业全方位、多角度考虑，未来的业态增值潜力巨大；农民从土地上被解放成为居民；农业产业化使农民实现再就业；高附加值的农业升级使农民增收；农村建设成为特色（养生）小镇，带动区域产业发展和投资拉动，人口素质和精神面貌大幅提升。

① 盛雪，谭家炜．城郊养生型山水特色小镇的发展策略——以沅陵县凉水井镇为例 [J]. 城市学刊，2016,37(5):74-79.

② 胥兴安，李柏文，杨懿，等．养生旅游理论探析 [J]. 旅游研究，2011,3(1):40-46, 62.

二、体育特色小镇建设的意义

（一）建设体育特色小镇有利于体育资源整合和跨界融合

资源整合是组织获取有效资源和形成能力的过程，其本身并不会直接产生经济价值，而需要置于具体的生产经营活动中，通过合理利用并与其他资源进行有效整合才能发挥其经济价值或社会价值。有研究表明体育企业将内部资源与其他类别企业进行资源整合，能够把资源转化为企业的竞争优势和核心能力，对组织创新绩效有显著促进作用①。当前，我国体育产业资源存在开发不足、利用不够、与相关产业缺乏融合等问题，需要对投入的人力、物力、财力、信息、时间等资源进行整合，促进体育产业与相关产业深度融合，催生具有较大潜力的新产业形态。国务院颁发的《关于加快发展体育产业促进体育消费的若干意见》中明确指出，促进体育产业与其他产业融合发展，延伸体育产业链，积极拓展业态。体育特色小镇迎合了体育产业发展要求，体现了“大体育”理念，建设过程中要树立“生产、生活、生态”融合理念，创新投入方式和优化体育资源配置，促进资源整合和跨界融合。在体育特色小镇建设过程中，政府、企业等行为主体通过对人才、土地、资本、科技、信息等资源进行有效整合，可以产生新的资源，降低资源获取成本和提高运营效率。伴随着体育改革不断深入和国家政策红利逐步释放，大量资本不断涌入体育产业，特别是在“互联网+”的推动下，体育产业将会与相关产业进行跨界融合，不断产生新的业态形式。

体育特色小镇要长远发展，必须促进体育产业与旅游、文化、生态、养生元素的融合，产业融合和产业创新是体育特色小镇的生命力。《关于加快发展体育产业促进体育消费的若干意见》在加快发展体育产业的总体要求上，明确提出“促进体育产业与其他产业相互融合”的基本原则，以及“积极拓展业态，促进康体结合，鼓励交互融通”的任务要求。

体育特色小镇实际上是“体育+旅游”模式的典范，从某种意义上说，体育特色小镇是体育旅游的综合体，因此，建设体育特色小镇必须将体育产业与

---

① 段艳玲，徐茂卫，陈曦．我国体育产业协同创新网络能力和创新绩效：基于资源整合的中介效应研究[J]．上海体育学院学报，2016，40(2)：56-61．

旅游产业，甚至其他相关产业相结合，促使其产生裂变，吸引长效投资，因地制宜。体育特色小镇以体育竞赛、表演和健身休闲活动为核心，以旅游服务要素为载体，通过技术、业务和市场的融合，形成具有体育和旅游双重特性的新服务业态①。加快培养我国体育产业复合型综合性人才，加强体育企业与市场其他企业的合作，建设有鲜明特色的地标性建筑，提升体育特色小镇的知名度，广泛开展冰雪运动、户外运动等休闲运动，开发体育旅游资源，推进体育特色小镇建设，对促进体育产业与其他相关产业融合，形成特色产业链，大力推动地区经济发展，造福人民，改善人民生活有重要意义。

如今，人们在体育产业消费观念上也发生了很大变化，越来越多的人开始尝试和享受体育服务消费，人们愿意花钱体验有特色的、刺激的体育项目与服务，如滑雪、攀岩等，人们的体育消费水平在逐渐提高，消费级别也在提升，这意味着体育产业结构应当朝着更高级别发展，将当地文化、地域特色与旅游业等进行深度融合，保证体育消费的多元化，从而吸引更多的消费群体。就现阶段来看，我国体育特色小镇建设取得较大成就的多集中在江浙一带，该区域经济水平较高，人们的生活观念更为先进，对休闲娱乐的需求量更大，因此体育特色小镇更受欢迎，其建设水平也就相对较高。虽然我国在体育旅游方面已经做出了相应的努力，但是其发展水平仍然较低，建设体育特色小镇仍然有很长的路要走。相信在体育特色小镇不断发展与成熟的过程中，体育产业本身的发展也会迎来更多的发展机遇，体育产业的发展离不开其他产业的支持与融合，这是其长久发展的必然趋势。

（二）建设体育特色小镇有利于推进体育产业供给侧改革

培育体育特色小镇是政府在体育产业政策方面的一次创新，是实施体育产业供给侧改革的具体实践，为体育产业转型升级和结构调整提供了新模式。目前，我国体育产业整体规模还很小，对 GDP 的贡献仍然不高，产业布局和结构还不够合理，难以解决人民日益增长的体育消费需求与不平衡、不充分的体育产业发展之间的矛盾。“十三五”时期，解决体育产业供需问题和优化产业结构已是经济新常态背景下推进解决体育产业供给侧改革的内在诉求。体育产业供给侧改革是从体育产业的供给端出发，在制度、机制和技术等方面，利用

① 杨强．体育旅游产业融合发展的动力与路径机制[J]．体育学刊，2016,23(4):55-62.

改革的方式优化和调整体育产业结构，提高体育产业的全要素生产率，减少无效供给和扩大有效供给，实现体育资源配置的最优化。在制度层面上，国家和地方政府陆续出台了建设体育特色小镇的规划和土地政策、财政和金融政策、税费和价格政策、创新驱动和无形资产开发保护政策、人才和就业政策、健身消费政策等相关政策，以有效的制度供给推动体育产业的转型与升级。在机制方面，发展体育特色小镇坚持“简政放权、放管结合、优化服务”的原则，正确处理政府与市场之间的关系，发挥政府引导作用，引入市场机制，通过激发市场活力，创新产业发展的体制机制。同时，建设体育特色小镇也是构建人人共享的保障机制，强调体育产业发展要依靠人民，让发展成果惠及人民。在技术层面上，体育特色小镇的建设以改革创新为主引擎，以“互联网 + 体育”为契机，强调体育资源整合与产业跨界融合，推进生产要素市场化，促进形成政府、社会组织、市场等多元主体参与的治理格局。体育特色小镇是推动我国体育产业发展的新载体，体育特色小镇的建设初衷是以产业经济为导向，推动产业集聚、产业创新和产业升级，以此来带动地区经济和社会发展。体育特色小镇是体育产业在区域经济体内增加的新的经济模块，其根本作用仍旧是发挥“特色”产业优势，进一步带动整体区域经济发展。建设体育特色小镇是产业创新、升级的一种形式，依托当地自然人文条件，利用特有的自然资源，发展体育特色项目发展经济，探索体育产业开发工作新思路，推动体育产业创新升级。体育特色小镇发展是风景名胜区旅游业平台的转型升级，是体育产业新的探索，它为体育产业供给侧改革注入了新的活力。在全民健身的大背景下，体育运动逐渐常态化、休闲化、全民化，体育特色小镇能够很好地将体育与旅游相融合，既满足人们迫切的体育旅游需求，也能够通过各种体育项目的体验让人们达到休闲健身的效果。可以说，体育特色小镇将成为发展新时代体育产业的最好载体。

目前，我国体育产业的整体结构和布局还不够合理，体育用品业在我国体育产业结构中占比在 70% 以上，而体育服务业在体育产业结构中占比不足 30%，与发达国家有明显差距。体育服务业应当是体育产业的主体产业，建设体育特色小镇可以为群众提供多层次、多种类的体育服务，提高体育服务业在体育产业中的主体地位。我国人民群众的体育消费需求由最初的实物性消费，向体验性和参与性消费转变，体育产业发展模式也随之转变，为满足全国人民群众更高端化的体育消费，体育特色小镇在全国兴起。不同类型的体育特色小镇展现出各自不同的特色，与普通的产业园区不同，体育用品制造业在体育特色小镇中基本不存在，所提供的体育产品以体育服务为主。大力发展体育服务业，可以增加体育产业的有效供给，提高体育服务业在体育产业中的比重，优化体育产业结构，促进体育产业结构转型升级。

“十三五”时期，国家以足球改革作为突破口，大力发展“三大球”，挖掘体育产业发展潜力，发展冰雪、水上、户外运动，在全国建设起一批具有鲜明特色的体育小镇。据统计，全国足球小镇多达二十个，冰雪小镇十余个，且集中在东北和京津冀地区，马拉松小镇近十个，极大地满足了群众的体育消费需求。在供给侧改革背景下，去除体育产业的无效供给，减少低端供给，增加有效和高端供给，是推进体育产业供给侧改革和满足群众多样化、多层次体育需求的内在诉求。当前，我国体育旅游业发展处于初级阶段，体育旅游在我国旅游业规模中占比仅 5%，而发达国家体育旅游业占旅游总规模的 25%，我国体育旅游发展潜力巨大，有广阔的发展前景。体育产业是健康休闲产业的中坚力量。体育特色小镇将体育产业与旅游产业的融合作为创新方向，增强了体育旅游的趣味性和体验性。体育特色小镇是我国体育产业科学发展、创新发展、健康发展、可持续发展的战略选择，它可以整合体育产业中的中高端要素，推动我国体育产业创新升级。

（三）建设体育特色小镇有利于助力体育扶贫工作

党的十九大报告指出：“民生领域还有不少短板，脱贫攻坚任务艰巨，城乡区域发展和收入分配差距依然较大。”体育特色小镇的建设正是推动我国新型城镇化战略发展、供给侧结构性改革以及推进脱贫攻坚工作，改善民生的重要举措。体育特色小镇在江浙发达地区呈现出良好的发展态势，在我国贫困地区，同样可以依托体育特色小镇的建设来改变贫困的面貌。体育扶贫是我国扶贫战略的重要组成部分，是打赢脱贫攻坚战、实现共同富裕和全面小康社会的重要手段之一。体育扶贫的首要目的是保障我国公民的体育权和发展权，最终目的是发展社会经济，提高贫困地区人民的生活水平，增加贫困人口的收入。

建设体育特色小镇，是体育扶贫的直接体现，也是助力体育扶贫的一大亮点。学者段鸿斌认为，体育扶贫是指国家通过实施特别体育政策，履行“发展体育运动，增强人民体质”的法律义务，从而保障贫困地区公民享有现实的体育权利或接近全国同等水平[①]。建设体育特色小镇是精准扶贫的一种形式，依托当地自然人文条件，利用特有的自然资源，发展体育特色项目，发展经济，探索扶贫开发工作新思路，为我国脱贫攻坚助力。建设体育特色小镇，直接促进了贫困地区经济社会发展，拉动体育产业促进经济增长，降低国家扶贫支出的成本，能够为城镇经济社会发展增添新动能。

每位公民都有锻炼身体的权利，体育权不应该被剥夺，体育特色小镇的建设能够有效保障公民这一权利，对丰富农村群众的生活，促进社会稳定、健康发展具有重要意义。体育小镇建设不但为农村经济、农村产业结构带来诸多益处，还在很大程度上改变了农民的精神面貌与体育观念，给更多人带来了解、接触和体验体育的机会，有效增强了农民的体育意识，培养了农民的体育精神，这种教育意义更加深刻。另外，体育特色小镇的建设在扶贫方面还体现出文化扶贫这一特点，有利于帮助贫困地区进行精神文明建设，让更多的农民接受现代化观念，对社会的文明、和谐具有很大贡献。另外，由于体育特色小镇的建设需要当地党员干部的支持，在这个过程中能够有效激发党员干部的干劲，为党员干部树立脱贫的信心。对于普通群众来说，通过参加、体验体育锻炼与体育项目，他们的身体可以得到锻炼，在一定程度上放松身心，缓解生活压力，有利于人们的心理健康，提升人们的愉悦感和幸福感。

很多贫困地区的群众文化水平和综合素质相对较低，无法为本地区的经济发展创造更多的价值，并且由于贫困地区条件较为艰苦，很多优秀人才更愿意到大城市去发展，愿意为贫困地区脱贫而走进农村的人很少。而建设体育特色小镇则刚好能够为当地农村吸引人才，吸引更多的消费群体，进而带动当地经济发展，加快当地脱贫的步伐。体育特色小镇的建设还能够为当地人民提供更多的就业岗位和机会，激发人们工作的热情与信心，提高自身增收致富的能力，避免人们出现懒惰的思想。

（四）建设体育特色小镇有利于推动新型城镇化进程

在国家政策的积极支持和引导下，体育特色小镇作为体育产业发展的新风

① 段鸿斌．体育扶贫：法律意涵、政策机制与实施路径[J]．武汉体育学院学报，2017,51(8):5-12.

向，对于推进新型城镇化进程发挥着重要的作用。2016 年 2 月，国务院出台的《关于深入推进新型城镇化建设的若干意见》中明确提出，要加强资金和政策支持，以人的城镇化为核心，推动特色小城镇快速发展。我国“十三五”规划纲要也指出，要因地制宜发展“产城”融合、特色鲜明的小城镇。新型城镇化是以城乡统筹、城乡一体、产城互动、节约集约、生态宜居、和谐发展为基本特征的城镇化，核心在于坚持生态环境不受破坏，农民利益得到保障，促进城乡一体化，实现公共服务均等化，促进城乡经济共同发展，实现共同富裕。新型城镇化具有强调民生、强调可持续发展、强调质量三大内涵。

体育特色小镇作为体育产业发展与新型城镇化相结合的产物，不仅是产业小镇，更是宜居的综合小镇，吸引了国家和社会对农村地区进行投资，促进了农村地区配套设施的完善，对于消除城乡二元结构、缩小城市与农村发展差距有着重要意义。建设体育特色小镇，一方面要完善现有公共基础设施，需要对公路、水利、电力、医疗、教育、机场、城市公共基础设施进行大量资金投入。另一方面要鼓励社会资本参与、发展体育特色产业，形成辐射带动效应，带动小镇周边区域经济发展。体育特色小镇具有产业集聚、要素调节、结构调整、文化传承等功能，在乡村和城市之间建设体育特色小镇，有利于生态、生产、生活相融合，在一定程度上可以有效促进城乡公共体育服务均等化，提高公共体育服务水平。在新型城镇化国家战略背景下，体育特色小镇建设迎来发展契机，全国各地将会不断涌现出更多形形色色的体育特色小镇。譬如，北京槐房足球小镇就是以足球改革为重要抓手，改造槐房村废旧厂房，建设了一批足球场地设施，形成国际足球小镇，进而推动新农村建设和新型城镇化进程。

体育特色小镇是体育产业与新型城镇化相互作用的积极成果，我国“十三五”规划纲要指出，要优化城镇化布局和形态，推动新型城镇化，加快特色小城镇建设。因此，体育特色小镇作为体育产业发展的新风向，在国家和地方政府的政策支持和引导下，在全国迅速发展起来。在传统城镇化进程中，土地和基础设施的城镇化是发展的重点，过度依赖土地支持，城市与城镇资源分配不均，忽略农民生活水平和经济利益，并没有实现“以人为本”。新型城镇化是以城乡统筹、城乡一体、产城互动、节约集约、生态宜居、和谐发展为基本特征的城镇化，是大中小城市、小城镇、新型农村社区协调发展、互促共进的城镇化。新型城镇化的核心在于坚持生态环境不受破坏，农民利益得到保障，促进城乡一体化，实现公共服务均等化，促进城乡经济共同发展，实现共同富裕。体育特色小镇作为新型城镇化的产物，有力地促进了农村地区配套设施的完善。在以人为核心的城镇化进程中，体育特色小镇与小镇周边地区共同发展，将体育产业做成可持续发展的创新型产业，优化了城镇布局，丰富了城镇化的形态。

既然要打造体育特色小镇，无疑要重点发展特色产业，但是需要注意与当地文化内涵的融合，结合生态自然环境因地制宜地进行建设，通过科学、适当的政策与规划来保障小镇的可持续化发展。要满足人们对体育特色小镇的需求，就需要加强基础设施的投入与建设，从电力、交通、水利、网络通信等多个方面进行完善，确保其能够同时带动城市、农村的发展，进而拉近农村与城市的距离。体育特色小镇内部的设施种类、设施摆放以及体育项目活动等都应当经过合理的规划与设计，以促使体育特色产业链的形成，只有这样才能有力地加快新型城镇化的进程，才能尽快消除农村与城市的差距，使农村经济水平得到快速提高，减少农村发展和特色小镇发展的阻碍。将体育特色小镇建设成为集产业、旅游、服务为一体的综合体，对改善人们生活，加快产业供给侧改革具有重要的促进作用。体育特色小镇在助力我国新型城镇化建设，带动新农村建设，打破城乡发展的二元结构模式方面发挥了重要作用。

（五）建设体育特色小镇有利于推进健康中国建设

健康中国战略是我国发展基本方略中的重要内容，是国家治理理念与发展目标的升华。健康中国上升为国家战略，对于提升国家综合实力、民生建设、经济社会发展等具有重要意义。全民健身是健康中国建设的战略基础、前端要地和有力支撑，也是全体人民增强体魄、幸福生活的基础保障。2016 年 10 月 25 日，中共中央国务院印发并实施的《“健康中国 2030”规划纲要》明确指出，坚持以人民健康为中心的发展思想，从“大健康”的视角，发挥全民科学健身在促进人们健康中的积极作用，同时指出，要完善全民健身公共服务体系，广泛开展全民健身运动，引导社会力量积极参与健身休闲运动产业。“十三五”规划纲要对推进健康中国建设进行了具体部署，提出要广泛开展全民健身活动，实施全民健身战略。在全民健身和健康中国等国家战略背景下，体育与健康、旅游、文化等元素交织在一起，终将成为人们生活中不可或缺的一部分，健身休闲成为健康产业的新亮点，体育产业也将成为推动我国经济转型升级的重要力量。在新时代，建设体育特色小镇能够促使全民健身生活化，自觉内化成人们的自觉行动，使人们形成良好的健身生活习惯，顺应健康中国战略和全民健身战略的具体要求。体育特色小镇是发展健康产业的绝佳载体，是建设健康中国的重要内容，其特质在于“体育”，生命力在于“产业”。体育特色小镇的核心要素是体育产业，建设体育特色小镇就要树立“大健康”理念，找准和凸显体育产业特色，选择差异化的体育产业跨界融合路径。

近年来，我国一直在倡导全民健身，只有引导和鼓励全民参与到健身活动中去，才能提升我国全民的身体素质，推动中国国民的健康发展，而体育特色小镇的建设刚好是这一理念的实践，是提高国民健身意识，提高国民健身知识水平与健身能力的重要途径，也是推进“健康中国 2030”战略的重要阵地。另外，体育特色小镇的建设还能够促进更多的群众进行体育消费，在满足人们体育消费需求的同时带动当地经济发展。我们可以认为，体育特色小镇就是在全民健身与城镇协同发展的共同作用下产生的。现阶段，人们对体育锻炼和体育体验的需求日益增多，对体育项目水平的要求也逐渐提高，建设体育特色小镇适逢其会，其将成为全民参与、全民健身的好去处。

第四章　体育特色小镇建设的拓展性解读

第一节　体育小镇建设之体育运动与健康促进

一、体育运动与健康促进的观点

（一）体育是面向全人类发展的根本需要

人文就是人类的精神文化，是人类文化的核心部分。人文精神就是整个人类文化所体现的最基本的精神，是整个人类生活的内在灵魂。它以追求真善美等崇高的价值理想为核心，以人的自由和全面发展为终极目标，指向人的主体生命层面的终极关怀。

体育在政治方面发挥的功能，在一段时期可以占相当重要的地位，但它并非是根本的、永恒的功能。政治是人类社会发展到一定阶段的产物和特定的历史现象。尽管我国体育已经对社会发展产生了巨大作用，但应该把过去的成绩视为历史性贡献。体育将从政治旋涡回归到文化层面，实现以人为本，辐射多个层面，走向以国家民族利益为重、长远关注个体和人类发展的立体层次。体育的社会性决定了它不仅要为某一群体服务，而且要考虑微观的每一个个体的需要，还要从全人类的宏观层次来探索体育的终极目的。

（二）体育运动是现代休闲娱乐的重要方式

现代科技的发展提高了社会生产率，将人们从繁重的体力劳动中解放出来，使人们获得了更多的闲暇时间。体育运动之所以能在现代人的休闲方式中占有显著地位，在很大程度上与它本身的特点和所具有的社会功能，以及它对个体自身改造的意义是密切相关的。

现代社会生活中，生产方式的转变给人类带来的是闲暇时间的突然增加、精神产品需求的突然增加、体力劳动强度的迅速降低、生物适应性的迅速降低。一旦生产活动中体力的作用下降到几乎可以忽略不计，体育作为一种与生产有联系的教育实践，其运行轨迹必然会受社会调控。随着时代的发展，脑力已在生产活动中跃居主导地位，体力不再作为关键的生产力要素，这势必导致从物质生产需要“强身健体”转化为人们对健康生活的追求。后工业社会进入知识经济时代，体力不直接作用于生产，体育的社会功能就从促进生产劳动转变为提高生活质量，而体育特色小镇其实在某些方面就有上述这些功能。

二、体育运动与健康问题综述

（一）促进人类健康是体育的终极目的

体育是人类新生产方式的产物，近代体育本身是工业化的副产品。促使体育从原始混沌萌芽状态中脱离出来的根本原因是生产方式的进步，大工业生产的分工导致综合性体力劳动突变到片面性体力工作，文明程度增高而体质下降，工作固定及闲暇时间的富裕，体育就以崭新的面貌出现了。现在我们已经步入知识经济时代和信息社会，生产方式和生活方式都已经发生巨大变化，体育的功能和特征必将随着社会的变迁发生改变。熊斗寅先生概括了体育的含义：体育是一种复杂的社会文化现象，是以身体与智力活动为基本手段，根据人体生长发育、技能形成和机能提高等规律，达到促进全面发育，提高身体素质与全面教育水平，增强体质与提高运动能力，改善生活方式与提高生活质量的一种有意识、有目的、有组织的社会活动。从这个含义中，我们可以看出体育与人的发展、体育与健康的密切关系。

随着社会的发展，医学的健康观也发生了新的变化。健康是一种高度的哲学概括，它蕴含着人的身体素质、心理素质和社会的适应能力。换言之，健康与否不再用单纯的有病或无病来表述，而是需要有一套全面综合性的标准进行评价。医学的发展和作用已与社会的发展影响密切联系，息息相关，这种关系的建立主要取决于健康观。现在，维护健康、预防疾病不再单纯是个人或医学的事情，而是一种全社会性的问题。全社会和国家政府都有保护人民健康的责任和义务，社会的发展和国家昌盛又是以人类健康为基础的，这就是健康、医学和社会的整体模式与发展趋势，也是维持健康、促进健康的需要。

新的健康观的产生改变了人们对健康认识的深度与广度，使健康问题超出医学的范畴。因此，维持健康、促进健康不仅需要医学的帮助，还需要相应的社会措施。健康促进和健康保护是维持健康的综合性措施，既重视医学手段的干预，又重视一系列社会措施的应用。目前，人们又提出了高水平健康医学模式，该模式主要以合理营养、经常性的体育锻炼、调节和诱导心理适应能力以及加强自我保健、初级保健等方式来维持和促进人们健康。体育锻炼已被认为是健康的四大基石之一，世界卫生组织也专门组织了以“体育与健康”为主题的年会，这说明体育对健康的促进作用已得到社会的广泛认同和重视。

人类社会经过几千年的发展，特别是近100多年的迅速发展，人类征服自然和改造自然的能力已达到相当高的水平。但是生产力的极大提高、社会的巨大进步，以及生活水平的不断改善并没有使人类的健康问题得到相应的改观，人类不断面临着新的健康挑战，如社会病、生活方式引发的非传染性慢性疾病和亚健康状态的蔓延等。人们不得不反思，我们一向重视自然和社会的改造，恰恰忽视了对人类自身的关怀和重视，人类的健康问题已经成为当今社会可持续发展的重要主题。体育作为社会系统的子系统，呈现加速发展的趋势，已演进成为人类的一种具有独立体系的文化形态，它渗进社会的每一个细胞，深刻地影响着人们的社会生活，对社会大系统的发展起着越来越显著的作用。现代体育必须与社会大系统同步发展，必将以人类的全面发展为其终极目标。人类的全面发展是以健康为基础的，体育的特征和功能决定了体育必然要承担促进人类健康的重任，必然以人类健康作为其发展的终极目的。

（二）培育健康的体育生活方式

生产方式的升级，必将导致体育方式的彻底变革。一旦生产发展到不需要人支付更多体力的时候，它反而难以满足健康肌体的自然需要，并使人的活动单调化。这种异化不仅对人的精神，也会对人的身体产生极大的影响。参加体育活动，成为挣脱这种异化的桎梏的最佳方式。从某种意义上说，从生产到生活，使体育具有更重要的价值。

信息革命将人类的体力劳动降至最低强度和范围，知识经济使人的体力失去在生产力中原有的重要意义。分散性的社会组织和多元化的生活方式，使强制性为生产服务的体育领域迅速萎缩。新时代改变了体力在劳动中的地位，降低了劳动生产对体育的要求，体育对劳动的重要性下降，而在个体健康幸福生活中的地位提升，为提高人类生活质量服务的价值大幅增加。

加拿大首先提出了“积极生活”（active living）的概念。世界卫生组织在日内瓦召开了以“积极生活：体育为健康”为主题的会议，并启动了“全球积极生活运动”。世界卫生组织认为，“体育活动对于提高个人的健康和技能以及促进社区的安定具有重要的潜在价值”并认为“懒惰的生活方式是一个日益扩大的、全球性的对健康的威胁”。“积极生活”是指每一个人在日常生活中都可以从事的身体运动的所有领域，是一种体育活动受到尊重并融入日常生活的方式，借此，人们可以寻找快乐的机会与创造物质的社会和文化环境，以改善身体健康、追求个人幸福以及生活质量。

积极生活具有日常性、广泛性、休闲性、过程性及连续性等特点。它包括参与体育活动，有目的的中等强度体育运动，有一定结构的反复进行的身体锻炼活动，健身与体育辅导，集体体育活动，尤其是闲暇与休闲体育。其中中等强度的体育活动被认为是促进健康的最佳方法之一，中等强度体育活动的特点是：活动的内容简便易行，运动时间均控制在20～30分钟，每周3次或以上，运动的心率在130次/分钟左右为宜。

“积极生活”是一项对公共健康的最佳投资，是一种适合不同群体的，低投入的，预防疾病并最终实现健康的方法。健康的生活可以理解为积极的生活，因为只有积极生活时，人们才真正地把健康作为人类生活的第一需要，才能使人类的生活方式发生根本的转变，也才能谈得上生活的质量。但是要实现这样一个目标还要受多种因素的制约，如经济收入水平、体育价值观念、政府的政策、闲暇时间、体育环境及消费观念等。

三、健康型运动休闲特色小镇

健康型运动休闲特色小镇在特色小镇中属于较为新兴的事物。在健康中国背景下，健康型运动休闲特色小镇的出现有着现实意义，是体育服务健康中国建设的重要形态。健康型运动休闲特色小镇主要服务于专业运动员伤病恢复、亚健康人群调理、慢病康复、休假疗养等，对自然环境的依赖度较高，以运动休闲为主要手段，结合温泉、养生等对人的身心进行恢复性促进，具有参与人群少、持续时间长、消费水平高、环境依赖度强等特征。当下，健康型运动休闲特色小镇主要与房地产业等紧密结合，以运动休闲主题的运动休闲小区或度假综合体的形式存在。

健康型运动休闲特色小镇的定义是我国学者张雷（2018）提出的，他将健康型运动休闲特色小镇定义为，以全民健身、运动医疗、养生养老、运动康复、体质检测、运动休闲疗养等身心健康恢复类运动休闲项目为主导，与关联产业融合发展，着重打造运动休闲+健康产业链，并为其他运动休闲项目提供发展环境的运动休闲特色小镇。例如，奥地利的奥茨山谷的运动休闲项目主要包括滑雪、自行车、徒步等，通过温泉中心的建设将体育运动、温泉理疗和健康管理很好地结合在一起；建设的医疗中心专门从事体育医学、运动器械和疾病预防研究，通过身体机能检测、骨密度测量和营养咨询为大众量身定制健康计划，在此基础上发展了区内旅游等相关行业①。吉林省梅河口市进化镇中医药健康旅游特色小镇依托便利的交通和优美的自然环境，以大健康理念为小镇发展的脉络主线，引入养生、养老、体育、娱乐、休闲、旅游等多产业元素，打造集运动休闲、健康疗养、社区养老、医疗美容、生态旅游、文化体验、休闲度假等于一体的健康运动休闲综合体②。

第二节　体育小镇建设之休闲体育文化的构建

一、休闲体育文化的价值

（一）休闲体育文化价值的表现

一种健身娱乐的方式、一套休闲体育的动作的文化价值自诞生之日起就成为整个文化价值的有机组成部分，成为一种客观存在的事物，就一定会对接触它的人们产生一定的作用和影响。人们会自然地去认识和体验它，并对它做出一定的评价。通过这些评价，人们才会发现它的文化价值。当然，没有评价，它的价值也依然存在，只是这一文化的自身价值还没有被认识和承认。

从某种意义上说，休闲体育文化的评价只是对休闲体育文化自在价值的认识过程，通过评价把休闲体育文化的价值表现出来，让人们直观地感受到，而

① 林显鹏，虞重干，杨越．我国体育产业发展现状及对策研究[J]．体育科学，2006,26(2):3-9.

② 王亚薇．河北省旅游产业与体育产业的融合发展研究[D]．秦皇岛：燕山大学，2015.

其本身并不决定休闲体育文化价值的高低。

（二）休闲体育文化价值的依据

休闲体育文化价值存在与否、高与低与人对它的认识之间并不是依赖的关系，休闲体育文化的价值是客观存在的，它与人自身的发展以及社会和文化的发展都是有一定的相关性的。

从总体上看，人的发展水平低，社会发展和文明程度低，休闲体育文化价值也低；相反，人的发展水平高，社会发展和文明程度高，休闲体育文化价值也高。由此可以得知，现代社会中休闲体育文化的价值高于古代和近代社会，但这并不是基于人的认识水平的发展而言的，而与社会文明程度的提高、物质文明的发展、人的自身发展之间的互动关系更为密切。从这种意义上理解，在未来社会中，休闲体育文化与人之间的互动关系更为紧密。现在和未来休闲体育文化的一个重要价值就在于它对人性发展过程中不利于人类自身发展和社会进步的属性的革除。在现代社会中，休闲体育文化价值关键在于它如何维护人性的发展。人创造了现代化，同时也被现代化所迫害，工具理性使人越来越脱离自身所创造的这个社会，高度的工业化使人成为自动化生产线上的一道程序。人性越来越可能偏离人的本质，开始被更多地异化，这是现代社会造成的人性的弊端。休闲体育文化的价值主要从两个方面得到体现：一方面其对于人性的恢复和健康发展是有利的；另一方面其对于革除现代化背景下的人性异化现象也是有利的。

（三）我国休闲体育文化价值的特点

1.体现出人类对精神自由的追求

尽管物质在一定程度上也可以给人带来一些精神享受，但并不是所有的物质享受都可以产生精神方面的作用，而且这些物质享受也是十分短暂的，与人的一生历程相比较又是瞬间的。因此，这反而使越来越多的人失去了精神家园。作为人类生命自觉行为的休闲体育，经历了从生理体能的需要到文化精神诉求的过程，即从物质需求满足后向精神需求的转变。在这一过程中人类通过休闲体育表达了对精神家园的向往，同时这一过程也体现出休闲体育文化价值追求精神方面生活的内涵。先前以强身健体基础功能融入人们生活的休闲体育，在促进人的身体健康、消除身体的疲劳、恢复体力和精力方面起到了积极的作用。休闲体育作为一种文化，它的价值又不仅仅局限于此，而明显扩展到人类的精神领域，体现出一种以平和宁静的态度去感受生命幸福和价值的精神状态。它使人类获得一种精神上的自由与身心娱乐的“内在”价值，这也是当代休闲体育文化价值的重要体现。当代休闲体育文化价值体现在人们通过休闲体育来获得精神上的慰藉，拥有美丽的精神家园。

2.体现出以人为本的价值核心

为了能够更好地研究我国当代休闲体育文化以人为本的价值核心，我们需要把休闲体育文化放到整个体育文化发展的过程中来进行审视。马克思历史唯物主义观和辩证唯物主义观认为，人类社会历史的发展过程表现为社会形态按照一定的逻辑顺序更迭。

自然体育中的“自然”有两层含义，一是体育不是人的刻意发明，是自然出现的，是人为了生存的本能需要；二是基于人的自然属性，人首先是自然的人，其次才是社会的人。由此可见，人的社会性寓于人的自然属性之中。自然体育是在特定的文化环境中形成和发展起来的，并被这种文化所同化而形成的一种独特的文化形式。它开始被视为意识、观念的载体，被赋予了更多的文化使命。当这种文化使命被社会认同时，自然体育就已宣布结束，进入工具体育形态。工具体育形态是体育发展过程中目的泛化所形成的，在这种形态中体育的功利性达到了登峰造极的程度。工具体育中价值的缺失使得体育的目的不再仅仅是人，体育本身逐渐被异化。体育的异化在各种体育形式中都不同程度地存在，但在竞技运动中表现得最为明显。

休闲体育贯穿于不同的体育发展阶段，从对体育历时态的划分上分析，它更符合社会体育。在这一发展阶段中，休闲体育文化中的以人为本价值理念能够得到真正的体现，更好地确认体育的文化立场，使体育的价值选择归于理性，从而最大限度地遏制体育的异化。休闲体育文化价值中的以人为本理念能使人的终极理想与价值通过休闲体育得以彰显。

3.体现出精神和物质的高度统一性

当代休闲体育文化价值体现了物质与精神、体力和智力、身体活动和心理活动多方面价值的统一。休闲体育文化价值不仅体现在从事休闲体育活动时有机体物质运动形式上的变化，如完成动作所表现的动作速度、方向及人体能量的消耗等，还体现在其完成整个动作过程中的参与感和快乐的自我体验，并从中找回自我、实现自我，使人的精神、思想得到超越，实现人的身心和谐发展。

4. 体现出以快乐为中心的休闲理念

当代休闲体育文化价值体现了以快乐为中心的休闲理念，休闲体育在弱化了规则性、淡化了技术性的同时更加注重参与者自身“畅”的感受。休闲体育的参与者在进行休闲体育活动时不一定严格按照动作规范和技术来进行，因为在他们看来这些规范和技术要求会形成文化性的压力，而休闲体育文化价值却恰恰是在摆脱各种外在的压力后才获得内心的愉悦，如打篮球，可以根据人数的多少或者个人的喜好选择二对二、三对三、五对五；可以打半场，也可以打全场，只要遵循先前参与者共同约定的“游戏规则”，休闲体育项目就可以开展。但是，休闲体育淡化规则和技术并不意味着休闲体育不需要规则和技术。在一些休闲体育项目中，如果没有规则和技术的支撑，运动项目就很难顺利开展。像攀岩这些难度、险度较大的项目，人们需要经过一些专业的技术训练才能进行。人们无论选择什么样的休闲体育项目，都是为了获得内心的愉悦，获得“畅”的感受，这就将我国当代休闲体育文化价值以快乐为中心的休闲理念充分体现出来。

二、休闲体育文化产业化发展

（一）休闲体育文化产业化发展的现状

1. 体育健身休闲产业的市场规模得到进一步的扩大

现阶段，我国有 20 000 多家经营性体育产业机构，这些机构将 2 000 多亿元投入到体育产业的发展中，每年这些机构总共有高达 600 多亿元的营业额。“花钱买健康”的观念已经深入人心，人们将其看作一种时尚。目前，我国有 3 亿多人会经常参加一些不同类型的体育健身休闲活动，所有居民平均每人参加 3.45 项体育活动。调查显示，到健身俱乐部消费健身的人，有 90% 以上一次消费的金额在 50 ～ 100 元，“北上广”等发达城市的居民将家庭收入的 10% 用于体育健身消费。这些数据表明，我国休闲体育产业的市场规模正在不断扩大，今后也会得到进一步的扩大。

2. 体育健身休闲市场体系已经初步形成

我们在判断一个国家体育产业发展程度时，需要参照这个国家是否有健全的体育市场体系这一重要指标。现代体育市场体系是多元化的市场体系，它主要包括两个市场，即体育用品市场和体育服务市场。具体结构包括一系列的相关市场，如休闲健身市场、体育中介市场以及竞赛表演市场等。20 世纪 80 年代初，我国休闲体育市场开始萌芽，经过四十多年的发展，特别是经过近十几年来的快速发展，一个新兴的市场格局开始初步形成。

3. 体育健身服务的发展趋势具有显著的多元化特征

不同类型的休闲体育健身中心或健身俱乐部将各种丰富多样的体育健身服务项目和内容提供给消费者，如有氧健身操、器械健身操、体育舞蹈、形体训练、有氧搏击操、保健按摩、羽毛球、台球、保龄球、瑜伽、网球、武术以及游泳等。这些健身机构不仅设置了多样化的健身项目，而且能够将多元化的服务提供给消费者。例如，休闲体育健身中心能够将运动服务、健美服务、健身服务、美容塑身服务以及康复服务等同时提供给消费者，此外，还有一些其他的服务项目，如咖啡屋、茶馆、舞厅、书刊室以及桑拿浴等。这样不同阶层的人在娱乐休闲、健身健美以及交友等方面的需求都能够得到满足。

4. 给予体育经济法制建设足够的重视

休闲体育产业的可持续发展以及体育市场的有序规范运行，与经济法制的建设以及市场秩序的规范都有着不可分割的密切联系。自 20 世纪 90 年代以来，我国体育产业就得到了快速的发展，而且相关部门也在不断加强建设体育经济法制，慢慢制定了许多国家体育法规和地方体育法规，其中，《中华人民共和国体育法》《公共文化体育设施条例》《全民健身条例》等是较为普遍的体育法规。另外，国家也在不断完善休闲体育从业人员的资质认证制度以及体育市场的准入制度，这将进一步规范与加强体育市场的管理，包括休闲健身产业在内的体育产业的发展将会得到强有力的法律保障。

（二）休闲体育文化产业化发展的对策

1. 对休闲体育消费进行合理引导，使中间层次消费群体有所扩大

随着我国城乡居民收入的不断增长和生活水平的提高，人们在文化娱乐、休闲体育等方面的消费支出不断增加，但因为人们消费观念的差异和有效购买能力的不足，真正进入休闲体育市场消费的人并不多。休闲体育消费是一种人们通过购买劳务产品来满足“获取健康”“愉悦身心”等精神需要的文化消费。消费水平的提高有赖于收入水平的提高，而消费结构的选择还依赖于人们的消费观念，消费结构和休闲消费观念对休闲体育产业的扩大同样有重要的影响。

当前有效购买力不足已成为实现休闲体育消费和休闲体育产业快速发展的潜在壁垒，我国休闲体育消费的“疲软”和休闲体育产业的发展缓慢则与整个消费人群结构不尽合理存在很大关系。因此，只有提升人们的有效消费能力或购买力，休闲体育消费的持续增加和休闲体育产业的扩大才能最终实现。

2. 优化产业结构，对产业间联动发展起到促进作用

一方面，我国休闲体育产业的发展要以核心产业尤其是健身娱乐业和竞赛表演业为主导，通过重点培育、扩大和提升健身休闲服务业、竞赛表演业等核心产业，将休闲体育产业结构的调整与优化充分带动起来，同时把发展休闲体育与发展区域经济结合起来，通过依托、挖掘、整合、联动相关产业，实现休闲体育产业与交通业、商贸业、房地产业等相关产业的有机融合，从纵向和横向两方面培育休闲体育产业链，优化产业结构，促使休闲体育产业整体推进，协同发展，提高产业区域竞争力。

另一方面，要大力扶植休闲体育中介及相关市场。随着我国休闲体育产业化格局的提升，体育运营商对中介经纪服务的需求也会明显提高，相关的市场需求将随之越来越活跃。

3. 休闲体育产业的管理体制要有所转变

增强体育娱乐功能是实现休闲体育产业快速发展的根本动力，体育与娱乐的结合成为全球体育发展和人类休闲生活的最大特点。体育要回归生活，回归大众，就势必要与娱乐结合。

受特定的历史背景和政治条件影响，加之生产力水平较低，为了确保在有限的、可调动的资源下发展体育事业，我国采取了“集中资源，重点发展竞技体育”的管理体制。这种管理体制对我国的体育事业，尤其是对竞技体育的发展起到了重要作用，使我国在国际体育比赛中取得了令世人瞩目的成绩。但这样也使体育的价值功能过于强调国家意志和政治功能，公共体育基础设施建设明显滞后。体育事业是一项社会公益事业，过分强调其政治、教育功能必然会限制其休闲、娱乐、经济等功能的发挥和拓展，所以转变现有管理体制，不断增强体育休闲娱乐化的运作模式，是实现我国休闲体育产业突破性发展的关键。

4. 采用休闲体育产业适度优先与协调发展战略，积极推动产业的快速发展

中国城乡居民收入水平将持续上升，消费结构也将不断转型升级，中国

休闲体育产业将迎来大发展。因此，各级政府要抓住时机，在制定产业发展战略时采取休闲体育产业适度优先发展战略，推动中国休闲体育产业的快速发展。此外，中国是一个大国，人口众多，各地区之间、城乡之间、城区之间、不同消费群体之间的收入水平和消费结构均呈现出巨大的差异性。这种差异性导致了目前中国休闲体育产业发展的不平衡。然而，面对中国经济新常态，新型城镇化建设进程中的我国休闲体育产业发展必将从各自为战转变为协调发展。在国家强调“一弓双箭”的战略布局下，我国将逐步实现区域一体化。在强调“全国一盘棋”的背景下，区域协调发展将为中国休闲体育产业注入强大的动力。

5. 通过宏观政策的改变来为中国休闲体育产业的发展提供驱动力

多年来，决策者更多地使用粗放投入刺激，弥合产出缺口。未来十年，面对经济的进一步下行压力，中国休闲体育产业在政策上必须通过深化改革发掘经济的持续增长潜力，从体制层面创新，打破未来十年产业增长的供给侧瓶颈，创造新供给，着力推进供给侧结构性改革，提高供给体系与效率，从宏观政策上厘清市场、政府、社会的职能和定位，从而减轻经济增速下行压力。在市场作用方面，我们应着力培养公平开放的创新市场，只因充分发挥市场的决定性作用是创新驱动休闲体育产业发展的根本。

第三节　体育小镇建设之体育旅游产业的发展

每一个体育特色小镇的建设都有自身的优势与特征，但几乎都要与旅游二字挂钩，如美国印第安纳波利斯的赛车小镇，人们为了观看赛车比赛而聚集在那里，这就是一种旅游活动。其实体育旅游已经逐渐成了人们追捧的项目，如 2008 年的北京奥运会，水立方和鸟巢成了热门的旅游景点，也带动了北京旅游业的蓬勃发展。

一、体育旅游的发展路径

（一）体育旅游活动的发展

1. 体育旅游活动的产生

体育旅游活动最早可追溯到公元前776年的奥林匹克运动会。运动会举办期间，各城邦派出的代表团和使节涌向奥林匹亚为他们的运动员和城市加油助威，这与现在众多的足球迷到现场观看自己喜欢的球队比赛非常相似。古代奥运会在加深民族文化融合的同时，加强了体育和旅游的结合，而人们观看奥运会的过程正是早期体育旅游活动的萌芽。随着旅游业的发展以及罗马帝国的不断扩张，一些具有特色的赛事（如格斗比赛和赛车）在欧洲逐渐兴起，同时出现了一种新时尚——水浴。欧洲的一些城镇因其水浴设施完备而逐渐成为旅游胜地，如比利时的SPA、德国的Baden-Baden、以色列的Tiberias和英国的Bath等①。从16世纪开始，交通运输业的快速发展使人们的旅行变得便利，这无疑给体育旅游的发展提供了更多机会。当时对体育旅游有实际影响的是“大旅行”（也译为欧洲皇室旅游）（European Grand Tour），意指英国贵族子女周游欧洲列国的教育旅行。它设计了专门的旅游路线，不仅带动了旅游设施的发展，而且从根本上促进了旅游文化的发展。因此，它不仅是古代文化旅游的再现、早期旅游产业的典型代表，也是早期体育旅游的雏形。

2. 体育旅游活动的兴盛

20世纪后半叶，随着国际旅游业的迅猛发展，人们可支配收入的增加，休闲度假时间的延长以及交通运输条件的不断改善（尤其是汽车和飞机的使用），使人们有了更多的机会参与体育旅游活动，所以越来越多的旅游目的地把体育赛事和体育活动纳入旅游产品体系使体育旅游项目日渐丰富并趋向多元化，其中包括帆船、冲浪、攀岩、漂流、探险、高尔夫和网球等。根据日本的统计数据可知，34.2%的日本国内旅游者在旅游过程中参与了自己喜爱的体育活动，这说明体育旅游运动项目的种类也日益丰富，已不仅仅限于登山、滑雪、冲浪等传统运动项目；再如美国 *Sports Market Place Directory* 一书中就

① 闵健．体育旅游及其界定[J]．武汉体育学院学报，2002，36(6):4-6.

记录了适合开展体育旅游的130余种运动项目①。

3. 体育旅游活动的大众化

随着社会经济的发展和人们精神追求的不断丰富，体育活动日益渗透到旅游活动中，并在其中占据越来越重的分量。如今，体育旅游已经成为一种被大众广泛接受的新的旅游形式，也成为旅游产业发展的新亮点。体育旅游所具有的经济、社会、文化作用已经受到世界范围的认可，得到国际社会的广泛重视。世界旅游组织（UNWTO）和国际奥委会（IOC）从1999年就开始了在体育与旅游方面的合作，2004年第25个世界旅游日的主题就是“体育与旅游”。

在我国，现代意义上体育旅游的真正开展受益于国家体育管理部门和旅游管理部门的大力推动。原国家旅游局曾将2001年定为“中国体育健身游”旅游年，从而使体育旅游在我国真正开展起来。为了推动全民健身活动和配合2008年北京奥运会的举办，国家体育总局根据各地的体育设施、旅游资源情况，在全国构建了16个体育圈，对全国体育旅游活动的开展起到了很大的推动作用。

（二）我国体育旅游产业的发展

1. 体育旅游产业的萌芽阶段（1985年以前）

我国的体育旅游可以追溯到原始社会人们为了求生存而进行的狩猎活动。到了阶级社会后，狩猎演变成贵族阶层的一种享乐和健身活动，其内涵也不断丰富，形成了具有中国特色的游猎文化。到了近代，体育旅游也仅仅在某些阶层或个人身上表现得比较突出。无论是原始社会人们的求生需求还是阶级社会贵族阶层的享乐活动，都不能算是真正意义上的体育旅游。首先，当时的人们还没有体育旅游的意识，其活动带有一定的自发性或阶级性；其次，鉴于当时的社会经济水平，人们的收入水平以及交通设施等条件的限制，体育旅游还没有形成一定的市场规模，所以说早期的这些活动与现代意义上的体育旅游还存在着相当大的差距。

2. 体育旅游产业的探索起步阶段（1985—1994年）

1985年，我国第一家体育旅游专业公司——西藏国际体育旅游公司成立，

① RITCHIE B W, ADAIR D. Sport tourism: interrelationships, impacts and issues[M]. Clevedon, UK: Multilingual Matters Ltd, 2004:77.

这标志着我国体育旅游产业步入起步阶段，该公司为国内外攀登珠穆朗玛峰的旅游爱好者提供服务。1979—1992 年，在改革开放的带动下，旅游产业得到了长足的发展；全国各地兴建了一批星级宾馆和饭店，许多海外健身配套设施落户我国，交通、通信等基础设施也有了极大改善，这些都为人们的出游提供了很大便利。在体育旅游方面，一些体育旅游公司（旅行社）相继成立，但当时这些体育旅游公司（旅行社）主要经营普通旅游项目，体育旅游活动项目非常少。从 20 世纪 90 年代开始，随着改革开放步伐的加快、人们生活水平的提高，以及国务院颁布新的休假条例，国内掀起旅游热潮，人们的旅游需求也随之发生变化，其中体育旅游因兼有娱乐、刺激等独特的魅力而颇受人们的欢迎，一些体育旅游项目（如滑雪、漂流、沙漠探险等）在我国开始兴起。

3. 体育旅游产业的缓慢发展阶段（1995—2008 年）

这个阶段以原国家体育运动委员会副主任张发强 1995 年做的《关于体育旅游业的几个问题》的报告为标志，这是国内首次把体育旅游当作一个产业提出，并且该报告深刻地阐述了体育与旅游、体育旅游与健身的关系等问题。随后，2000 年悉尼奥运会期间，我国国内旅游行业也提出“体育旅游”的概念，并组织 1 114 名国内游客分批赴悉尼感受奥运会的魅力。这是我国第一次大规模民间组织的奥运会观摩活动。之后，我国的体育旅游产业逐渐得到国家有关部门的重视和支持，如原国家旅游局 2001 年开展的“中国体育健身游”活动，共推出 60 项具有地方特色的大型体育健身旅游活动和 11 大类 80 个专项体育健身旅游产品和线路，让国内外游客体会我国体育旅游产品的魅力；又如 2008 年开展的“中国奥运旅游年”活动。这两次以体育为主题的活动有力地推动了体育旅游的发展。

4. 体育旅游产业的快速发展阶段（2009 年至今）

2009 年 12 月，国务院下发《关于加快发展旅游业的意见》，其中多处指出旅游与体育产业融合发展的措施。自此开始，上至国家体育总局、原国家旅游局，下至各省（直辖市、自治区）都纷纷出台推进体育旅游发展的相关措施或办法。在这些政策、措施的促进下，我国的体育旅游产业取得了长足的发展，主要表现在以下三个方面。

第一，各地体育旅行社、体育俱乐部等体育旅游从业机构逐渐增多。随着旅游产业的繁荣，我国的体育旅游产业也得到了迅猛发展，并呈现出崭新的面貌，所以一批体育旅游从业机构即应运而生。

第二，体育旅游产业带来的经济效益和社会效益已初见端倪。

第三，初步形成了多样化的体育旅游产品体系。十余年来，随着人们的旅游消费由单纯的观光向休闲、度假、体验、参与全面推进，一些旅游目的地更加重视体育旅游产品的开发，通过开发体育旅游产品来优化旅游产品结构，吸引游客，延长旅游地的生命周期。我国已经初步形成了体育赛事、冰雪运动、水上运动、山地户外运动、高尔夫运动、民族民俗项目、体育主题公园等相结合的体育旅游产品体系。

近 30 年来，我国的体育旅游产业在摸索中前行，各地利用各自的资源优势，形成了各具特色的体育旅游产业发展特点。体育旅游作为体育与旅游交叉融合的具有旅游和体育双重特性的新型产业，已日趋走进人们的生活，并逐渐成为一种新的休闲方式。加快推进体育旅游产业的发展，是顺应市场需求，实现优势互补、共同发展的重要举措。

二、体育旅游产业发展的影响因素

（一）体育旅游市场分析

1. 我国体育旅游产业缺乏规模效应

我国的体育旅游业起步较晚，还没有形成规模性的经济效应。在一些发达国家，体育旅游创造的价值占旅游总收入的 25%，而我国体育旅游只占旅游产业年产值的 5%。进入 20 世纪 90 年代后，全国各地相继开发了多种体育旅游产品，但很多人对体育旅游仍一知半解。直到 2001 年，原国家旅游局专门策划实施了“中国体育健身游”主题年活动，推出了 11 大类 80 个专项的体育旅游产品和路线，游客们才在游玩中感受到了体育的魅力。2008 年，中国体育旅游实现跨越式增长。据统计，奥运会有超过 60 万名海外游客到现场观赛，全年来京旅游的海外游客超过 450 万人次。有专家预测，我国旅游产业从北京奥运所受有益影响至少持续 10 年，然而，这种受益更多停留在参观鸟巢等门票收入上，而对于赛事的开发却难见其效。另外，之后两届体育旅游博览会的规模也每况愈下。

2. 我国体育旅游产业的市场供给不足

我国依靠自然条件开展的体育健身旅游，不能满足人们对体育旅游日益增长的需求，观赏型体育旅游与体验型体育旅游发展缓慢且不平衡，可供游客自由参与消费的旅游项目少，大多数游客只是观赏游览。其中，较为成熟的体育旅游项目有哈尔滨市与冰雪有关的体育旅游活动等。节假日在城市中常见的体育健身项目多为一些技术性较强的运动，如羽毛球、网球、乒乓球、保龄球、轮滑及游泳等，真正能广泛引起人们兴趣又能让普通大众参与的体育健身活动极其缺乏。

3.我国体育旅游产业链尚未形成

体育旅游涉及的六要素——行、游、住、食、购、娱的发展不均衡、不配套。比如，体育旅游在个别地方的发展只被突出了某个要素，或者是将体育旅游产业本身孤立出来独自运营，忽视了体育旅游六要素和体育旅游产业及其他产业的关联性，使得相关行业间、部门间缺乏有效的互动和支持，无法形成体育旅游与相关行业间的有效合作与共赢机制，使得体育旅游总体效益无法提升。另外，由于体制原因，各地尚未设立对体育旅游产业链中各行业进行协调和综合管理的专门机构。

4.我国体育旅游产业中旅游者与旅游目的地居民存在矛盾

我国旅游管理、旅游文化建设和道德建设的乏力，影响着旅游者和旅游目的地居民的人际关系和社会关系。一方面，旅游目的地对旅游项目和旅游活动进行虚假宣传，售卖假冒伪劣旅游产品，误导旅游消费者，使旅游者对旅游目的地的印象不佳，难以树立其旅游品牌；另一方面，旅游者不能够入乡随俗，不尊重旅游目的地的习俗和传统，不能够顾及旅游目的地的禁忌，甚至破坏旅游目的地的生态环境和其他人文、自然资源的现象时有发生，这使得游客与旅游目的地居民不能相互尊重、礼貌相待。

（二）体育旅游市场消费者分析

1.价值观念

从微观的角度来看，价值观念是人们心中的一个深层的信念系统，在人们的思想活动中发挥着行为导向、评价标准和情感激发的作用，是构成个人人生观的重要内容，制约着个人活动的方方面面，是一个无形但影响力巨大的高评判系统；从宏观的角度来看，价值观念是社会文化体系的核心和灵魂，这种规范性的判断标准指导社会应该提倡什么、反对什么，而社会环境通过各种手段把这些观念传递和灌输给个人，使其内化为个人的行为规范，这就导致不同文化背景下的人拥有截然不同的价值观念。

我国历史悠久，每一个不同历史时期都有着不同的价值观念，这就导致不同历史时期的人们具有不同的价值观念。封建社会时期，价值观念的核心是家族本位、家长主义和君权至上；在西方列强入侵我国的近代时期，西方资本主义价值观念乘势大举涌入我国，使我国面临空前的民族危机和文化危机，而资本主义价值观念的核心是个人本位或个人主义；中华人民共和国成立后，中国特色社会主义价值观念体系的核心是人民本位或人民主体论；我国改革开放和社会转型时期价值观念的变革，要实现从传统的、僵化的价值观念向与市场经济和现代化建设相适应的新型价值观念的转换，而这种转换需要人们不断地挑战传统的价值观念，同时树立新的、正确的价值观念。

2. 消费习惯

消费习惯是指人们在长期的经济与社会活动中所形成的一种消费方式。人们的消费习惯不同，对商品的要求就不同。自 1996 年以来，人们消费需求的持续增长使商品出现供不应求的态势，消费领域发生重大的变化；消费结构开始出现变化，呈现高级化趋势，恩格尔系数连续下降；信用消费快速兴起，居民消费心理预期增强，消费观念不断更新，自给自足和节制消费的传统观念逐渐淡化，消费习惯也随着经济的发展在不断变化。

（三）体育旅游的社会政策分析

体育旅游产业需要良好的外部政策环境。体育旅游产业政策的制定必须要坚持社会化的原则，必须要坚持政府和社会相结合，一定要有利于充分调动和发挥社会各行业、各团体和个人发展体育旅游产业的积极性，充分发挥体育旅游产业的功能和作用，不断壮大体育旅游产业的队伍和力量；必须要按照“谁投资，谁所有，谁受益”的原则明晰产权关系，推动体育旅游经营主体朝着自主经营、自负盈亏的方向发展，适应社会发展的需要；必须要坚持体育旅游产业的发展与我国经济、社会的发展相协调，与社会主义市场经济体制相适应的原则；必须要坚持全面系统的原则，坚持为人民服务的宗旨，使社会效益与经济效益相结合，把社会效益放在首位；必须要坚持因地制宜的原则，各地区可根据具体情况制定一些地方性的政策，以增强其针对性和实效性。

第四节　体育小镇建设之体育用品制造业的带动

各地体育特色小镇的发展模式因自身条件不同而有所不同。一些体育小镇是以体育用品制造业为主发展起来的，如蒙特贝卢纳，它是以制鞋业为主发展起来的体育特色小镇，在第五章第二节我们会详细讲述。既然体育小镇能带动体育用品制造业的发展，那么我们就来看一下我国体育用品制造业发展的相关情况。

一、影响我国体育用品制造业市场需求变化的因素

体育用品是人们在进行各类体育活动时所需要的各种专门器械和相关用品的总称。它的设计与制造应符合体育运动的特点，辅助人们从事体育活动。以体育用品为基础，我们来看一下体育用品制造业的概念。体育用品制造业是指以各种原材料为对象，通过加工、组装，改变其原有的形态或性能，最终制成人们进行各类体育活动时所需要的各种专门器械和相关用品的行业的总称。随着改革开放的逐步深入，经济快速发展，人们生活水平显著提高，体育运动群体迅速扩大，体育消费呈现出多元化趋势，而人们体育需求的增加拉动了体育用品业的发展。

（一）产品市场定位模糊

产品的市场定位是指企业根据现有产品在细分市场中所处的地位和消费者对产品某些属性的重视程度，塑造出本企业产品与众不同的鲜明个性或形象并传递给目标客户，使该产品在细分市场上占有竞争优势。产品的特性往往体现在产品实体上，如款式、材质、性能、颜色等。

我国体育用品企业的产品普遍存在市场定位模糊问题。体育用品制造业的发展忽略其最本质的“运动性”以及产品的细分功能，累积了一系列的结构性矛盾，加之人们对体育专业运动产品需求的不了解，使专业体育用品的消费被休闲类产品所替代，导致体育用品制造业的发展陷入困境。在现实中，人们说不出国内哪一家体育用品企业生产的运动鞋或运动服更专业，而提到 Kappa

时会想到其追求时尚的定位，提到 PUMA 时会想到其专业、高品质的定位等。此外，我国体育用品运动特征展现不够的问题突出。以国际知名品牌的专卖店为例，其专卖店传递的都是饱含运动激情的、单纯的体育信息，而国内体育用品专卖店或经销点却不易找到品牌的特点，对体育和运动内涵的解释不具体、不深入，没有展现出品牌的独特之处。

（二）自主创新能力欠缺

我国体育用品企业规模偏小，产品技术含量低，自主创新能力不足，这些一直是困扰我国体育用品制造业进一步发展的突出问题。国外体育用品企业注重产品的研发、销售两大附加值最高的环节，占据体育用品高端市场，而国内体育用品企业却普遍“重生产、轻研发”，因此只能占据体育用品中低端市场。在体育用品产业链中，我国体育用品制造业需要突破“微笑曲线”的低端位置。当然，这和我国大多数体育用品企业长期以来属于“三来一补”的性质有关，但是对一些民族品牌来说，自主创新和进行主动研发就显得尤为重要。

（三）品牌建设不足

在国内体育用品企业中，李宁产品主要集中于二级市场，安踏等晋江企业主要集中于二、三级市场。这些企业以较好的质量、低于外资品牌的价格、强劲的渠道开拓等特点，在细分市场中分得一杯羹。但是与外资企业不同的是，国内体育用品企业的关注点更多停留在产品“知名度”的层面，更注重产品的销量而不是质量和品牌塑造。

国内体育用品品牌推广途径单一。企业的经营不是围绕品牌建设来展开的，对品牌的理解还停留在“知名度”层面，未达到“影响消费者的价值观念”层次。体育用品企业更多的是围绕销量提升和提高市场占有率来展开活动的，营销上的核心策略是“销售网络建设”“央视五套奥运明星代言”宣传等。

国内体育用品品牌“亮点”不足。以运动和娱乐为载体的、以强调自我和彰显个性为主体的文化观念，越来越成为全球性的消费文化。在体育用品领域，品牌的内涵日益从“强调品质和功能”转向“强调价值观和个性体验”，这种替代性特别显著。首先，就产品亮点而言，当今的品牌越来越靠具体产品支撑，体育用品日益强调专业性，强调适合具体应用场合的功能特性。其次，就产品广告亮点而言，企业应重视产品广告传递给消费者的消费理念。

（四）健身意识不足

在发达国家，居民进行体育锻炼已经成为日常生活的一部分。比如，日本国民参加体育运动的比例很高，学生放学后会留在学校参加体育活动，工作的人会自发地参加公司的体育俱乐部或地区的健身组织。但是我国民众体育健身意识淡薄，人们愿意花时间去学习各种文化知识，掌握多种技能，提高各种应变能力和适应能力，却忽视了身体健康和身体素质的提高。

（五）缺乏体育文化氛围

体育产业核心层（包括体育组织管理、体育场馆管理活动和体育健身休闲活动）建设不足，没有充分调动体育产业核心层的积极作用以营造一个良好的体育文化氛围，带动和影响越来越多的人参与到体育中来。如果体育产业核心层的建设较好，就会更大程度上刺激并带动消费者对体育用品的消费需求。一方面，我国缺乏有影响力的体育赛事，没有带动起群众体育文化氛围，对体育用品消费拉动作用小。另一方面，我国健身休闲市场规模小，经营管理仍有缺位，对营造体育文化氛围作用不明显。

二、提升我国体育用品制造业创新能力的基本策略

（一）注重强化企业创新能力

互联网时代下，我国体育用品制造业应善于发挥现代信息技术的优势与价值，不断强化自身的创新能力，运用智能设备与人工智能技术提高产品制造的质量与效率，并不断制造出超出客户预期的商品①，基于无限的创新力、创造力，增强自身的市场核心竞争力。尤其针对具有个性化需求的用户，我国体育用品制造业必须关注到个人的实际需求与要求。在对市场供需关系进行全面衡量的基础上，企业应能够从批量制造转化为个性化生产，以消费者的多样化需求为导向，制造出不同样式、不同规格、不同颜色的同款商品。同时，我国体育用品制造业在强调商品种类多样性的同时，应赋予其显著的文化特色，将体育用品制造与中国传统优秀文化进行深度融合，另外在借鉴先进制造技术、管理理念的基础上不断进行创新。我国体育用品制造业只有通过不断提升创新能

① 陈颇，刘波．经济新常态下中国体育用品制造业转型升级效果的评价研究 [J]. 成都体育学院学报，2019,45(6):39-44.

力，才能更加具有市场活力地投入复杂的竞争环境中。同时，业内人员应对人工智能制造有新的认识，并将最先进的科学技术应用到体育用品制造当中，既发挥人类的智慧价值，又体现科技力量与优势。我国体育用品制造业只有具备显著的创新能力，才能适应现代社会的发展需求与要求，并最大程度地满足市场及客户的多样化需求。

（二）对产品受众进行精细划分

我国体育用品制造业面临严峻的市场竞争压力，在新兴的互联网企业极大满足与吸引体育用品受众的过程中，传统制造业的发展更加困难。若想在复杂的营商环境中获得新的发展契机，就必须深入地探析与研究市场发展规律[①]。体育用品制造企业应能够对体育用品市场进行精细划分，对受众进行精准画像，在为固定受众提供优质服务的基础上，有序、有战略地拓展生产范围。

体育用品制造企业应对自身的发展方向、制造条件、人才储备等情况，进行全面、全方位的研究与对比。此外，企业管理人员应对消费群体特征进行深度分析，对他们的实质需求、消费特点形成正确的认识，进一步了解影响固定受众购买动机与行为的关键要素，并将其作为重要的衡量依据，明确下一步的生产目标与产品规格。除此之外，企业管理人员需根据消费群体的需求，制订科学的营销方案。既要注重生产高质量、高规格的体育用品，又要利用符合时代特征的推广手段，不断增强产品的市场影响力。当越来越多的人关注到我国的体育用品后，企业就可以更好地对细分的消费者进行定向服务，并根据需求差异等生产出符合标准与预期的体育用品。

（三）做好产品制造与服务的融合

从某种角度来说，我国体育用品制造业的竞争对手，不仅是同行业，更具有视觉吸引力的互联网产品也会对其产生竞争威胁[②]。无论是网络平台中热门的动漫游戏，还是与体育相关的娱乐活动，都会在一定程度上分散原有消费群体的注意力、购买力。我国体育用品制造业若想获得健康、可持续的发展，就

① 李海杰．空间视角下我国体育产业效率与产业集聚的关系研究 [C]// 中国体育科学学会．第十一届全国体育科学大会论文摘要汇编．北京：中国体育科学学会，2019:2.

② 刘兵．问题与动力：我国体育产业升级发展的逻辑思考 [C]// 中国体育科学学会．第十一届全国体育科学大会论文摘要汇编．北京：中国体育科学学会，2019:3.

必须在经营范畴、服务领域上进行深度的思考。企业既要制造出高质量的体育用品，又要通过多样化的服务吸引与稳固更多的消费者。

我国体育用品制造业应将产品生产与服务进行科学的融合，以此增强企业与消费者之间的黏性。企业应能够根据体育用品的特色与需求，在服务领域上进行延伸与拓展。例如，企业在制造体育用品之前，应在市场中广泛开设体验店、健身娱乐场所等，并在固定的店面中增设人工智能设备，吸引受众利用既定的仪器自主设计商品。制造企业应将潜在消费者的创意想法转化为实际生产，制造出符合其需求与既定标准的体育用品。当批量性的体育用品生产结束后，企业应在各个门店以不同的形式呈现给消费者，使消费者对该领域建立新的认识，并对相关产品产生浓厚的兴趣。这样，不仅可以使体育用品与健身娱乐服务进行科学的对接，还可以在一定程度上产生附属价值。

第五节　体育小镇建设之社会就业岗位的增加

体育小镇的建设可以为当地提供大量的就业岗位，如法国夏蒙尼休闲登山小镇，在向导服务上，该镇专业的向导公司拥有超过 150 名注册职业登山向导，能为游客提供夏蒙尼地区的全方位攀登、滑雪引导服务；在住宿服务上，星级酒店、青年旅舍、家庭旅馆、公寓、露营营地共有 50 余家，并有房屋租赁、度假中心等物业接待服务。这些服务提供了多种多样的就业岗位，提升了当地居民的收入水平。不仅夏蒙尼如此，在每一个体育特色小镇，配套设施或者服务的完善都可以增加多种多样的就业岗位。

一、不同产业对社会就业岗位的影响

（一）旅游业对就业岗位的影响

体育特色小镇的开发与建设均与旅游业密切相关，旅游业会带动劳动就业人数增加。旅游就业指的是与旅游业相关的就业。目前，人们普遍把旅游业界定为“凭借旅游资源与设施，专门或主要从事招徕、接待游客，并为其提供交通、住宿、游览、餐饮、购物、文娱等一共六个环节的综合性行业”。关于旅游就业的概念可以分为三个层面：第一个层面是旅游核心产业就业。根据旅游

管理部门统计，目前我国旅游业直接就业人数指标由旅行社、旅游景区（景点）、旅游车船公司、旅游住宿以及其他相关的旅游企事业单位的就业人员组成，但是每年的《中国旅游统计年鉴》中统计的旅游从业人数会有变化；第二个层面是具有旅游特征的产业的就业人数，如餐饮、公共设施服务、交通（航空、铁路、公路、水运）等与旅游活动密切相关部门的就业人数；第三个层面包含的范围较广，是指宏观的旅游经济就业人数，包括由旅游经济所促进的相关产业的就业人数，即广义的旅游就业人数。下面我们阐述旅游业在增加社会岗位方面是如何发挥作用的。

1. 旅游业的就业容量大，可挖掘潜力大

旅游业是劳动密集型产业，具有旅游特征产业的就业人数在全国就业总数中的比例，超过了制造业等传统劳动密集型产业，也超过了房地产、金融等新兴服务业。旅游业的市场非常大，2007 年中国旅游业经济创收超过 6.63 万亿元，占我国 GDP 的 11.05%，这样大的市场需要大量的从业人员是毫无疑问的；旅游业的就业人员增长迅猛，据统计，第三产业从业人员就业占比从 2015 年的 42.4% 上升到 2019 年的 47.4%，成为吸纳就业人员的主渠道；此外，2018 年旅游业贡献的就业岗位数为 7 991 万个，与上一年度相比增加了 1 万个就业岗位，数量上在近年来稳居世界第一。可见旅游业不仅就业容量巨大，就业潜力也很大。

2. 旅游业关联带动性极强

世界旅游组织资料显示，旅游行业每直接收入 1 元钱，相关行业的收入就能增加 4.3 元；旅游业每增加 1 个直接就业机会，社会就能增加 5 ～ 7 个间接就业岗位。旅游业涉及的领域非常宽泛，不仅涵盖吃、住、行，也包含游、购、娱。原国家旅游局计财司司长吴文学曾表示，旅游业直接、间接关联的部门可以达 100 多个。据统计，2017 年我国旅游业直接和间接就业 7 990 万人，占全国就业总人口的 10.28%。据悉，世界旅游与旅行业理事会（WTTC）近日发布的一项研究报告预测，到 2028 年中国旅游业总的就业机会将增加到 1.165 亿个，将占中国所有就业机会的近 15%，这很好地说明了旅游业的关联性和解决就业的潜力。

3. 就业方式灵活、包容性强

旅游产业涉及的领域非常广泛，人才的需求也呈现多样化，根据行业门类和岗位层次的不同，不同层次的劳动力都可以找到适合自己的岗位。这个产业既需要一些高学历、高知识水平的管理、规划等人才，也需要提供简单技能的普通劳动力。而且，简单劳动力需求量往往比较大，这样还可以照顾到再就业人员、农村人口和弱势群体的就业，旅游业就业门槛低主要就是针对这部分需要简单技能的岗位。另外，由于一些景区运营的季节性很强，相关岗位会展现阶段性和流动性特点，岗位的弹性很大，能够以更灵活的就业形式吸纳更多的劳动力。

（二）房地产业就业效应

在一些地方，体育特色小镇的建设离不开房地产业的支撑，如桐庐·莱茵国际足球小镇。下面我们分析一下房地产业对社会就业的影响。

1.房地产业的直接就业效应

房地产业的直接就业效应是指房地产业作为国民经济的支柱产业，自身产业发展直接带动的社会就业效应，即从事房地产行业的工作人员实际可能负责房地产开发工作、房地产评估与物业管理等中介服务性工作。同时，房地产业作为第三产业，在国民经济中较第一产业与第二产业具有较强的社会就业吸纳能力，因此它引起的直接就业效应也比较明显。

2.房地产业的间接就业效应

房地产业不仅自身具有一定的直接就业效应，也对社会就业具有间接的带动效应。所谓间接就业效应就是指房地产业通过带动其他相关产业的发展间接引起社会就业。间接效应通过以下的传导机制进行：首先，房地产业通过前向关联与后向关联与其他产业取得联系，即房地产业既为其他产业的发展提供物资与服务，同时自身的发展也需要其他产业提供相应的物资与服务，这样房地产业与其他相关产业之间就形成了一种紧密的关系，房地产业的产值变动就会引起其他相关产业产值的变动。其次，其他产业在产值变动的过程中，就会影响其就业的变动。显而易见，房地产业通过这种机制间接引起了社会就业的变动。

3.房地产业的综合就业效应

房地产业的综合就业效应是将直接效应与间接效应相加而得到的。这种效应也可以表示为房地产业变动相对于就业变动的综合系数，即房地产业变动一个百分点与就业人数正向或负向变动百分点两者的比值。

二、以广东为例谈产业发展、特色小镇建设与失地农民就业

（一）广东产业发展、特色小镇建设与失地农民就业的相互关系

产业升级、劳动力流动与特色小镇建设是社会经济发展过程中相辅相成的三个方面，农村剩余劳动力加速转移是特色小镇建设的核心内容，而特色小镇公共生活空间的拓展为公共设施和公共服务的有效使用创造了条件，为劳动力转移和农民工市民化提供了条件。另外，特色小镇除了本身建设提供就业机会外，也是产业升级和集聚的重点区域。

1.农村劳动力转移是产业升级、特色小镇建设的必然要求

产业升级提高劳动生产率，吸收大量农村人口，进而促进剩余劳动力大量转移，因此越来越多的农村劳动力开始就业于非农产业领域，而特色小镇则因人口集中，地域空间不断扩大。城镇人口规模的逐步扩大又为产业的发展提供了更为强劲的消费市场、消费容量和消费能力。劳动力转移推进二元经济结构转型。二元结构矛盾突出，城市工业化进程飞速发展，但农村尚未实现工业化，依然处在手工为主的原始阶段。随着农村人力资本素质和农业生产力水平的提高，农村产生了大量的剩余劳动力，失地农民就业形势更为严峻。特色小镇在劳动力流动方面，主要体现为劳动力从低生产率区域流向高生产率区域，从传统农业流向非农产业，两者的结合表现为从农村的农业流向城镇的非农产业。当前，我国农民工从业仍以制造业、建筑业和服务业为主。一方面农民工或者新一代农民工通过转移提高了收入，有些转为市民而享受了城镇居民同等的市民待遇，使得原来城镇消费群体扩大，消费结构也逐渐升级，带来了城镇交通基础设施、城镇公共服务设施及以住宅为主的房地产业的巨大需求和飞速发展，成了城镇经济可持续发展的主要动力之一。另一方面，城镇经济的飞速发展增强了我国以工促农、以城带乡的能力，农村剩余劳动力向城镇非农产业的转移，提高了农民资源的占有量，提升了自身素养和水平，而其返乡创业又促进了原有农村的工业化步伐，提高了农民的生活层次，也必将会提高农村的管理水平，为城乡融合奠定坚实基础。

2.产业发展是特色小镇建设和吸引劳动力转移的核心内容

产业升级与正在实施的特色小镇建设互相交融、互促共进，它们之间具有很强的关联性。特色小镇建设为产业升级提供了地理空间，促进了区域内企

业、机构的合作与交流，城镇所聚集的技术和科技信息推动了新兴产业较快增长，产业升级和集聚反过来又对城镇化的扩张提出了更高要求，从而促进了城镇产业结构调整，优化了劳动力人口结构，促进了农村剩余劳动力市民化进程，提高了新型城镇化建设水平。产业发展是特色小镇建设和吸引劳动力转移的核心内容，主要表现为：①产业升级是特色小镇建设的基础。产业的升级和聚集很好地汇聚了土地、资金、技术、人才、政策等要素，尤其是新兴经济体的形成，可以大幅提高经济的聚集效益和规模效益，促进经济快速有序发展。城镇结构优化和数量增加是以产业升级为基础的，城镇化水平取决于一个国家或地区的工业化水平和经济结构演变程度。产业升级力度的不断增强引起产业结构的有序演变，推动城市空间结构优化和城镇化进程加速，进而导致城镇化动力机制的变化，表现出特色小镇不同的地域组织模式。②产业升级提高居民生活质量、改善民生。现代化产业的发展，不仅对要素匹配提出了更高的要求，更对人的自身发展提出了更高的衡量标准，如技能、心理、道德素养等，而这些即是现代生活方式的主要内容。产业升级也是现代都市生活的折射，或者说是复制，将极大地改变农村的生产方式、生活方式和思维方式。③产业升级有利于提升城镇竞争力。产业升级促进企业大量聚集，产业链逐渐延长，人员、设备、厂房也逐渐增多，所以居住用地、工业用地和商业用地的需求也日渐增加，那么城镇规模自然也随之增大。 产业升级有利于农村劳动力的空间转移，提供了日趋完善的社会资源，降低了城镇运输成本、交易成本、服务成本，有效促进了地方经济的发展，推动了特色小镇建设水平的提高。

3. 特色小镇是产业升级和农村劳动力转移的根本载体

特色小镇建设与产业互动，不但能大力推动农村医疗、教育、就业等各方面发展，而且能够促进农村商贸、餐饮、金融、物流、保险等服务业的发展，促进农村产业结构调整和新农村建设。同时，新型城镇化改善了长期制约我国城乡一体化进程的户籍、就业、社保等相关一系列畸形的制度和政策，促进了城乡之间的经济、文化、社会交流，确立了城乡互补机制。①特色小镇促进新型城镇化。特色小镇是当前我国新型城镇化建设的战略重点，而经济发展方式的转变也必然落实到新型城镇化，新型城镇化的提出充分体现了加快转变经济发展方式这一主线。长期以来，人们都习惯于粗放式用地、用能，而新型城镇化的要求是不断提升城镇化建设的质量与内涵。②特色小镇促进城乡重构。特色小镇体现集约化、生态化的科学发展要求。特色小镇集约利用空间结构，把人口、资金等生产要素汇聚起来，进行合理有效配置，促进集聚效应的发挥。特色小镇不断推进现代产业的发展，促使人的需求向着更高层次不断跨越，切实解决了群众生产、生活中面临的实际问题，从而提高了居民生活质量，也改善了民生。③特色小镇促进农民工市民化。扩大内需是我国当前主要发展战略之一，其根本是要提高居民收入，而提高收入正是新型城镇化所产生的系列效应之一。土地的集约开发，提高了产业的集聚效应，促进了农村规模经济效应的发挥，农村劳动生产率飞速增长，最终提高了农民的收入，促使农民从农村转移到了城镇，从农业转移到了第二、三产业，而行业生产效率的高低一定程度上决定了他们的收入水平。大量农民工的拥入带动了投资及产业发展，财富的转移同样促进了城市居民收入的提高。

（二）广东产业发展、特色小镇建设与失地农民就业的主要成效

按照“一年有型，两年成型，三年基本建成”的要求，广东各级政府密切配合，紧锣密鼓地推进小镇建设各项工作，体育小镇规划建设工作取得了新的进展。

1. 逐步完善规划修编

广东各地的体育小镇建设相继启动了控制性详细规划、概念规划和产业规划的修编工作，结合体育小镇在产业、空间布局等方面的要求以及规划现状，对规划进行多次优化调整，使新的规划与体育小镇的产业、现有土地规模衔接更加紧密。其中东洲鹿鸣体育小镇与中康凯利公司签订合作协议以来，多个核心的规划已完成修编。根据联安村的地理环境和特殊位置，合理安排项目建设，及时制订《新田镇联安村运动休闲特色小镇建设实施方案》，可以使特色小镇工作有序推进。五华县国家运动休闲（足球）特色小镇位于广东省梅州市五华县横陂镇，小镇规划面积 5 平方千米，主要由核心区、扩展区和辐射区三大部分组成。

2. 明确主导产业方向

东洲鹿鸣体育小镇围绕武术和极限运动特色在做好产业布局的基础上，明确以功夫 + 极限、明阳山户外主题公园、骑行基地、冰雪运动馆、足球城五大项目为体育小镇主导产业方向。上海广盈投资控股（集团）有限公司作为湛江市南三镇运动休闲特色小镇项目投资方，及时成立了项目公司——湛江广盈

旅游开发有限公司。汕尾市陆河县联安村充分利用现有的樱花生态园，构建“体育＋乡村旅游＋产业共建”发展模式，新建四个村民文体活动广场，面积7 100平方米，3个休闲小公园，面积2 800平方米，巷道及屋前屋后硬底化3 200平方米，安装路灯46盏。

3. 加快整合土地资源

为保障项目落地建设，湛江市南三镇联合广盈集团对项目重点所在的大沙林场片区的土地进行了测绘，对项目核心涉及范围的266.67公顷土地开展了农村集体土地登记确权走界、登记和发证工作，为下一步项目建设所需土地的征用、租用工作打下扎实基础。佛山市高明区东洲鹿鸣体育小镇梳理出小镇土地征收耕地、林地面积等数据，目前已征收耕地面积22.46公顷，2018年完成征收耕地86.2公顷、林地46.67公顷左右。

4. 统筹使用专项扶持资金

佛山市高明区东洲鹿鸣体育小镇对市相关部门已经下发到小镇的7 000万元扶持资金，按照先急后缓、先易后难的原则，铺排了使用计划，主要安排在规划修编、项目咨询等前期工作以及东洲桥、一河两岸景观提升、东洲广场等前期建设项目。为确保湛江市南三镇重点项目得到科学的设计和建设，广盈集团加大投入，调动了大量的人力、物力以推动小镇建设前期工作，具体在规划、勘察、设计、土地整理等方面累计投资已逾3 000万元，为特色小镇项目下一步的立项和开工建设打下了良好的基础。

5. 建立地区化的就业服务体系

广东根据区域实际状况，确定匹配的服务计划，建立以省、市、县（区）为中心的就业服务网络。具体而言，广东充分分析转移区域，如粤东地区所需要的劳动技能、转移过来的劳动力总量和结构，调整优化劳动需求就业服务计划；建立政府、雇主和工人、工会及有良知的知名学者等参与的协商机制，集体谈判确定合理的工资及就业条件，定期、不定期开展联席会议，使得处于弱势地位的农民工权益得到有效保障。

（三）广东产业发展、特色小镇建设与失地农民就业存在的问题

大力推进特色小镇建设是广东全面可持续发展的现实需要，对形成合理城市等级体系和布局，促进大中小城市和小城镇互动发展，促进城乡空间重构，

促进产业转型优化与合理布局具有巨大的作用和意义，但也存在诸多问题亟待解决。

1. 产城互动问题

一是人口城镇化水平较低，城镇化滞后于工业化。户籍人口城镇化比重低，人口城镇化还任重道远。农民工市民化进程滞后，造成城市中的“新二元结构”。城镇化、产业化是相辅相成的两个方面，在经济社会发展中不能有所偏重，但当前我国两者发展缺乏有效的协调。地方政府尤其是中西部地区，一味追求经济总量和城市扩张，照搬粤东地区和发达国家模式，重城镇扩张轻产业辅助，导致城镇传统产业转型升级慢，新兴产业发展不成规模，进而导致农村富余劳动力向城镇转移后难以充分就业。

二是城镇就业率逐年提高，大量社会问题亟待解决。农村劳动力从农业向非农产业，从农村向城市、城镇地区转移，劳动力的转移数量用非农劳动力的增加、城镇就业的增加来代替。显然，随着城镇化水平的提高，城镇就业增长率逐年提高，城镇从业人员的增长速度远比农村从业人员的增长速度快得多。大量的就业机会产生于城镇，但其又无法解决农民工户籍相关待遇平等化的问题，造成了诸多社会问题。就地城镇化模式可能成为缓解城市病、促进市民化进程的有效途径。

三是城镇发展不平衡，“城市病”问题突出。具体问题包括城镇区域发展不平衡，城市管理运行效率不高，城镇化管理水平有待提高，公共服务供给能力不足，交通拥堵严重，公共事件频发，城市垃圾处理能力不足等。同时，城镇化发展方式粗放，城市快速扩张造成土地资源消耗过快，导致土地利用效率低；城镇布局不合理，能源消耗大，环境污染严重，进而导致经济发展不平衡，影响了城镇的可持续发展。而且，城乡一体化步伐滞后，户籍限制使农民工难以真正融入城市，享受不到基本公共服务，而过大的城乡差距已经对城镇化发展形成制约。

2. 土地征用问题

一是现有土地规模与开发需求差距较大，远未达到小镇建设用地开发规模要求。其中佛山市高明区东洲鹿鸣体育小镇有 60 多公顷土地规模，还需要增加 150.5 公顷才能满足需求。梅州市五华县国家运动休闲（足球）特色小镇至目前批复的用地指标只有 20 多公顷。二是建设用地指标缺口较大。从 2018 年

1月1日起，珠三角地区房地产等经营性用地，原则上只能使用农村土地拆旧复垦节余的用地指标，这将对小镇接下来的建设产生较大影响。中山国际棒球小镇由国际棒球场及训练场的棒球运动区块、商业与特色饮食休闲商业区块、棒球文化与居住区块以及酒店办公区块组成，存在混合用地供地问题。三是征地拆迁面临不确定因素。近期，粤港澳大湾区、新机场建设加快推进等多种利好因素叠加，同时土地出让价格攀升，让群众对征地拆迁补偿产生了过高的期望，甚至有了不切实际的想法，这些都为土地的征收带来了更大的难度。四是受防范政府债务风险等政策影响，目前土地收储资金只能使用财政性资金。在镇财政还相对较为薄弱的情况下，单纯依靠镇的财力，筹措资金开展小镇范围内的土地收储工作难度较大。梅州市五华县国家运动休闲（足球）特色小镇由于经济欠发达，单靠本县财力很难推进各项工作，而且运营和市场开发人才也比较缺乏。另外，汕尾市陆河县联安村运动休闲特色小镇试点项目在发展体育事业上还缺乏经验，当地运动休闲设施基础十分薄弱。

3. 失地就业问题

农民就业问题凸显。一是失地农民缺乏就业竞争力。经济社会发展急缺技能型人才，但进城的失地农民综合素质普遍较低。随着生活条件的改善，失地农民的就业期望显著提升，但自身素质难以满足企业高技术化的要求，就业理想与现实脱节。二是失地农民就业渠道狭窄且稳定性差。城乡收入的巨大差距，使大多数失地农民选择了外出务工，但因工作稳定性差，就业岗位不固定，他们不久即成为失业农民工或返乡农民工，现实非常残酷。三是失地农民因土地情结对再就业产生抵制，对失地后的生活不适应。农村社会保障制度尚未建成，所以失地农民自身及家庭的再发展就没有很好的基础。四是失地农民进城务工遭受太多不公平待遇，但却没有相应机构帮他们维权。工资被拖欠、劳动合同难签订等，都是失地农民进城务工遭受的不公待遇，而他们显然有必要努力增强自身法律意识、观念。五是政府就业促进政策不完善，就业培训不足。培训模式单一，导致失地农民学到的知识和技能也较单一，与企业需求存在较大差距，无法满足失地农民长远发展的需要。

随着特色小镇建设步伐的加快，农村剩余劳动力在城市就业依然面临就业歧视，无法与城市劳动力平等享受制度性保护。一是就业户籍歧视。城市用人单位在招聘过程中或招聘后的待遇上，对特定户籍劳动者采取差别对待，限制外地户籍劳动者就业。有些地方政府甚至规定外地户籍劳动力总量控制，对外地户籍实行低福利待遇，收取更多的管理费。二是服务制度不完善。就业信息服务制度不完善，劳动力市场中介机构组织功能不全、服务水平不高。同时，劳动中介机构的服务较少覆盖到农村劳动者，非城市户籍劳动力无法享受到公共就业服务。三是对职业中介机构的监管不力。《中华人民共和国就业促进法》和《就业服务与就业管理规定》相关规定的执行力度有待加强，不少坑骗、欺诈劳动者等现象和不规范行为大量出现，牵连其他诚信经营的中介机构的信誉，严重扰乱了公共就业服务市场。四是农民工合法权益缺少保障。劳动法律法规不健全，加之农民工依法维权意识薄弱，所以他们的劳动报酬远远低于城市职工，同时劳动监察部门也因各种因素形同虚设。五是现行教育培训制度约束。教育水平与农民迁出比例相关，农村教育水平低必将严重阻碍农村剩余劳动力的转移，影响劳动者个人素质和劳动技能的提升。我国教育资源分布高度不均，培训体系以及基础教育体系高度集中于城市，导致农村劳动力技能和素质处于劣势，加剧了劳动力市场二元分割的局面。

（四）广东产业发展、特色小镇建设与失地农民就业的对策建议

尽管广东特色小镇建设工作取得了一定进展，但建设时间紧、任务重、涉及面广，所以在推进过程中也遇到了一些亟待解决的问题，为确保特色小镇建设顺利推进，早日取得成效，我们应采取以下积极有效的措施。

1. 构建完善的规划体系，着力解决资金问题

加快规划的审批流程，尽快把规划正式确定下来，真正实现“一张蓝图干到底”。充分发挥领导小组职能，更深入地建立健全工作机制，积极统筹各相关部门力量。坚持政府引导、市场主体的建设方向，发挥好社会资本的作用，在工程建设款项支付等方面减轻压力；科学合理规范使用好各级扶持资金，制订专项扶持资金使用方案，保障项目实施进度。积极向上级申请土地收储专项债券资金支持，盘活、用好现有资金，实现滚动开发，促进投资计划的落实。

2. 导入优势体育产业，打造具有造血功能的重大项目

学习外地先进经验和做法，努力打造或培植支撑特色小镇长期发展、高质

量发展的造血功能项目，打响运动休闲特色小镇品牌，切实做到以体育小镇促进精准扶贫和乡村振兴。围绕主导产业项目，进一步加强与公司的沟通协商，加快与社会投资方签订合作协议，明确产业项目的投资规模、选址、供地计划等细节，促进产业的引进和落地，顺利打造体育小镇的产业特色，夯实其产业基础。

3. 全力保障土地供给，增强征地农民权益意识

围绕基础设施、配套设施、景观提升等项目建设，全力以赴加快土地征收工作，落实土地征收任务。想方设法完善供地手续，加强与上级国土部门的沟通，争取更多的指标落地，继续采取“三旧”改造、耕地复垦、增减挂钩等措施，多措并举化解用地指标短缺的问题。提高农民的法律意识，同时确保政府征用土地后，补偿足额并及时到位，另外，社会保障要切实能够为农民有效享用。加强对失地农民的职业培训教育，强化培训方式的针对性。

4. 建立多样化就业服务模式，加大农民工培训

建立面向农民工的公共就业服务机构，将公共就业服务机构转为经营性组织，使各类职业介绍所和培训机构展开平等竞争，而且要及时取缔服务较差者的营业资格，将其赶出就业服务体系。完善培训法律法规，以法律的形式来明确培训机构的责任与义务，约束相关责任人的行为，进而结合自身实际制订地方性的规划。政府、培训机构和社会团体需通力合作，同时政府还要加强与企业的合作，实行订单式与定向式的培训。政府加大资金投入的力度，建立灵活多样、渠道多元的培训费用筹集机制。

5. 建立就业社会保障体系，完善失业保障制度

当前城镇社会保险门槛高，操作缺乏灵活性，农民工普遍感到负担太重，参保后的对等权益得不到保障。所以我们要规划社会保险政策，逐步解决农民工的社会保障问题。尽快建立和完善转移人口失业保险体系，准确、翔实地登记劳动就业，对目前的劳动就业形势进行评估，增强社会保险应变能力。建立多档次的失业保险金发放标准，实行特殊困难群体和零就业家庭成员就业实名制，实行跟踪服务、动态管理。

第六节　体育小镇建设之城市基础设施建设的可持续性

体育特色小镇开发与建设过程中基础设施的建设是必不可少的部分。无论哪一种类型的特色小镇都会在规划的指导下建设相应的基础设施，如绿道、赛道、足球场、高尔夫球场等。这些基础设施的建设提高了当地城市建设的水平，也提升了人们的生活水平。如何让这些城市基础设施建设可持续地进行下去是我们需要思考的问题。那么我们就来分析一下体育小镇城市基础设施建设的可持续性相关内容。

一、城市基础设施建设可持续发展概述

（一）城市基础设施建设可持续发展内涵

城市基础设施自建设之始就不是孤立存在的，而是支持城市增长的一个重要方面。城市增长是一个系统性的概念，包括经济、文化、环境等方面，即城市的可持续发展。城市基础设施作为城市综合服务功能的重要载体，其建设和发展已经成为制约城市发展和影响城市规划分布的关键因素之一。城市基础设施建设应尽可能与城市保持同步协调发展。传统发展模式已经引发了诸如盲目投资、规划不合理、与城市经济社会环境不相匹配等诸多不可持续问题，严重制约了其健康发展，所以城市基础设施建设模式亟待改变。可持续发展作为一种新的发展观，被各个行业引入，在城市基础设施建设领域也慢慢引起了广泛关注。各地开始以可持续发展理论指导城市基础设施建设，并开始进行有效的监管、评价和改进。城市基础设施建设可持续发展是“可持续发展”概念和该领域交叉融合派生出的一个词语，代表着一种全新的建设发展观，实质在于平衡好各个子系统之间的发展关系，平衡好经济、社会、环境三个方面的关系，只有从整体上充分考虑，做到整体效益相统一，才能真正实现城市基础设施建设发展的根本目标。对城市基础设施建设可持续发展概念的界定，既要在可持续发展范畴之内，又要体现城市基础设施这一特定领域。城市基础设施的建设运营改变了城市经济、社会和环境的原有形态，而三者的共同作用影响城市基

础设施建设的可持续发展。综合学者对城市基础设施建设可持续发展的定义，结合可持续发展概念，笔者主要把城市基础设施建设可持续发展定义为：城市基础设施建设在保障并促进城市经济、社会、环境发展的同时，能够满足城市经济、社会、环境的协调平衡，使经济子系统、社会子系统、环境子系统三者能够协调一致发展，最终实现城市基础设施乃至整个城市持续健康发展。

城市基础设施建设可持续发展是经济子系统、社会子系统、环境子系统三个维度的统一体。在经济子系统方面，城市基础设施建设中有些部分能够参与各项生产，直接带动城市经济发展，其提供的产品和服务也可以为城市活动提供运行基础，支持和保障城市各项生产等经济活动。在社会子系统方面，城市基础设施提供了多样的物质基础，其建设和发展对满足人类的基本需要、提高城市居民生活质量、实现人的全面发展至关重要。在环境子系统方面，城市基础设施建设能够改善目前城市出现的空气污染、城市垃圾、交通拥挤、水污染等主要环境问题，改善城市环境质量，促进环境可持续发展。

（二）城市基础设施建设可持续发展目标

从城市基础设施建设可持续的内涵可以看出，城市基础设施建设可持续发展包括经济、社会、环境三个方面。因此，从这一角度出发，城市基础设施建设可持续发展的目标应该是满足当代人对城市功能和服务的需求的同时，促进城市经济发展、社会进步、环境友好。城市基础设施建设可持续发展总目标应该是这三个系统目标的加权平均和，其权重由各个子系统指标对总目标实现作用的重要程度来决定。因此，我们可以通过各子系统指标之间的协调与控制，使城市基础设施建设可持续发展总目标达到最优值。

城市基础设施建设可持续发展是一个复杂、多系统的问题。作为城市综合服务功能的重要载体，城市基础设施的建设和运营改变了城市经济、社会和环境的原有形态，对城市经济发展、社会发展、环境发展等众多方面都产生了重要影响，反过来，只有平衡好经济、社会、环境三个方面的关系，我们才能真正实现城市基础设施建设发展的根本目标。这就要求城市基础设施建设不能片面重视城市基础设施某个系统或某方面效益的发展，必须保证内部各子系统同步发展，实现系统内在要素的有机统一，保障各子系统和谐发展。由此可知，只有城市基础设施建设统一规划、系统保持协调发展，在为城市经济发展和社会进步提供必需条件和服务的同时注重对环境的保护，才能促使城市环境得到改善，提高城市竞争力，吸引更多外来的人才和资金，而这样又可以反过来推进城市基础设施建设，进一步提高其发展水平，最终实现预期根本目标。

（三）城市基础设施建设可持续发展系统划分

从系统论的角度出发，一个系统可以划分为若干个不同的构成成分，即若干个子系统。城市基础设施本身就是一个包含六大子系统的大系统，在与外部联系作用时，又涉及经济、社会和环境三个方面，因此，城市基础设施建设可持续发展可以看作是一个复杂的、涉及多系统的问题。我们在研究过程中可以运用系统论，把实现城市基础设施建设可持续发展问题看作一个复合的整体系统，对影响城市基础设施建设可持续发展的各子系统及其要素进行整体性、系统性、综合性的研究。具体而言，我们可以将城市基础设施建设可持续发展视作一个整体系统，同时该系统又与外部紧密联系，与城市经济、社会、环境相互作用，可以划分为三个构成部分，即经济子系统、社会子系统和环境子系统。值得注意的是，各子系统之间相互影响，共同作用于系统整体目标，但是不同的子系统对总目标的贡献是不同的，各自分别代表其中某一个方面。城市基础设施建设走可持续发展道路，就是在保证三个子系统各自稳定发展的前提下，促使三个子系统协调发展。我们在对我国城市基础设施建设可持续发展水平进行具体评价时，可以从两个维度来考察，即在考虑社会、经济和环境三个子系统的可持续发展状况的同时，还要考虑三个子系统间的协调发展。

二、城市基础设施建设对城市可持续发展的影响

快速城市化带来很多难以克服的城市病，这在加剧城市负担的同时对城市环境也造成了重大影响，而城市基础设施在减缓城市病方面明显发挥重要作用。可以说一个城市的良性发展离不开功能齐全、布局合理、彼此协调的城市基础设施建设，城市基础设施无论是在促进城市经济增长、提高居民生活水平方面，还是在减轻社会贫困及改善环境条件方面都发挥着重要作用，城市要实现可持续发展必须有一个完善的城市基础设施建设来支撑。

（一）城市基础设施建设对经济发展的影响

城市基础设施建设与经济可持续发展密切相关，其效益可渗透到城市各项

生产和生活活动中。城市基础设施能够直接带动经济发展，城市基础设施中的很大一部分直接参与了生产，城市基础设施建设中的六大系统都以各自特殊的方式直接参与了产品生产。试想如果没有给水排水系统进行水资源的供给和城市污水的排放处理，如果没有城市道路为产品或商品流通提供交通运输载体，企业根本就无法生产。实际上，在现代化生产过程中，几乎所有的生产都离不开电力、水、道路交通设施等物质条件。城市基础设施有时候虽然并没有直接参与城市各项生产活动，但也间接地影响了城市的经济效益。同时，城市基础设施有利于企业提高生产效率，提高运输效率，降低运输成本，间接提高企业的生产经济效益。

综上所述，城市基础设施提供的产品和服务，一方面为城市各项生产活动提供了一个良好的运行环境，对城市各项生产等经济活动起着支持和保障作用；另一方面通过直接或间接参与城市各项生产活动，能够直接提高生产率，降低生产成本，进而影响经济方面的效益。此外，城市基础设施本身是产业结构的构成部分，它的建设不仅能够提高自身发展水平，还会带动其配套产业的发展，促进产业结构转换，推动产业升级。

（二）城市基础设施建设对社会发展的影响

城市居民是城市发展的直接推动者，其自身的休养生息和基本社会需要得到满足才能更好地为促进城市发展作贡献，而在此过程中，城市基础设施提供了多样的物质基础和前提条件，那么，城市基础设施建设和发展工作的至关重要性也就得到了广泛认可。城市作为城市居民聚集和生活的场所，必须具备最基本的基础设施系统。城市基础设施建设，尤其是能源供应系统、交通运输系统和邮电通信设施建设可以大幅提高居民生活质量。能源供应系统的服务对象不仅是生产，还有城市居民日常的生活，如燃气、自来水等普及范围的扩大大幅改善了城市居民生活质量；交通运输系统能够提供交通成本相对较低的公共交通，增加城市人均道路面积，还能直接提供就业机会，使城市变得更加宜居；邮政通信基础设施改变了人们的联系方式，加强了人们的联系，加快了城市间的沟通，提升了城市的对外开放程度。另外，基础设施具有的非排他性特征使得人人都有使用的权利，使居民能够自由地享受城市生活，促进社会公平、可持续发展，维持一个稳定发展的和谐状态。可见，城市基础设施建设能够在一定程度上影响社会可持续发展。

（三）城市基础设施建设对环境发展的影响

城市基础设施是城市系统重要的人工环境，城市基础设施供给不足会直接导致城市生态系统受到影响和破坏，制约城市的可持续发展，城市基础设施与城市环境可持续发展密切相关。长期以来，城市基础设施，尤其是环保类基础设施，已成为城市发展的关键制约因素。目前，我国城市空气污染、交通拥挤、水污染等各种问题爆发，很大程度上是由城市基础设施建设发展滞后、城市发展不协调等原因造成的。城市基础设施尤其是其中的环保类系统，如城市能源、交通、给排水以及卫生和废物管理等基础设施，是决定城市环境治理水平的重要因素。例如，水体污染状况基本取决于污水排水管道密度、污水处理能力和污水处理率；垃圾污染又与垃圾清扫量、垃圾无害化处理能力密切相关。城市环境一旦出现问题，不是短时间内就能解决的，环保类基础设施的建设能够慢慢改善城市环境。综上，城市基础设施建设能够增加城市公共绿地面积，提高城市生活垃圾无害化处理率等，大幅改善城市环境质量，提高环境可持续发展水平。

第五章　国外体育特色小镇建设的经验启示研究

第一节　国外体育特色小镇的特征及建设模式

随着我国经济的快速发展，人们越来越重视并青睐体育休闲方式。体验式旅游、文化、健康等元素开始融入体育产业，推动了新型体育小镇的出现。随着我国综合国力的不断增强，我国建设的体育城镇数量也在不断增加。国外体育城镇建设起步较早，积累了丰富的经验。笔者认真研究和整理了国外一些成功的体育小镇建设案例，希望为我国体育小镇的建设和运营提供借鉴和参考。

一、国外体育特色小镇的特征

（一）体育小镇是社会化进程的产物

国外体育小镇是体育社会化进程的产物，是自然环境和人文环境双重作用的结果。小镇大都位于风景优美、景色壮观的地方，气候适宜，吸引力强，便于人们旅游观光或进行相应的户外活动。在此基础上，生产力的提高使人能够开发和改造固有的自然环境；精神文明水平的提高，使人们在物质生活需要之外，越来越多地追求身体和情感上的愉悦和享受，开始回归自然，追求自我。有了上面两个“提高”作为基础，在后来的社会发展中，国外体育小镇应运而生。

（二）体育小镇由“附属经济”到“主导经济”的角色转变

体育小镇的经济模式主要以服务业为主，服务业属于第三产业。纵观国外体育小镇的发展历史，体育小镇的原始形态是一个纯粹的单一项目。它之所以出现，是因为它毗邻其他大型经济体，并得到了其他经济体的资本支持。在这一发展时期内，体育小镇的体育产业处于从属其他经济的地位。随着小镇体育的后期发展和推广，小镇的经济规模已经大幅扩大，脱离了依附于其他经济的状态，慢慢形成了以体育为核心的产业集群，成为当地经济的主要产业，同时促进了其他经济的发展。

（三）人们的体育意识向体育文化的升华

欧美等西方国家是现代体育运动项目的发源地。从体育赛事的发展历程来看，早在欧洲文艺复兴前后的几次社会变革的影响下，人们崇尚健康身体的意识逐渐增强，一些早期的贵族开始通过一些方法有意识地强身健体。接着，由于早期欧洲国家人民具有强烈的冒险精神，越来越多的创新体育运动得以发展。后来，生产力的提高和经济的发展使人们有更多的时间放松和追求身心健康，从事相关运动的门槛越来越低，而这使得体育运动慢慢跨越阶层广泛普及。至此，通过体育进行健身娱乐已经从一些人的自觉行为发展成为一种体育文化现象。这种体育文化氛围随着后来体育的商业化而不断增强。

（四）体育小镇类型的细分和主题的突出

众所周知，市场化的趋势是高度专业化和精细化的。国外体育城镇发展至今，已成为高度专业化的产业经济体系，产业链上的任何环节都十分完整。此外，每个城镇的主题都是独特的、不同的，并以具体的项目为主。特定的主题设置也有利于小镇品牌的塑造。根据小镇体育产业的不同主题和功能，我们可以将国外体育小镇的主导项目分为产业型、康体型、赛事型和健身休闲型四种不同类型，在促使项目多元化发展的同时打造主导产业。

（五）市场和协会对体育小镇发展的共同作用

国外体育小镇的发展是体育社会化进程的产物。小镇的经营主要由民间资本、企业和相应的行业协会共同进行。民间资本在小镇的积极运作，可以给人们带来更好的身心体验，更有群众基础，同时为企业的持续成长和回馈社会提供经济支持；行业协会是在某个体育项目初具规模后成立的一种组织形式，专业化的项目管理可以使之有更好的发展。在市场经济条件下，民间资本和行业协会的共同作用能够使体育小镇得到更好的发展。

二、国外体育特色小镇建设的模式

（一）运动休闲型体育小镇

1.建设模式特点

运动休闲型体育小镇是指以多元化、参与性强、体验性强的体育休闲运动聚会为特点，一般具有良好生态环境基础的大众消费体育小镇。休闲体育运动一般包括传统体育运动、冰雪运动、山地运动、球类运动、水上运动和特殊运动等。运动休闲型体育小镇将体育、文化、旅游、健康、休闲有机结合，形成以休闲体育为运动项目特色的旅游景区，促进旅游、教育、医疗等相关产业迅速发展。

2. 理论小结

运动休闲型体育小镇一般依靠景区发展，与旅游相结合进行建设。从规模的大小来看，应该是小镇或者小城。它们大多建得较早，具备发展体育运动的条件，如气候、地理、基础设施等。小镇一般以一个或多个核心资源项目为引爆点，形成多个以休闲为核心的参与型体育项目，同时充分考虑老年、青年、幼年等不同年龄段人群的体育需求，打造涵盖体育休闲、娱乐、教育等具有完整谱系的一组项目。集聚区对基础设施的观感度、承载能力、配套设施的完整性要求更高。此外，在选址方面，考虑到辐射范围内的观众总数和消费频率，围绕城市圈或大型旅游目的地往往是理想的选择，如图 5-1 所示。

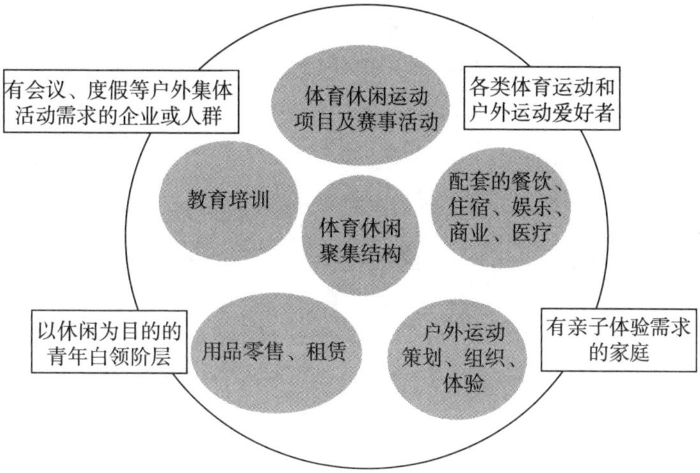

图 5-1　体育休闲聚集结构

（二）产业型体育小镇

1. 建设模式特点

产业型体育小镇以体育用品或设备的生产制造为基础，纵向延伸发展研发、设计、展示、贸易、物流等产业，横向融合文化、互联网、科技等产业，打通上下游产业链，最终形成产业集群，使二、三产业融合发展。这种类型的城镇一般分布在大中型城市周围，以制造业及其上下游产业为核心，以休闲体验为支撑，依托城市发展。在产业空间分布上，以核心企业为中心，围绕核心企业分布配套企业或相关企业，形成“一中心，多散点”或“大分散，小集中”的布局结构。随着体育产业的不断发展，一些中小城市和小城镇利用它们独特的体育产业优势，依靠产业链之间的合作和联系，形成集聚效应，开拓了小镇的特色发展道路，促进了当地经济的发展。

2. 理论小结

产业型体育小镇的建设主要集中在两个层面：一是确定建设方向，建设体育产业，形成相对完整的产业链。具体而言，小镇需探索和完善工业资源，聚集人才、科技、信息、资本和其他元素，再加上自身内在发展优势，以确定主要产业的发展方向，并形成相关的服务产业和配套产业，打造一个产业链的发展架构。其中，具有先天发展优势的产业资源包括体育某一细分领域的装备用品制造，以及难以复制的先天市场环境。二是找到合适的衔接点，将体育产业与旅游等其他产业进行整合，延伸至第三产业，推动项目体验化、消费化，即以体育优势产业为核心，有选择地、充分地链接文化、教育、健康、养老、农业、水利、林业、通用航空等产业，从第二产业延伸到第三产业，扩大消费群体，增加产业价值，如图 5-2 所示。

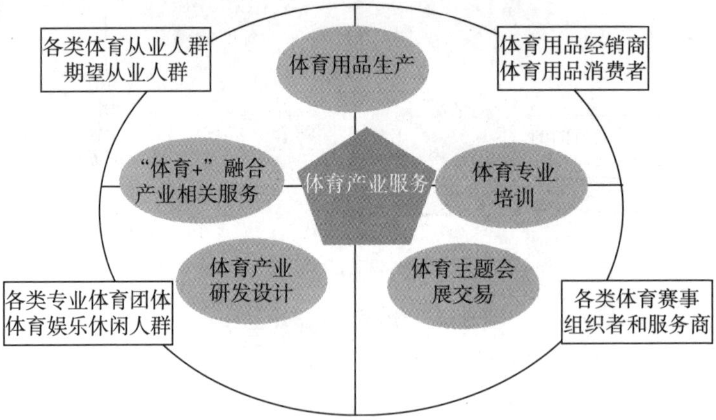

图 5-2 体育产业服务

现如今体育产业已成为一个庞大的产业，有些发达国家的体育产业经济贡献甚至已超过汽车产业。产业型体育小镇利用当地特色体育产业优势，抓住产业发展机遇创造经济价值，通过旅游、休闲等产业链的配合，带动当地经济的发展。

（三）康体型体育小镇

1.建设模式特点

康体型体育小镇是指以良好的生态环境为基础、以体育运动为载体、以健康养生为主要目标，并与旅游度假发展相结合的体育小镇。随着老龄化社会的到来，食品安全、生活压力等问题不断涌现，人们的健康需求不断增加，这是该类城镇发展的主要背景。康体型体育小镇以温泉等独特的康养自然资源或太极拳、瑜伽、冥想等传统的康养人力资源为基础，打造以健身、养生、养心、教育为核心的体育项目集聚区。与休闲型体育小镇相比，其体育项目具有运动量小、运动频率低、风险低的特点。康体型体育小镇更注重健身、养生、养心、养颜的功能，多面向高端人群，虽然受众基数小，但消费频率和总消费都比较高。随着人们生活水平的提高，康体型体育小镇逐渐成为备受青睐的旅游疗养胜地。

2.理论小结

康体型体育小镇是以健身为导向的体育小镇。其创建的重点是满足养生人群、亚健康人群、中老年人群的不同需求，提供有针对性、完善的健康硬件配套设施和健康服务，最终打造全新的健康生活方式。它通过与旅游产业的融合，满足人们日益增长的健康需求，打造包括养生环境、体育健康项目、体育健康服务及养生居住四大体系的度假综合体。

养生环境是此类小镇建筑群的主要基础。养生环境的建设要立足自然生态环境，突出区域养生资源的特点，如气候资源、水资源、森林资源、山资源、温泉资源等。体育健康项目和体育健康服务是此类小镇的两个核心。体育健康项目以体育运动项目为主，如徒步旅行、瑜伽、太极、自行车、游泳、高尔夫等，另外还有其他健康项目，如温泉健康项目、心理静修项目、健康饮食项目、科研训练项目等提供支撑。体育健康服务包括健康体检（心肺功能等健康指标检测）、私人定制个性化健康计划、医疗辅助服务、健康指导员培训和指导服务、中老年人紧急呼救系统全覆盖、护航等专项服务。多元化的居住产品布局，可以满足人们长期、中期、短期的养生生活需求，是度假综合体养生生活的主要体系。

（四）赛事型体育小镇

1. 建设模式特点

赛事型体育小镇是指以具有影响力的单项体育赛事为核心、以赛事相关的服务为延伸、以休闲体验活动为补充而形成的体育小镇。体育赛事是最受关注、最具影响力的体育活动，特别是大型国际赛事。作为主办站点，赛事型体育小镇需要具备优越的场地条件、高标准的活动场地和高水平的活动服务能力。除了比赛期间的直接经济收入外，大型赛事带来的当地知名度的提升、更高层次的政府资金和政策支持、基础设施的改善和当地人口素质的提高都是间接的长期利益。可以认为，成为某一体育子项目的最高级别赛事的东道主是每个体育小镇追求的目标。体育赛事服务如图 5-3 所示。

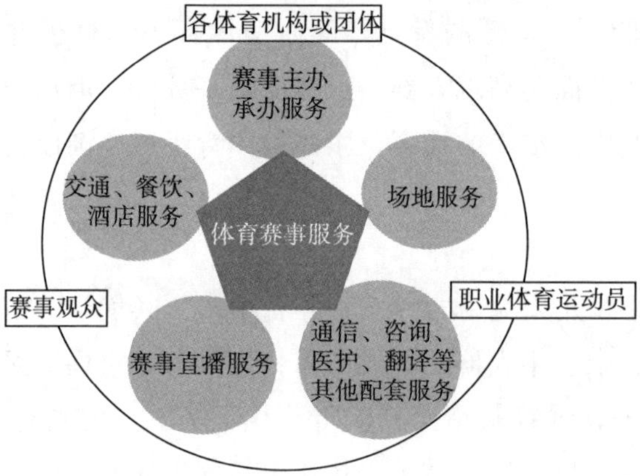

图 5-3　体育赛事服务

2. 理论小结

创建体育赛事小镇有两个要点：一是做好赛事本身；二是做好多元业态补充，充分利用活动场地，并在活动结束后对活动进行有效利用。一个赛事就是一个好的体育 IP（知识产权）。无论是引进赛事还是自己培育赛事活动，都需要硬件上的高标准建设、软件上的高水平服务，从而给游客带来极强的赛事观赏体验，为组织者带来良好的经济价值。赛后的利用主要有三个方向：一是充分利用场地进行培训和日常训练；二是利用体育赛事的 IP 价值开展主题活动、衍生周边娱乐活动；三是组织其他类型的体育、休闲活动，以及各类美食节、音乐节等大型活动，实现体育与旅游的融合发展。

第二节　国外经典的体育特色小镇分析

一、赛车小镇：印第安纳波利斯

（一）印第安纳波利斯赛车小镇概述

印第安纳波利斯是美国印第安纳州的最大城市，也是印第安纳州的首府，是美国第四大州首府，位于印第安纳州的中央，市区面积 911.7 平方千米，人口 80 余万。其中白人占 69.09%，黑人占 25.5%。印第安纳波利斯属马里恩县，行政上市县政府合一，城市占据马里恩县内绝大部分地区，县里另有 8 个独立市镇。该城市始建于1820年,1847年设市。1825年1月，印第安纳州府迁至此。

（二）印第安纳波利斯赛车小镇的成功要素

第一，特色赛事是重中之重。印第安纳波利斯赛车场是著名的印第安纳波利斯 500 英里大奖赛（Indianapolis 500）赛事的举办地。500 英里汽车比赛每年都在此举行，而这一比赛算是全美的盛事。赛事于 1909 年首次举办，在美国文化中具有相当重要的历史意义。附近费姆斯特汽车博物馆的赛车厅展有 1909 年以来的各种赛车。

第二，基础设施建设完备。印第安纳波利斯为中西部铁路货运枢纽，被称为“美国的十字路口”。市内有美国铁路公司的联合车站，为美国最古老的联合车站之一，至今仍然提供前往芝加哥等城市的铁路客运服务。

作为赛车小镇的印第安纳波利斯，有着专业的赛车道。印第安纳波利斯赛道最初由 300 余万块砖头所砌成，因此“砖厂”之名不胫而走，启用于 1909 年，在 1950 年到 1960 年举办过 11 次 F1 大奖赛，并在 1961 年改铺柏油路面，是一个相当有历史的赛道。2000 年，为了添加一级方程式大赛的计划，赛道再次修改，在原本椭圆形的赛道范围内增加了新的路线，并以顺时针方向替换传统的逆时针方向起跑。

第三，发达的经济为城市的发展奠定了基础。1847 年，麦迪逊—印第安纳波利斯铁路——印第安纳波利斯的第一条铁路开始运营。随着公路和铁路干线的通行，印第安纳波利斯已成为美国西部发展和移民的运输堡垒，以及农业和牲畜毛皮产品的集散地。作为印第安纳州最大的城市和美国第 12 大城市，印第安纳波利斯已成为美国发展最快的地区之一。19 世纪后期，随着工业的兴起，印第安纳波利斯发展迅速，成为该州主要的工业中心、重要的粮食市场和芝加哥以东最大的牲畜市场。该市拥有大规模的面粉和肉类加工业，以及汽车零部件、金属制品、飞机发动机和制药、电机和电子等工业部门。20 世纪下半叶，随着郊区化背景下对土地的广泛利用以及种族关系的迅速恶化，印第安纳波利斯部分地区陷入了经济萧条。然而，在 20 世纪 90 年代，经济萧条地区开始复兴，促进了城市边缘的发展。现在，印第安纳波利斯再次繁荣了起来。

打造中小城镇体育特色，需要具备一定的气候、地理、文化等基本条件，而小城镇的软硬件配套设施也需要时间积累。城乡统筹发展、高校体育蓬勃发展，为建设体育特色小镇提供了土壤。小镇特色赛事和精品赛事的创设，使这些城镇和城市扬名，更容易取得良好的经济效益和传播效果。

二、网球特色小镇：温布尔登

（一）温布尔登发展概述

温布尔登（Wimbledon）是位于伦敦西南部的小镇，其知名度来自温布尔登网球公开赛。温网由全英俱乐部于 1877 年开始举办，之后赛事于每年 6 月最后一周星期一至 7 月初定期举行。温网是全球四大网球公开赛中历史最为悠久的赛事。温布尔登没有特别的支柱工业，温网自举办起，就以巨大的吸引力带动小镇相关产业的发展。

（二）温布尔登产业体系

1877 年，在全英草地网球和门球俱乐部管理之下，温网首次在温布尔登 Worpl 路附近的一块场地举行，当时仅有男子单打比赛。1884 年，全英俱乐部增加了女子单打和男子双打比赛，女子双打和混合双打则在 1889 年加入。1922 年比赛搬迁到了如今的 Church 路场地。如同其他 3 项“大满贯”赛事，温布尔登在 1968 年网球公开赛时代到来之前，只对顶级的业余选手开放。但之后，温网就成了所有职业选手的圣地。

温布尔登现在有 18 个草地、9 个硬地和两个室内球场。其中，中心球场是决赛举办地，可容纳观众 15 800 人，1 号球场则可容纳观众 11 400 人，2 号球场可容纳观众 4 000 人，3 号球场可容纳观众 2 000 人。比赛举办时，现场观众累计可达 30 万人以上，而观看电视实况转播人次则在 5 亿以上。2016 年，温网的赛事总收入达到 2.03 亿英镑，其中门票、食物和周边商品贡献约 5 000 万英镑，赞助商和供应商贡献约 4 000 万英镑，剩余的 1 亿英镑则来自转播分成。最终，赛事净利润为 4 200 万英镑。

（三）温布尔登成功要素

温网历史悠久，网球传统的延续强化了其网球赛事的独特地位。从 1877 年举办至今，延续不变的赛事传统为温网打上了重要烙印。与其他三大网球公开赛不同，温网参赛选手须穿着白色球衣在草地上比赛，而球童则规定穿着绿色制服；女选手其姓之前被冠以“小姐”或“夫人”，男选手则直呼其姓；温网不按照世界排名来定种子排位，而是通过选手的草地比赛表现给出排位；除了几大主要赞助商，如劳力士、汇丰、依云外，温网的主赛场不接受其他赞助。

温网不断攀升的奖金也是吸引选手参赛的一大因素。1984 年，温网男子单打（以下简称男单）冠军奖金为 10 万英镑，女子单打（以下简称女单）冠军奖金为 9 万英镑；1985 年，男单冠军奖金为 13 万英镑；1987 年，男单冠军奖金为 15.5 万英镑；1991 年，男单冠军获 24 万英镑，女单冠军获 21.6 万英镑，甚至第 1 轮遭淘汰的选手也可获得一笔奖金，男子 3 600 英镑，女子 2 790 英镑。如今，温网已经实现了男女运动员奖金持平政策，每年共有 2 700 万英镑奖金，已经超过美网（2 600 万英镑）、澳网（2 300 万英镑）、法网（2 200 万英镑），成为奖金最多的公开赛。

由于没有支柱工业，温网及其带动的基建、观光、餐饮活动等成为小镇的重要收入来源。基建方面，球场持续刺激小镇经济增长，新的餐馆、照相室、训练馆将开始修建。此外，还有众多大大小小的建设项目展开，总投资可能会达到千万英镑级别。赛事用品方面，每年温网消耗 50 000 余个网球、超过 350 000 杯茶和咖啡、超过 28 000 千克草莓（奶油草莓是温布尔登的“官方”零食）。

旅游方面，温布尔登网球博物馆、球场是游客参观的重要景点，著名的温布尔登手巾在赛事期间可以卖出约 28 600 包；另外，迷你型小球场可供球迷们在排队间歇打球娱乐，还有大牌球星候场对弈；帐篷露营也是旅行的重要活动。据英国媒体报道，温布尔登住户如果选择在温网赛事期间出租房屋，收入约为其一年工资。因此，小镇依附于温网赛事之上，整体生活水平较高。

三、休闲登山小镇：夏蒙尼

（一）夏蒙尼发展概述

夏蒙尼小镇（Chamonix）位于法国中部东侧，毗邻意大利和瑞士，坐落于阿尔卑斯主峰勃朗峰脚下的山谷里。作为现代登山运动发源地，长住居民仅 1.3 万人的夏蒙尼被称为“户外爱好者的乐园”“滑雪者的天堂”，每年需接待超过 200 万的登山滑雪者和日常游客。

夏蒙尼小镇能成为户外运动的天堂，原因主要有二：其一，小镇海拔 1 035 米且位于山谷中，是理想的登山活动出发点，阿尔卑斯山的主峰勃朗峰为小镇带来独一无二的登山资源；其二，1786 年 8 月，猎人杰克 · 巴尔玛和医生米歇尔 · 帕卡尔两人首次登上了勃朗峰，引发了欧洲登山运动的热潮，历史积淀及户外运动偏好成就了夏蒙尼在登山活动中的极高地位。

（二）夏蒙尼发展历程

夏蒙尼作为体育小镇的最初起源，为 1786 年 8 月当地猎人巴尔玛和医生帕卡尔两人首次登上勃朗峰；1821 年开始，夏蒙尼开始发展登山服务业，小镇内 34 名本地向导组成了一个向导公司；1924 年第一届冬季奥运会在夏蒙尼举办，世界性的滑雪教练训练中心也在这里落户。至此，夏蒙尼的体育小镇地位已经基本形成。

（三）夏蒙尼产业体系

夏蒙尼具有世界上最完备的高山运动教育培训系统，以世界上第一所登山向导学校——法国国家滑雪登山学校（ENSA）为代表。ENSA 建立于 1943 年，由法国体育部直接管辖，使命是“发展和提高山地运动水平，研究和分析山岳安全风险，训练高水平运动员”。学校有着严格的培训、考核、认证体系，经过几十年的发展，培养了一大批国际顶尖的向导和登山家。

在法国，登山向导对顾客的行为承担法律责任，同时，这些以技术高超、经验丰富、责任感强著称的向导大都在全世界享有盛誉。国家滑雪登山学校开设的项目有登山向导、滑雪教练、高山协作、救援、滑翔伞教练。学校设备齐全，配有六个可容纳 20 至 80 人的会议室、一个可容纳 220 人且配有录像投影机的阶梯教室、一栋配有 132 个标间的宿舍楼、一个自助餐中心、一个健身房、一个器材室及其他科研场所。因为 ENSA 的存在，夏蒙尼成为全球登山标准的制定者，完善的培训和卓越的服务成为其登山产业发展的护城河。

夏蒙尼已经建立了以专业化教育培训机构为保障、以多元化休闲运动项目为核心、以完善的配套服务为补充的休闲产业链条。

（四）夏蒙尼成功要素

登山是夏蒙尼的支柱产业，但在吸引登山游客的基础上，夏蒙尼还十分注重相关体育项目、赛事、休闲、文化艺术产业的开发。多元化战略不仅在数量上吸引了更多游客，也进一步提升了游客的支付意愿。服务内容从“登山”向“登山 + 运动 + 休闲”的改变，极大提升了夏蒙尼作为体育休闲小镇的知名度。

其一，夏蒙尼有着丰富的体育运动资源。除攀登之外，滑雪、高山滑翔、溪降运动等也开展得非常广泛。2003 年，环勃朗峰超级越野赛正式举办，作为世界上最著名的越野赛事之一，在 2016 年吸引超过 2 000 名越野跑精英和数万名跑步爱好者参与。

其二，夏蒙尼拥有完整的休闲产业链配套设施。在导游服务方面，专业导游公司拥有注册的专业登山导游 150 余名，可为游客提供夏蒙尼地区全方位的登山、滑雪服务。在住宿服务方面，有星级酒店、青年旅舍、家庭旅馆、公寓、露营营地 50 余个，有房屋租赁、度假中心等物业接待服务。在商业服务方面，有登山、滑雪、纪念品等体育用品商店 40 多家；有提供夏蒙尼传统美食和西式休闲美食的餐饮娱乐服务。在医疗服务方面，形成了“急诊 + 医院 + 研究中心”的综合医疗服务体系，如夏蒙尼医院、高原生态系统研究中心、山地医学培训研究所等。在观光和交通方面，缆车于 1955 年正式开放，将海拔 1 035 米的夏蒙尼和海拔 3 842 米的南针峰连接起来，不仅可以让游客欣赏冰雪风光，而且为登山者和滑雪者带来了很大的便利。

其三，夏蒙尼进一步开发文化艺术资源。一方面，夏蒙尼吸收了不同时期建筑风格的精华，数百年历史的巴洛克教堂、黄金时代的宫殿、“Art Deco”外观、奢华别墅、传统农舍和古朴木屋共生于此。建筑多样性成就了夏蒙尼独特的城镇魅力。另一方面，每年 8 月举办的阿尔卑斯山音乐节将旋律带到壮丽的勃朗峰之上，使来此度假的音乐爱好者们可以尽情沉醉和释放。

四、蹦极特色小镇：新西兰皇后镇

（一）皇后镇发展概述

新西兰皇后镇位于新西兰东南部瓦卡蒂普湖边，被南阿尔卑斯山环绕，是世界蹦极的发源地。小镇面积 25 平方千米，人口稀少，只有 14 000 多人，常住人口主要从事旅游和酒店相关的工作。小镇配套设施完善，机场距镇中心仅 8 千米，镇上有酒店 200 多家，其中高端酒店有皇后镇希尔顿酒店、里斯酒店等。

皇后镇被誉为“探险之都”的原因在于其得天独厚的自然资源。南阿尔卑斯山是新西兰最高大的山脉，巍峨高耸，峡湾众多，是蹦极的极佳选择。同时，美丽的瓦卡蒂普湖是新西兰第三大湖泊，由于形状独特，有特殊的潮汐现象，颇具特色。因此，除蹦极外，滑雪、喷射快艇和山地自行车均是“探险之都”皇后镇的热点项目。

（二）皇后镇产业体系

皇后镇具有商业蹦极发源地的独特标签，并从单一的蹦极项目开始逐渐发展成了户外运动综合胜地。皇后镇卡瓦劳大桥是世界商业蹦极的发源地。蹦极是一种源于南太平洋瓦努阿图的传统活动。新西兰人哈克特在卡瓦劳大桥首次成立商业蹦极组织反弹跳跃协会，进行商业蹦极活动。为了宣传蹦极，哈克特更是从埃菲尔铁塔跳下，将蹦极推广到了全球。皇后镇仅通过蹦极这一项目就吸引了众多游客。

同时，小镇拥有的自然地理资源优势也适合发展其他不同的极限运动，进一步形成了极限运动的集群效应。小镇所处的南阿尔卑斯山南段，山体陡峭，有激流，山顶被冰川覆盖，能进行攀山、漂流、山地自行车和冰川徒步等项目。在冬天，整个山体被冰雪覆盖，小镇附近有四处天然滑雪场。瓦卡蒂普湖湖面开阔，能发展帆船、划艇和水上飞机活动。小镇还开展了滑翔伞、跳伞、热气球等项目。由于地理条件复杂多变，种类齐全，小镇可发展的项目众多，成为有超过200个综合性户外运动项目的“探险之都”。

在发展户外运动的同时，皇后镇最大限度地保留了天然景色，游客可以在体验惊险刺激的同时享受小镇梦幻般的美景，因此小镇的休闲旅游项目同样十分有名。瓦卡蒂普湖和南阿尔卑斯山有极大的观赏价值，其中具有代表性的有米尔福德峡湾游船、萤火虫洞、观景缆车和皇后镇山顶观星。皇后镇的美景以梦幻闻名，电影《指环王》曾在这里取景，所以小镇发展出了以电影《指环王》为主题的旅游线路。因为景色浪漫，小镇萌生出了婚庆产业。此外，小镇近年开始发展的高端度假旅游成为特色，如位于瓦卡蒂普湖北端的布兰凯特湾是新西兰最好的度假庄园之一。文化节日方面，皇后镇在每年6月底到7月初南半球的冬天，均会举办“皇后镇冬之祭”，庆祝冬天的到来，这是新西兰最大规模的冬季庆典活动。

（三）皇后镇成功要素

皇后镇的体育和旅游业为经济发展提供了强大的推动力。双轮驱动的体育小镇在世界上是罕见的。户外运动作为皇后镇旅游开发体系的重要组成部分，是形成体育、旅游共生关系的基本条件。皇后镇利用高山峡谷、剧烈湍流、冬季降雪等优势，发展了激流泛舟、跳伞、滑雪、蹦极、喷射快艇、漂流、山地自行车等户外活动。皇后镇为各地的户外运动爱好者提供了一个很好的体验场所。

体育旅游的另一个要素是旅游。多元化的旅游产品可以满足各类旅游者的差异化需求。在游客体验了激动人心的户外项目之后，皇后镇凭借其美丽、历史和文化，开发了休闲度假、节日旅游、婚礼旅游等深度体验产品，也吸引了大量游客。

由于《指环王》的宣传，皇后镇“魔戒仙境”的名号已经在世界范围内传播。随着发展中国家国民可支配收入的提高及发达国家的经济复苏，皇后镇有望收获增量客流。

五、体育制鞋小镇：蒙特贝卢纳

（一）蒙特贝卢纳发展概述

蒙特贝卢纳（Montebelluna）位于意大利北部特雷维索省，有着悠久的手工制鞋历史。目前，全球约80%的赛车靴、75%的滑雪靴、65%的冰刀鞋和55%的登山鞋、25%的直排轮滑鞋等运动鞋产自此镇。大量生产企业的聚集，促进了商业、居住及公共服务等城市功能的配套完善，形成了“运动鞋生产集群 + 城市服务功能”的小镇发展架构。

蒙特贝卢纳的体育用品制造业源自历史积淀和制鞋工艺的传承。一方面，登山活动是了解世界的一种方式，这一观点在1336年由彼特拉克提出。蒙特贝卢纳镇位于意大利北部畜牧业中心地区，靠近意大利制革中心佛罗伦萨。受益于文艺复兴、农业自给自足和制革工艺的传播，制鞋业的小生产模式开始出现。另一方面，蒙特贝卢纳周边多山，历史上曾以伐木为主要产业，制作伐木工人的登山鞋成为流传工艺。

（二）蒙特贝卢纳发展历程

随着登山运动逐渐受到欢迎，20世纪70年代起，蒙特贝卢纳便因为高水平的制鞋工艺和优质材料，成为世界著名的冰雪活动运动鞋生产基地。伴随着蒙特贝卢纳产品声誉的提高，产业上下游公司的集聚越发显著。不仅如此，其他世界知名体育品牌也开始重视登山鞋等户外运动产品市场，以收购该区域公司和建立子公司的方式，加入产业集群。1991年，Benetton以收购Nordica的形式进入户外运动领域；21世纪前，法国、奥地利、美国等体育品牌纷纷跻身冰鞋、登山鞋市场。

（三）蒙特贝卢纳产业体系

蒙特贝卢纳已经形成了一个庞大的运动鞋生产集群。镇上生产的运动鞋种类包括一般运动鞋、赛车鞋、足球鞋、网球鞋、跑步鞋、登山鞋、滑雪靴、冰刀鞋、直排轮滑鞋、溜冰鞋等，几乎囊括了运动鞋的各个种类。围绕着运动鞋生产企业，聚集了大量研发、设计、款式分析、配件生产、模具制作、制鞋机器及塑胶等产前配套生产企业，以及商业协会、中介、媒体、营销和配送等产后相关服务产业。制鞋产业链上的各业务公司超过400家，就业人员8 600余名，生产量达到每年3 500万双，年销售收入超过15亿欧元。

历史工艺、行业地位和较强的集群影响力，使蒙特贝卢纳在运动鞋领域（特别是冰雪运动相关运动鞋领域）具有重量级话语权。一方面，Nike、Rossignol、Lange等国际知名运动品牌也进驻此集群，学习制鞋工艺；另一方面，Geox、Tecnica、Nordica、Scarpa、Aku 等国际顶尖户外品牌均发家于此。

同时值得注意的是，各类制鞋企业并不是在地理空间上绝对集中，而是以乡镇为中心，在5千米左右半径范围内沿道路发展，形成多个产业集群。设计、研发及配套制造等相关企业围绕核心生产企业发展，而商业、居住等城市配套功能主要集中在蒙特贝卢纳镇区。因此，核心体育用品的生产促进了上下游企业的完善，促进了服务业的集聚，促进了周边小镇的特色化发展。

第三节　国外体育特色小镇建设的经验及对我国的启示

一、国外体育特色小镇建设模式的共性经验

在建设初期，政府主导小城镇经营的现象时有发生；在建设过程中，公私合作模式更为普遍；企业主导型项目正逐渐成为国外体育小镇建设运营的发展趋势。在目前情况下，各类体育企业仍是体育小镇相对重要的推动力量。

（一）科学选择体育小镇的主题定位

国外体育小镇主要是按照市场规律开发的，这与成本低、要素积累直接相关。国外体育小镇正在充分挖掘自身优质的生态和人文资源，努力促使龙头企业或优势产业聚集在体育小镇空间，最终意在逐步形成特色鲜明的体育产业集群。

欧美发达国家的运动休闲型小镇除了拥有得天独厚的风光资源外，每一个都主题鲜明，并与当地文化自然交融，让人印象深刻、流连忘返、终生难忘。运动休闲型体育小镇要致力于形成以下特色：①特色鲜明的运动休闲业态；②深厚浓郁的体育文化氛围；③与旅游等相关产业的融合发展；④禀赋资源的合理有效利用。

国外产业型体育小镇对环境和产业独特性有很高的要求，具体体现在国家的经济实力、金融发展、世界经济地位、地理位置、人才、税收、交通、环境、信息技术等各个方面。这些都是在特定的土壤中生长出的难以复制的特征。也可以说，国外传统工业体育小镇与工艺传承、产业积累、生态、人文、环境资源等因素密切相关，是天时、地利、人和的结果。此外，发达国家的实

践表明，高端产业不一定要集中在大城市，并不是所有发展高端产业所需的人才都喜欢生活在大城市。这在一定程度上是经济水平和城市化发展的必然结果。

康体型体育小镇是在良好的生态环境基础上，以体育运动为载体，以健康养生为主要目标，努力发展旅游度假，更注重保健、营养、美容的功能。它们主要针对的是高端人群，虽然受众基数较小，但消费频率和消费总量较高。

赛事型体育小镇以具有影响力的单项体育赛事为核心，以赛事相关服务为延伸，以休闲体验活动为补充而形成。体育赛事是最受关注、最具影响力的体育活动，特别是大型国际赛事。作为东道主，体育小镇需要具备优越的场地条件和高水平的活动服务能力。

（二）建设专业且多样化的体育设施

体育设施已经成为人们生活中不可缺少的一部分。随着国内体育小镇的兴起，人们对体育设施的需求越来越大。体育小镇在发展过程中，尤其需要建设专业化、多元化的体育设施。从国外体育小镇的发展历程来看，由于体育度假和户外运动需求人群的高端属性，体育小镇的设施就必须齐全、格调高。山地户外、水上运动、冰雪运动和高尔夫运动占整个运动休闲市场的 80% 左右。此外，体育设施比一般的旅游设施投资更大、更专业，对相关教练员和维修服务人员的要求也更高。

作为以“体育”为核心主题的体育小镇，应充分利用城市公共空间，打造集体育、休闲、旅游为一体的功能带，不断完善健身设施。政府应加大体育设施建设投资，开发多功能、多样化的体育产品。此外，政府可以鼓励社会力量建设小型化、多样化的场馆和健身设施，通过购买服务提供支持。各级政府应合理利用景区、公园、公共绿地、广场和城市空地，因地制宜建设自行车绿道、健身路径、徒步道等全民健身设施，确保体育小镇体育设施的质量和数量。

（三）举办四季不休的体育主题活动

从经济基础和市场需求来看，大众体育是人们的生活水平达到小康甚至变得富有后展露的高端需求。为了使身体更健康、更健美，他们努力追求运动体验中的兴奋和快乐。从赛事特色来看，体育小镇往往拥有一个或几个重量级赛事，甚至是世界级赛事，借助赛事打造特色体育旅游品牌，引爆优势项目。此外，体育小镇可以集成其他活动，如围绕小镇资源做一些体育论坛、体育娱乐活动、亲子活动、嘉年华活动等，根据季节不同以及自身特色设计不同的主题活动，点亮自身特色运营，尽力保障一年四季都有人气，一年四季皆有特色体育主题活动，从而拓展体育旅游产业链。

在所有季节组织以体育为主题的活动，可以延长旅游季节和吸引游客。对体育小镇的推广起着不可替代的作用。举办四季不休的体育主题活动容易引起社会的广泛关注，可以迅速提高体育小镇的吸引力和知名度。因此，组织四季不休的体育主题活动，日益成为体育小镇发展的重要方式。

（四）打造差异化的运动体验

打造差异化的运动体验对于体育小镇的建设尤为重要。例如，新西兰皇后镇是新西兰的“探险之都”，世界知名的“户外运动天堂”，国际公认的世界顶级度假胜地。皇后镇聚集了大量高端户外运动，在这里，人们既可体验世界一流的冬季滑雪，还可尝试蹦极、跳伞、骑行、登山、峡谷秋千、漂流、喷射快艇、骑马远足、垂钓、高尔夫等，四季游玩皆宜，更重要的是他们可以在每一项运动中获得极致体验。例如，在自行车骑游项目中，人们可以选择平坦的观光车道、偏远的荒野小径，也可选择公路骑行、直升机登山，以及南半球唯一的缆车山地自行车下坡。这座一万多人的小镇每年会接待 200 多万名来自世界各地的游客。这里拥有全国最豪华的酒店设施、著名的葡萄酒产区和世界级的高尔夫球场，是冒险和享受的完美结合。新西兰皇后镇已经做了足够多的准备工作，为游客创造差异化的运动体验。游客高水平的参与性和体验性吸引了社会的广泛关注，这为皇后镇成为国际公认的世界级度假目的地奠定了一定的基础。

（五）塑造体育小镇的文化灵魂

从体育小镇的区位条件来看，运动休闲型体育小镇一般以著名景点为依托，而体育配套产业有的会集中在客源地，有的会集中在相关人才传统的聚集地。这些体育小镇的形成往往会受到历史、地理、人才、相关产业等多种因素的综合影响。

要使体育小镇标新立异，展现其特色，建设者就必须充分发挥文化基因的重要作用。文化是体育小镇的根脉和灵魂，每个小镇都有自己独特的文化基因。人们需要让文化基因成为体育小镇的灵魂，坚持创新、协调、绿色、开放、共享发展的理念。体育小镇需在借鉴原有成功经验的基础上，重点在“特色”上做文章，注重突出自身特色，不重复，不千篇一律。只有将文化基因嵌入“城市、工业和人”融合发展的整个生产过程中，统筹生产、生活、生态的文化特色，并确定各自的文化基因，成千上万的城镇才可以有自己的特点，拥有不同的面孔。

（六）建立体育商业公共服务平台

在国外体育小镇发展过程中，地方政府的主要职能是改善基础设施，而且要率先改善交通、通信、排污等公共设施。此外，他们还充分考虑了休闲椅、停车场、公共厕所的安装，甚至道路自动收费设施、残疾人无障碍通道等，以及银行、商店、道路、交通、医疗、消防队等，以满足居民的各种需求。降低交易成本和城乡要素的相对价格，有利于加快特定空间内人才和特色产业的积累。

例如，德国为做好投资公共服务，建立公共设施的分级配给系统，提高了各级中心的相应属性，使之成为地方公共管理机构职责的重要组成部分，保证了地方政府在发展和运营公共服务中能够得到相应的支持等。

（七）重视小镇自然和人文环境保护

欣赏一个外国体育小镇就像欣赏一幅巨大的油画，无论走到哪里，周围都是森林、散发芳香的青草；天是蓝的，地是绿的；天高气爽，绿树成荫；方便安静，适合人类居住。这与国外体育小镇长年秉持绿色生态发展理念，在建设过程中强调环境保护，很少发展传统工业，尤其是污染较大的重工业，杜绝污染企业或者产业进入密切相关。此外，国外的体育小镇非常重视生态保护和体育文化的传承，致力于保护祖先留下的瑰宝。经过一代又一代人的传承，具有丰富历史文化内涵的体育传统与现代生产生活方式有机地结合在了一起。

二、国外体育特色小镇建设对我国的启示

目前，全国各地正在全面启动实施体育特色小镇建造工程，预计未来将出现数量十分可观的体育特色小镇。

体育小镇既不同于工业园区、风景名胜区，也不同于行政建制城镇。它们

具有优美的生态环境、独特的产业定位、深厚的文化传统、灵活创新的管理机制等独特优势。它应成为推进新型城镇化建设，培育新动能，实现创新发展、绿色发展的新平台，充当着区域经济社会发展的新引擎。那么，国外体育小镇建设模式给我们带来了什么启示呢?

（一）以“体”为基植入多元产业链

体育小镇，“特色”是关键。体育小镇的功能模块可分为核心层、外围层和相关产业层，“运营机构 + 体育运营 + 体育产业 + 体育地产”构成了上游产业层，衍生产业构成了体育特色小镇下游产业层。

例如，赛事型体育小镇通常以单一的体育活动或赛事为主，如户外运动，吸引喜爱体育的群体客户，带动周边产业发展，带动社会经济发展。这种类型的体育小镇主要结合了地理区位特征或地方体育产业特征。在产业生态链上打造单项体育赛事和单项体育赛事产业集群是体育小镇的发展特点。体育小镇建设要有完整的产业链，明确政府、社会资本、运营和开发企业之间的有效衔接和高效互动。体育小镇要发展，至少要具备产业升级、技术创新与植入、消费驱动发展三个基本条件之一。

（二）完善多元化“体育特色”消费链

体育小镇的形成，往往会受到历史、地理、人才、相关产业等多种因素的综合影响。意大利蒙特贝卢纳镇可以说是体育产业型特色小镇的典范，其围绕“运动鞋生产”这一核心主题形成了一个庞大、高效的运动鞋生产和服务集群，包括市场分析、产品研发、款式设计、配件生产、塑胶产品、机械及模具制作、打样、制鞋、营销、物流等各方面，就业人员 8 600 余名，生产量达到每年 3 500 万双，年销售收入超过 15 亿欧元。类似的案例还有很多，如瑞士滑雪胜地达沃斯、法国赛车运动小城勒芒以及美国的户外小镇等均打造了以一个核心产业为主的多元化的“体育特色”消费链。

随着我国中产阶级收入的快速提升、消费欲望的增强，特别是东部沿海地区，不论是消费能力还是体育运动需求都具备很好的基础。在这些地区，较高端的体育旅游度假市场蕴藏着巨大潜力，也是我国运动休闲特色小镇的主要市场客源地。因此，如何运用好自身优势，培育特色体育产业链，是中国体育特色小镇能否发展壮大的关键。

与国外相比，我国虽然自然资源丰富，在经济上或传统上并不逊色，但没有特别强的体育相关产业。因此，在创造体育产业项目时，首先，要注重不同业态的有机结合，以高娱乐性、低难度的设计创造适合中国人的体育产品，强化体育服务标准，培养消费者的体育爱好；其次，要以单项体育活动或赛事为核心，依托优质景区，吸引相关产业企业共同建设运营，形成体育产业集群和产业带。此外，体育产业除了整合旅游资源外，还可以整合文化、养生、养老等其他产业和功能。

（三）举办多元主题庆典活动

多元主题庆典活动不仅本身是一种重要的文化旅游吸引物，而且对延长旅游季节、扩大客源地理分布具有重要作用，也可以提升旅游区形象和促进招商引资。基础设施改造和静态吸引物的激活对体育小镇形象的整体提升和体育小镇产品的营销推广都具有不可替代的作用。因此，举办四季多样的主题庆典日益成为体育小镇运营的主要方式。小镇通过举办多主题活动，邀请行业专家、知名学者、商业精英等参观，可以与全国各地关心和支持体育发展的人士分享智慧。多主题庆典活动容易引起社会的广泛关注，可以迅速增加体育小镇的吸引力、知名度、美誉度和认可度。

（四）建立多元化的建设筹资体系

体育小镇需要以基础设施的投入为前提，但是对于一些财政实力比较薄弱的地区而言，大量的资金投入显然不太现实。因此，持续稳定的资金来源是体育小镇发展的关键。目前，地方政府也在积极推出各类体育特色小镇，相关数据显示，仅在 2016 年，国内进入建设阶段的体育小镇就已经超过 100 个，2020 年，这个热度持续升温。但是体育小镇的投资规模通常是几十亿，甚至上百亿元，政府往往处于两难的地步，一方面体育小镇必须以产业为主体，另一方面地方政府的财政债务压力过大。所以，过去城镇化推进过程中以政府出资或垫资为主的“地方债”融资模式，显然已经难以满足当今持续增长的体育小镇建设资金需求，而且如果依靠单体的公司来运行体育小镇的建设比较困难。因此，体育小镇需要建立多元化的建设筹资体系，建立以政府为引导、社会力量广泛参与的多元融资模式。引入社会资本、借助金融机构资金、保障政府政策资金支持，打通三方融资渠道，有益于最终实现体育小镇的整体推进和运营。

体育小镇投融资项目应以项目主体为依托，以未来收益和项目资产作为偿还贷款的资金来源和担保。融资安排和融资成本应由项目未来的现金流量和资产价值来决定。融资的基础是双方达成的权利义务和风险分担，包括前期的技术设计等工作，是基于体育小镇的预期收入、资产和相应的担保来融资的。首先，可以采用多种融资方式，包括银行或财团贷款、债券计划、信托计划、融资租赁、证券资产管理、基金管理、PPP 融资等。其次，引进外部资源，如发改委 PPP 项目办公室、国家开发银行、中国农业发展银行的款项等。此外，可以通过引进大量优质的 IP 资源进行融资，包括引进智力资本、引进成熟品牌等。通过建立多种融资模式，解决体育特色小镇资金不足的问题。

（五）保护体育小镇原生态自然环境

生态环境是体育小镇 GDP 的催化剂。发展体育小镇要树立绿色生态理念，完善绿色政策顶层设计，建设与运营全过程要强化绿色生态思维，产业选择须兼顾“特色”与“绿色”。发展体育小镇要牢固树立生态优先、绿色发展理念。体育小镇所要求的生态是红线、底线，也是优势所在。体育小镇要把生态文明理念和原则全面融入建设全过程和各领域，走出一条绿色、集约、智能、低碳的建设之路。小镇要创新发展绿色经济，努力实现百姓富和生态美的有机统一，真正实现低碳生活、和谐生产、宜居生态，进而还要做大做强生态优势产业，有效增加生态产品服务供给，使生态优势和产业优势逐渐形成浑然一体、和谐统一的关系，为绿色发展奠定坚实的产业基础。

体育小镇的发展不在于雄伟的建筑，而在于小巧玲珑、舒适宜人的空间环境。我们在塑造小镇空间环境的过程中，更要注意人们的感受和体验。在建筑标准和功能定位上，体育小镇强调生态的主题，强调绿色、节能，使用新材料和新技术来创建低碳、舒适、宜居的环境。体育小镇要节约使用建设用地，在规划区内推进土地混合利用；应提倡绿色交通方式，提高绿色出行比例；要有效节约和利用水资源，提倡分散化和集中化相结合的水循环工程和水生态修复技术；应采取非工程措施应对洪水威胁，确保小镇发展建设的安全；要大力推广生活垃圾分类收集和资源化利用技术，降低城镇噪声、水和空气污染。此外，我们还可以利用生态环境的恢复能力，通过引入景观生态分析技术，如影像生物多样性调查（IBE），准确地保护和培育城镇的生态环境。

（六）提升小镇好客友善的人文环境

发展体育小镇是推动生态文明建设和实现绿色发展的试验。发展体育小镇应践行“绿水青山就是金山银山”发展理念，走“生产、生活、生态”融合发展之路。体育小镇，根在文化。既拥有现代化的生活，又保留乡土温情是体育小镇对时代问题的回答。体育小镇应深度挖掘历史传统、民俗文化，彰显小镇特色，结合现代生活方式，运用创意手段，融入生态绿色的元素，物质产品与精神产品并抓。体育小镇有必要发展生态循环农业，开发特色食品、健康食品，结合生态观光、农事体验、食品加工体验、餐饮制作体验等活动推动体验式休闲度假，促进自身创新融合发展。

体育小镇在发展自身特色的过程中，应放眼世界、立足本地、联结社区、扎根生活，自觉承担起本地文化挖掘、保护、传承、创新的责任，为体育小镇提供好客友善的人文环境。

（七）构建稳定、安全的环境与高效的救援体系

体育小镇的环境安全保护工作要放在更加重要的位置。体育小镇应构建稳定、安全的环境和高效的救援体系，积极预防和妥善处理环境突发事件。各地政府和环境保护部门要切实提高环境风险防范意识，定期组织环境应急预案检查和演练。环境保护部门还应认真管理环境应急响应的全过程，定期组织大型环境风险调查活动。

综上所述，国外体育小镇的许多发展理念和实践值得借鉴和思考。我国体育小镇的建设要根据时间、地点和具体情况，循序渐进地进行。中国体育小镇不是一天建成的，这需要政府的正确引导，需要市场力量的强力推动，需要调动各方的积极性。只有这样，才能打造一个具有长久生命力和强大竞争力的体育小镇。

第六章　我国体育特色小镇建设的策略与建议

第一节 体育特色小镇建设的发展理念及思路

一、体育特色小镇建设概述

（一）体育特色小镇建设的原则

1. 坚持规划为先

建设体育小镇的规划必须处于优先的战略地位，关注体育小镇的长远发展，引领体育特色小镇的发展方向，并确保体育特色小镇建设稳步推进。科学分析体育特色小镇现有资源，准确定位，合理规划，完善城镇布局，提出清晰的发展蓝图，有利于吸引社会资本，促进体育特色小镇的和谐发展。

2. 坚持生态为基

保护和建设好生态环境，实现可持续发展，是我国现代化建设必须始终坚持的一项基本方针。体育特色小镇的建设与发展必须贯彻以生态为基础的原则，依托地方特色，遵循“生态第一、生活第二、生产第三”的发展顺序，利用自然资源，精细化建设，绿色发展，打造宜居、宜商、宜游的生态体育特色小镇。

3. 坚持产业为根

我们必须将体育产业视为体育特色小镇建设的动力源，使体育产业带动体育特色小镇发展，将体育产业的资源禀赋、区位条件与当地产业基础紧密结合，促成体育小镇特色产业。以体育产业为核心，促进产业多元化融合，形成产业区域集聚，可以有效增加就业机会，带动体育特色小镇的可持续发展。

4. 坚持民生为重

体育特色小镇的建设必须坚持以人为本的发展理念，顺应健康中国和全民健身国家战略要求，始终把保障和改善民生作为一切工作的出发点和落脚点。目前，我国各地认真落实《全民健身计划纲要》，加快体育公共服务体系建设，因地制宜，重点推进一批体育民生幸福工程，着力化解人民日益增长的体育参与需求与体育场地设施不足的矛盾。同时，我国各地要紧密结合美丽宜居乡村、运动休闲特色小镇建设，鼓励创建休闲健身区、功能区和田园景区，探索发展乡村健身休闲产业，建设运动休闲特色乡村。所以，各级政府在建设体育特色小镇过程中，要兼顾体育特色小镇的经济效益和社会效益，注重集体利益与个人利益的统一，既保持社会资本投资的积极性，又为当地民众创造更多的就业机会，积极构建民众与社会资本利益共同体。

（二）体育特色小镇建设应坚持的发展理念

1. 创新发展

创新是推动体育特色小镇自我发展的强大驱动力。建设体育特色小镇应深入贯彻创新发展理念，把创新当作城镇建设的核心，积极推进管理服务、建设模式、城乡一体化的发展创新。同时，我们应完善创新环境，制定创新激励政策，充分调动体育特色小镇企业创新积极性，把握互联网时代带来的巨大时空变化，使体育特色小镇这个体育发展新模式蓬勃发展。

2. 协调发展

协调性是体育特色小镇可持续健康发展的内在要求。体育特色小镇的建设应注意协调发展，不断提高体育特色小镇的协同作用，促进体育产业和地方产业的均衡发展，重视现代体育和民间体育的有机结合，协调城市政府、企业、人民三方关系，促进体育特色小镇的经济、社会和文化的全面发展。

3. 绿色发展

良好的生态环境是体育特色小镇发展的基本条件。体育特色小镇是体育产业与旅游产业相结合、共同发展的小镇。体育特色小镇的建设应充分保持体育产业、旅游产业的绿色低碳优势，坚持节约资源、保护环境。在小镇建设中，我们应始终坚守绿水青山的底线，倡导运动健康的生活方式，把体育特色小镇建设成美丽宜居的家园，提高人们的生活质量，倡导节能节约型体育特色小镇的建设和运营，充分发挥体育在建设资源节约型、环境友好型小镇中的潜力。

4. 开放发展

拓宽体育特色小镇市场，应紧紧抓住加快改革开放与发展这一主旋律。小镇的建设与发展需要吸引社会力量共同参与，引进各种生产要素，加强对外交流，构建一个开放的平台，进而利用小镇上的实体产品和服务产品，吸引来自省内外以至国内外的消费者进入体育特色小镇，构建体育特色小镇广泛的利益共同体，给予小镇一个广阔的发展空间。

5. 共享发展

共享是中国特色社会主义的本质要求。体育特色小镇的建设应遵循以人为本的发展思想，将改善居民生活环境、提高体育基本公共服务水平、增加居民参与体育活动的机会融入体育特色小镇建设过程中；鼓励当地民众积极开展形式多样的经营活动，多渠道提高体育特色小镇内民众的收入，提升居民生活幸福感，推动产、城、人、文互促互融新发展，增强发展动力，团结居民民齐心协力建设小镇。

（三）体育特色小镇建设的目标

全国需建成众多体育特征鲜明、文化气息浓厚、产业集聚融合、生态环境良好、惠及人民健康的体育小镇；带动小镇所在区域体育、健康及相关产业发展，打造各具特色的运动休闲与体育产业集聚区，形成与当地经济社会相适应、良性互动的体育产业和全民健身发展格局；推动中西部贫困落后地区在整体上提升公共体育服务供给和社会经济发展水平，增加就业岗位和居民收入，助力脱贫攻坚工作。

我国需将全民健身场地设施纳入各级政府经济社会发展规划和各级国土空间规划，统筹考虑全民健身场地设施、体育用地需求，制定社区全民健身场地设施配建标准和评价制度。各地方应研究完善建设用地标准，在国家土地政策允许范围内，保障重要公益性体育设施和体育产业设施、项目必要用地，并依法依规办理用地手续。

我们需将体育场地建设与各类建设结合起来，促进体育场所与生活场景的融合，让“体育”渗透到生活、商业、娱乐的各个方面，扩大体育消费范围，借此壮大体育产业。具体如加强城市绿道、健身步道、自行车道、全民健身中心、体育健身公园、社区文体广场以及足球、冰雪运动等场地设施建设，与住宅、商业、文化、娱乐等建设项目综合开发和改造相结合，合理利用城市空置场所、地下空间、公园绿地、建筑屋顶、权属单位物业附属空间等。

我们要紧密结合美丽宜居乡村、运动休闲特色小镇建设，鼓励创建休闲健身区、功能区和田园景区，探索发展乡村健身休闲产业，稳步推进既定目标达成。

依据上述建设目标，体育特色小镇要具有以下明显的特征。

（1）特色鲜明的体育产业形态。聚焦运动休闲、体育健康、体育用品制造、体育赛事等主题，形成体育竞赛表演、体育健身休闲、体育场馆服务、体育培训与教育、体育传媒与信息服务、体育用品制造等产业形态。

（2）深厚浓郁的体育文化氛围。具备成熟的体育赛事组织运营经验，经常开展具有特色的全民健身品牌赛事和活动，以独具特色的运动项目文化或民族民间民俗传统体育文化为引领，形成运动休闲特色名片。

（3）与旅游等相关产业融合发展。实现体育旅游、体育传媒、体育会展、体育广告、体育影视等相关行业共享发展，体育与旅游、文化、养老、教育、健康、农业、林业、水利、通用航空、交通运输等行业融合发展，打造旅游胜地。

（4）禀赋资源的合理有效利用。自然资源丰富的小镇依托自然地理优势发展冰雪、山地户外、水上、航空等运动项目；民族文化资源丰富的小镇依托人文资源发展民族民俗体育文化。大城市周边重点镇加强与城市发展的统筹规划，与体育健身功能配套；远离中心城市的小镇完善基础设施和公共体育服务，助力农村体育事业的发展。

二、体育特色小镇建设的基本要求

（一）打造体育特色产业

我们应根据资源禀赋和区位优势，准确定位产业布局，合理规划产业结构，大力实施“一镇一策”，精心打造特色鲜明、优势突出的主导产业。加快发展新兴产业及促进传统产业升级，推动产业向着特、精、强发展，不断优化经济结构，提高发展效率，创造大量财税和就业机会。加强校企合作，产学研结合，产教结合，培养体育特色产业发展所需的各类人才。深化以企业投资为主体的市场主体培育，培育一批市级以上体育特色优势产业项目。引导企业按行业、品种进行市场调研，培育体育自有品牌，增加行业附加值和产品市场份额。充分利用“互联网+”等新兴手段，推动体育产业链向研发、营销延伸。有条件的体育特色城镇要积极吸引高端元素集聚，发展先进制造业和现代服务业。

（二）营造宜居环境

牢固树立“绿水青山就是金山银山”的绿色发展理念，探索生态文明建设新模式。结合周边自然环境和地域特色，开展“不砍树、不挖山、不填湖”的村镇建设与改造活动，塑造典型的城镇风貌。确定镇区生态环境保护和建设目标，开展江河湖泊、绿化、环境等保护、整治和建设工作，保护地形地貌、江河湖泊、森林植被、动物栖息地等自然景观，开展水土保持、污染防治等工作。致力于自然及乡村景观保护及修复工作。对老城区进行有机更新，逐步改善老城区的生产生活环境。推进城镇风貌综合治理，重点对城镇出入口、车站广场、交易市场、道路占用作业、沟渠池塘、环境卫生、垃圾污水等进行治理。鼓励开放式住宅社区建设。鼓励符合条件的小城镇按照不低于3A级景区的标准规划建设特色旅游景区。

（三）彰显特色文化

充分挖掘、整理、记录地方传统文化，保护和利用好历史文化遗产，在经济发展和社会管理中充分弘扬优秀传统文化，形成独特的地方文化认同。制定历史文化遗产、历史文化街区、风景名胜区等相关保护措施，制订传统村落保护发展规划，完善历史文化名村、传统村落、民居名录，建立健全保护监督机制。保护特色，挖掘文化内涵，抒发思乡之情，打造具有历史记忆、文化脉络、地域特色的体育特色小镇。加强规划管理，节约集约利用土地，推进社区式住区布局，开展民居、商铺、院落风貌整治，突出传统文化和地域特色进行建筑改造，防止外来建筑风格破坏原有风格。开展城乡社区文化、主题文明教育和农村公益性文化事业，更新居民思想观念，增强他们的法治意识，大力提高居民思想道德文化素质。

（四）完善设施服务

全面提高特色城镇的建设水平和人民的生活质量，改善农村基础设施投资长效机制，促进城镇公共服务向农村延伸，加快改善道路、供水、供电、供气、广播电视、排水、防洪、农贸市场、垃圾处理、污水处理、公共交通、通信网络等设施，逐步实现城乡基本公共服务体系一体化和标准统一。加强小城镇信息基础设施建设，加快光纤入户进程，加强步行、自行车等慢行交通设施建设，推进公共停车场建设。做到生活污水综合收集达标，生活垃圾100%无害化处理，道路交通停车设施齐全便捷，防洪、排水、消防等各项防灾设施达标。实施医疗卫生服务改善计划，加快义务教育学校标准化建设。推进教育、医疗、文化、商业等公共服务覆盖农村，服务质量较高。利用小城镇基础设施和公共服务设施，促进农村人居环境质量的全面提高。

（五）创新体制机制

进一步创新发展理念和发展模式，提高社会管理服务水平，积极探索对自治区、市、县的支持政策。深化简政放权、放管结合、优化服务改革，加快转变政府职能，提高政府效能，消除体制机制障碍，增强创新能力，激发内生动力。提供创新创业服务，深化投资便利化、负面清单管理等改革创新。充分发挥社会力量的作用，充分调动各方积极性和创造性，最大限度地提高市场参与者的活力和企业家的创造力，并鼓励企业、其他社会组织和公民积极参与投资、建设、经营和管理特色城镇。创新规划建设管理方式，试点多种制度，推进公共服务覆盖农村，促进产业发展合理布局，经济要素有序流动，城乡协调发展和村镇功能融合。建立低效土地再开发激励机制，完善农村土地承包经营权、宅基地使用权、进城农民集体收入分配权的自愿有偿流转和退出机制。探索利用国家、声（直辖市、自治区）、市级科研项目资金支持特色小镇企业研发平台建设，引导企业开展产品研发创新，支持企业研发成果转化。

（六）落实基础保障

1.落实经费保障

县级政府是体育特色小镇建设经费的筹措主体，要建立“以县为主、乡镇为辅、区市奖补”的经费保障机制。设立体育特色小镇产业发展基金或风险资金，提供企业融资服务和创业补贴。按规定计提各项基金后的土地出让金净收益全部留镇用于公共设施建设，而体育特色小镇年度考核不合格的，对其当年建设不予奖励。

2.充分利用土地政策

坚持节约集约利用土地的原则，支持地方在自治区年度新增建设用地规划中安排一定数量的体育特色城镇建设用地规划，优先安排，充分保障。通过开发利用低丘缓坡、荒滩等未利用土地，对废弃工矿用地进行复垦利用，城乡建设用地增减联动，扶持符合条件的体育特色城镇。体育特色小镇现有行政划拨土地，经县级以上国土资源和城乡规划部门批准，经县级以上人民政府批准，可以按照规划转为经营性用地。

（七）强化运行监管

1. 日常运行

坚持政府引导、企业主体、市场运作，做好建设专项规划和工作方案编制、市政公用设施配套、项目监管、文化内涵挖掘、生态环境保护、统计数据审核上报等工作。

2. 动态监管

以年度统计数据、项目推进情况为依据，评出年度优秀、合格、不合格特色小镇。对年度考核优秀的体育特色小镇，落实财政、土地扶持政策并予以适当奖励，推荐上报全国体育特色小镇；对年度考核合格的体育特色小镇，落实自治区级财政扶持政策；对年度考核不合格的体育特色小镇，次年取消其自治区级财政扶持政策。

3. 联动指导

前期辅导、协调指导、日常督查和协调政策须切实得以落实。各市要加强对所辖县（市、区）体育特色小镇规划、申报、建设等工作的督促和指导，各县（市、区）明确责任、分工合作，形成自治区、市、县联动推进的工作机制。

4. 期末验收

完成专项建设规划确定的各项目标，确保真正符合体育特色小镇的内涵特征，在社会上有较大的知名度，在行业内有一定的公认度，并组织有关成员单位实地察看。

三、体育特色小镇建设的主要任务

（一）基础设施建设

1. 优化道路基础设施

持续加大财政投入，对现有道路进行扩建、改造、升级，不断提高道路建设标准。规划建设一批战略性的道路基础设施，构建完善的道路交通网络体系。创新管理模式，破除行政壁垒，提高道路基础设施的服务水平，加强道路安全防护，严格保障道路交通与运输的安全。加快道路信息化监控体系建设，强化小镇安全监控能力，打造体育特色小镇智慧交通，为进入体育特色小镇的消费者与企业等群体创造良好的交通环境。

2. 健全基础设施体系

推动城乡协调发展，健全城乡发展一体化体制机制，长期投入健全农村基础设施，推动城镇公共服务向农村延伸。加大财政投入，着力对小镇的供水、供电、排水等基础设施进行改造、升级，以保障体育特色小镇的正常运行；鼓励和引导民营企业开展服务行业经营活动，如住宿、餐饮、洗浴、超市等，满足游客和当地民众的需要；加快信息通信相关基础设施的建设，有效扩大小镇光纤网、宽带网的覆盖范围，在此基础上借力“互联网 +”促进小镇的信息化水平提升。

3. 加快体育基础设施建设

统筹规划建设体育基础设施，着力增加人均体育场地面积。优化体育基础设施投资结构，积极引导社会资本入驻，落实地方财政优惠政策。构建体育特色小镇的县（市、区）、街道（乡镇）、社区（村）三级群众健身场地设施网络，加强健身步道、骑行道、全民健身中心、体育公园、社区多功能运动场等切合体育小镇特色项目的场地设施建设，推进建设体育小镇社区 15 分钟健身圈。鼓励学校和企事业单位体育场地设施分时段向社会免费或低收费开放。采用节能的材料，加强日常体育基础设施的管理与维护。

（二）治理自然环境

全面贯彻落实科学发展观，牢固树立创新、协调、绿色、开放、共享的发展理念，深刻认识生态文明建设在实现五位一体发展过程中的重要性。各级政府在建设体育特色小镇过程中需加大环境治理力度，深入实施水污染、土壤污染防治行动计划，认真落实相关政策规定，始终把治理自然环境当作主要任务。

1. 水土环境治理

认真落实《水污染防治行动计划》《土壤污染防治行动计划》等政策，鼓励多部门联合执法，将水污染治理与土壤污染治理有机结合。加大对相关环境保护政策的宣传力度，增强群众的环境保护意识。加快污水处理设施建设与改造，并制定相关标准，严惩违反相关规定的企业。提升土壤环境信息化管理水平，加强土壤相关指标数据的收集，建立土壤污染数据库与信息共享平台，充分发挥土壤环境大数据在水土污染治理过程中的作用，使体育特色小镇能够在良好的环境下建设运营。

2. 大气污染防治

认真落实《大气污染防治行动计划》相关规定，加强企业大气污染综合治理，加大高效节能环保型生产资料研发的投入。在体育小镇建设过程中全面推行清洁生产，减少生产和使用过程中挥发性有机物的排放。广泛动员社会参与，积极开展多种形式的宣传教育，普及大气污染防治科学知识。

3. 生活垃圾处理

加大生活垃圾处理设施建设的投入，实现城镇垃圾处理设施全覆盖。加大关于生活垃圾处理重要性的宣传力度，提升人们的环保意识。加大处罚力度，对违规人员进行相应处罚。充分利用现代科学技术，鼓励人们对生活垃圾进行分类回收，积极运用新技术实现生活垃圾的循环利用。

（三）涵养人文资源

1. 注重民俗文化

深入挖掘体育特色小镇传统的民俗文化，加强对体育小镇传统文化的传承与保护，将小镇的传统民俗文化融入小镇的一砖一瓦中，彰显小镇的文化特色，形成小镇鲜明的文化个性。引导小镇民俗文化与新文化融合，不断创新改革，增强其生命力，与时俱进地营造体育小镇的特色文化氛围。

2. 彰显地域特色

依托体育小镇的区域特征，在保留地域特色的基础上进行相应改造，着重凸显含有当地地域特色的标志性建筑等小镇元素，设计输出含有地域特色的文创产品，打造令人印象深刻的小镇形象。把握体育小镇的人文特征，注重小镇当地居民传统习俗的延续，将传统习俗活动融汇于各种生产经营活动，保留体育小镇的地域文化，彰显体育小镇的地域特色。

3. 培育体育文化

创新社区体育制度，扶持各类体育社团，丰富社区体育活动，充分调动居民参与社区体育的积极性。建立“阳光体育”制度，保障小镇儿童以及青少年定期进行体育运动，从小培养健康的运动习惯。引入职业体育赛事，依托体育

IP 良好的群众基础，更好地发展体育小镇的体育事业。积极引入合理的现代体育运动项目，结合小镇特色文化与小镇运动项目的特点培育体育小镇独特的体育文化。

（四）培育体育产业

体育产业是当前我国经济社会建设中最具活力和发展潜力的朝阳产业、绿色产业，培育体育产业是体育小镇建设的主要任务。

1. 优化市场环境

发挥市场在资源配置中的决定性作用，坚持市场运作。落实和完善财税政策，加强财政支持力度，各级政府应将体育小镇建设所需要的资金优先纳入预算当中。强化产业政策引导，充分发挥产业政策对体育小镇建设的重要指引作用。

2. 培育多元经营主体

强化政策扶持，创新体制机制，积极培育多元经营主体。鼓励体育小镇以资源、技术、产品等为链接，开展多种形式的合作，扩大自身生产规模以及产业规模。依托政府以及体育小镇的资金、技术、管理系统、市场等优势，带动体育产业的发展。

3. 扩大体育供给

充分发挥国家、政府以及体育小镇等多方面优势，同时明确界定各供给主体的职责。加强体育产业统计体系建设。全面提高体育供给内容质量，不断创新体育供给方式，逐步推进体育小镇体育供给的专业化、市场化。

4. 引导体育消费

努力培育消费主体，不断扩大体育消费群。充分发挥媒体传播的作用，积极提倡和鼓励当地居民进行体育消费，改变体育消费观念。大力发展体育产业，引入先进的市场营销模式，开发符合消费者消费水平的产品，从而引导消费者树立正确的消费观。

5. 完善体育产业链

体育小镇发展构架具有聚集特性，是产业链构建的基础。充分挖掘基础条件，举办精彩赛事、户外运动等体育活动，不断完善体育场馆开发。通过投资企业的多方式融资，体育公司的赞助以及政府的支持，不断完善体育小镇的运营模式。以论坛展览、文艺演出等形式打造优良的公共服务。提供休闲运动、购物娱乐等场所，设立健康体检中心、运动康复中心，带动体育小镇旅游行业的发展。

第二节　体育特色小镇建设的现状及问题

一、体育特色小镇建设的现状与发展形势

（一）体育特色小镇建设的现状

在国家政策扶持和社会资本的推动下，体育特色小镇日渐成为我国体育产业发展的新势力，为我国体育产业的发展和群众体育的开展开辟了新渠道。在住房城乡建设部、国家发展改革委、财政部联合发布《关于开展特色小镇培育工作的通知》之后，国家体育总局印发《关于推动运动休闲特色小镇建设工作的通知》，我国体育小镇的建设在全国各地广泛开展。当前我国体育小镇的建设状况主要体现在以下四方面：一是数量上激增。目前，全国所有省份均十分重视体育小镇建设，各地体育小镇呈现蓬勃建设和发展态势。2017 年 8 月 10 日，国家体育总局通过对有关直属单位和中国足球协会推荐的运动休闲特色小镇申报项目进行筛选，公布了首批 96 个体育特色小镇试点名单。其中，北京、湖北和河北入选数量最多，各有 6 个项目；山东、湖南以及广东各有 5 个项目入选；上海、江苏、广西、重庆、四川、云南分别有 4 个项目入选。据调查，截至 2017 年 10 月 30 日，已开发或正在开发的项目有 80 多个，2018 年度最佳运动休闲特色小镇评选首批入围名单中上榜的体育小镇有 8 个。浙江省的莫干山小镇、柯桥酷玩小镇、浙江金华新能源汽车小镇和浙江莱茵达女子足球俱乐部训练基地均上榜，浙江省的数量占全部体育小镇的 50%。我国体育特色小镇市场规模由 2015 年的 1 034 亿元增长到 2019 年的 6 809.6 亿元，年均复合增长率为 60.2%。随着政府支持力度的增大，以及居民消费水平的提高，未来体育特色小镇行业将蓬勃发展。二是地域分布上逐渐向全国扩展。尽管体育特色小镇起源于江浙等东部沿海经济发达省份，但体育特色小镇建设对内涵特色的需求，已使得具有特色体育资源的西南、西北、东北等地成为体育特色小镇建设的后起之秀，如安徽、四川、河南、河北、辽宁等地均建有体育特色小镇。三是体育特色小镇类型日益多元化。我国体育特色小镇起初以户外运动类

型为主（足球、滑雪等），现已逐渐形成赛事型、康体型、休闲型、产业型等多个类型。四是社会资本广泛参与。体育特色小镇的建设不仅为政府运用社会力量发展体育事业搭建了新平台，也为社会资本投入体育产业创造了新机遇。

（二）体育特色小镇建设的发展形势

供给侧结构性改革是我国当前经济工作的主线，是解决国内产能过剩、优化产业结构的必要手段。体育特色小镇建设作为我国经济社会建设的新形式，对增加体育产品供给，满足人民群众日益增长的体育需求，化解国内基础设施产能过剩，优化经济产业结构具有积极作用。同时，体育特色小镇建设也要实施创新驱动发展战略，践行创新、协调、绿色、开放、共享的发展理念。体育特色小镇建设紧跟当前我国经济社会发展的新形势，面临着重大的发展机遇，必将成为我国体育产业未来发展乃至社会经济发展的一个新的增长点。

二、体育特色小镇建设现存问题及原因

（一）过度依赖旅游产业，主导产业模糊

在当前体育特色小镇建设中，“旅游产业”几乎都是体育特色小镇的主业。体育特色小镇的发展模糊了体育产业的主导地位，忽视了体育产业和文化、健康、休闲等产业的融合发展。这一发展倾向不符合体育特色小镇发展的本质要求。“特色”是体育特色小镇建设的灵魂和核心。大力发展特色产业，融合旅游、休闲、文化，坚持“体育产业”为主体，“旅游产业”为补充，才是小镇发展的正确方向。

四川省峨眉山黄湾武术文化小镇位于峨眉山脚下。依托世界文化遗产峨眉山风景名胜区的知名度，黄湾武术文化小镇的发展取得了一定的成效，但武术这一特色运动并没有完全融入小镇。在小镇建设中，小镇缺乏与武术相关的特色体育项目，小镇的功能分区几乎都是由旅游业决定的。南京汤山温泉小镇拥有世界著名温泉小镇和国家级旅游度假区双重定位，以国家级旅游度假区吸引游客。目前，部分体育特色小镇没有充分发挥自身的体育特色优势，自身定位不明确，自身潜力未得到充分挖掘。他们错误地认为旅游业是小镇发展中的主导产业，这样小镇的发展是片面的，主导产业是模糊的。政府的体育特色小镇发展规划和顶层设计没有明确小镇发展的“特色”是什么，对体育特色小镇的

主导产业定位不准确，过度依赖旅游业带动区域经济发展，忽视了体育特色产业的核心作用。尽管体育特色小镇的发展离不开与旅游产业的融合，但旅游要素的作用不能被夸大，不能将体育特色小镇建设成一般的旅游景区。体育特色小镇的长远发展必须以“特色”为支撑，以体育产业为主体，以旅游、文化、健康为补充。

（二）忽视差异定位，小镇同质化现象严重

旅游度假功能、产业培育功能和生态居住功能是我国体育特色小镇建设的重点，一些地方在规划设计体育特色小镇时，没有考虑到小镇功能融合的重要性，导致小镇功能叠加不足[①]。我国大多数体育特色小镇的产业类别多有雷同，出现行业类聚化、资源同质化的问题。体育特色小镇走“体育 + 旅游”的融合发展道路，但是体育产业与旅游、文化、社区功能融合不足，加之各个体育特色小镇有雷同的产业项目，容易形成“千镇一面”的局面。从全国来看，足球小镇数量大约有 20 个，马拉松小镇、冰雪小镇都有数十个，冰雪小镇大多都是互相复制，缺乏特色，小镇同质化现象严重。同一地区体育特色小镇项目雷同。譬如，北京槐房国际足球小镇投资建设冰雪谷项目，发展冰雪运动，但是在海淀区建设有上庄冰雪小镇，河北张家口有崇礼太舞冰雪小镇，东北地区建设多个冰雪小镇，而它们事实上主要的运动项目都是滑雪运动，并无太大区别，也不能定位为冰雪小镇。体育特色小镇的发展情况深受小镇选址的影响，同一区域多个小镇雷同，势必导致行业类聚化现象发生，因此同一地区应当尽量避免同类型体育特色小镇建设，规避小镇同质化风险，以免造成恶性竞争的不良后果。造成体育特色小镇功能叠加不足以及小镇同质化问题的原因主要是，小镇在规划设计上忽视了差异定位的重要性，未能发挥特色小镇的竞争优势。如果不能打响体育特色小镇“特色”品牌，对体育特色小镇进行品牌差异化定位，把小镇体育特色产业的核心优势和个性差异转化为小镇品牌，就会影响小镇未来的发展道路，导致体育特色小镇没有特色，没有核心和灵魂，小镇产业与功能脱离实际情况，丧失小镇应有的竞争优势。

---

① 占献骁．浙江省特色小镇建设存在的问题及对策研究 [J]. 现代商业，2017(33):190-191.

（三）小镇房地产化、商业化倾向严重，盲目跟风建设

体育特色小镇是以健身休闲、体育健康、旅游休闲、养老文化、宜居为主题和特色的空间区域和发展平台。体育特色小镇是生态型、生活型的城镇。除了产业和旅游功能外，城镇还应突出社区功能。社区功能不是房地产功能，更不是商业区功能。部分地区将体育特色小镇建设转变为房地产开发，盲目发展，国家财政计划用于体育特色小镇建设的经费被用于旧城改造。小镇建设的生态环境基础完全被忽视，一些经济发展水平较低地区盲目建设不符合实际情况的具有体育特色的小镇。部分房地产企业名义上以“产业、文化、社区、旅游”的功能投资体育特色小镇，事实上它们正在打着建设体育特色小镇的旗号进行房地产开发。“拿钱买地”并不能真正实现体育特色小镇的功能。譬如，南京市汤山温泉小镇的汤山新城土地规划中，居住用地占 20.69%，商业用地占 31.59%，居住和商业用地占了 50% 以上，有一定房地产化倾向。小镇内商业化气息严重，不完全符合小镇的公益性特征。

随着国家提倡建设体育特色小镇，各地掀起了一股体育特色小镇建设的热潮。在第一批运动休闲特色小镇试点项目名单中，各省份均有项目入围。体育特色小镇的发展应立足于“培育”，而不是“建设”。每个小镇都应该有独特的特点，不能复制。它必须以当地的“特色产业”为支撑，复制和克隆其他体育特色小镇不可能使小镇长期可持续发展。每个地区的体育小镇都有自己独特的文化内涵。小镇实现规划设计不能由房地产企业和政府来主导，必须在民间艺术家和文化学者的参与下进行多方论证，一起参与城镇建设规划。目前，体育特色小镇的建设还没有一套严格的标准，各地区的自然条件、历史文化、经济发展和民族特点各不相同。浙江特色小镇的建设值得借鉴，但不能以其为唯一标杆，而必须立足于小镇自身的独特之处，要依据小镇独特的自然、地域和文化特色，因地制宜，邀请民俗艺术家、学者参与小镇的设计，做到一镇一面。特别要警惕小镇房地产化的倾向，避免小镇过度商业化，维护小镇的公益性和纯洁性。

（四）政府行政干预过当，缺乏理性规划指导

各地政府和企业对体育小镇的相关政策存在误解。它们认为体育小镇建设是政府投资开发的“新项目”，与政府的成就密不可分。部分地区政府将体育特

色小镇作为短期政绩工程，过多地进行行政干预，大包大揽，政府承包投资风险低的垄断性项目，将风险高、周期长、难度高的项目直接交给企业，同时将政府应当建设投资的公共基础设施项目也转嫁给企业，增加企业负担。政府行政干预过当，市场主体定位错误，政府与市场主体关系不明确，缺乏长期良性互动机制等，众多问题不容忽视。政府承接体育特色小镇建设，不能取代市场和企业的作用。体育特色小镇的健康发展离不开多元化的市场主体参与。政府要结合区域社会发展，考虑到区域的经济、历史和文化条件，尤其是少数民族地区，必须与民族传统文化相结合，传承民族传统体育，合理规划体育特色小镇的建设，引导当地居民参与体育特色小镇建设，使他们成为小镇建设者、参与者和成就拥有者，进而抓住体育特色小镇建设机遇，增加收入来源，实现脱贫致富。

目前，体育特色小镇的建设刚刚起步，国内没有成功的经验可循，其建设还在摸索之中，政府应与社会多元主体共同建设体育特色小镇，合理规划设计，听取专家学者意见，不断优化设计，增强小镇建设的合理性。体育特色小镇的建设应由市场主导，企业为主体，政府起引导作用，但政府和企业职责不明确，过度干预小镇建设，将体育特色小镇建设作为获得国家财政补贴资金的手段，因而不能正确引导体育特色小镇建设，忽视了体育特色小镇的公益性特征。体育特色小镇的建设要求政府引导编制体育特色小镇的规划、完善基础配套设施、提供资源要素保障，充分发挥企业的主体作用，这样才能真正建设好体育特色小镇①。

第三节　体育特色小镇建设的对策与保障体系

一、体育特色小镇建设的对策

（一）突出小镇发展特色，形成产业链和服务圈

“特色”是体育特色小镇发展的核心，体育特色小镇如果没有特色，或者

① 朱莹莹．浙江省特色小镇建设的现状与对策研究——以嘉兴市为例 [J]. 嘉兴学院学报，2016，28(2):49-56.

所有体育小镇千篇一律，“千镇一面”，体育休闲项目雷同，就会造成全国体育特色小镇同类竞争、恶性竞争，使体育特色小镇建设违背初衷，失去意义。因此，各地应找准和凸显体育产业特色，选择差异化的体育产业跨界融合路径，使体育特色小镇形成各自特色，避免同类竞争。

搞好体育特色小镇的建设项目，就要突出体育项目，发展拥有广泛覆盖面和独特鲜明特点的运动，如冰雪运动、户外运动、水上运动等，同时要部署多个体育休闲项目，形成一个独特的体育产业链条，另外还要将各种公共体育服务结合起来，形成一个公共服务圈，积极完善体育休闲设施，满足不同人群的体育消费需求。体育特色小镇的体育产业定位应明确，体育产业不是一个孤立的产业形态，而应与旅游、文化、健康、科技等产业相结合，延伸体育产业价值链，增加体育产业的附加值，转变体育产业自主发展的产业形态，推动小镇由自主发展向区域一体化发展转变，从传统旅游向“体育 + 旅游”一体化发展模式转变。坚持共建共享，进一步优化完善体育特色小镇建设规划，不断注入新的活力，结合地域特色和民族特色，传承民族传统体育文化，释放体育赛事的助推效应，增加体育产业的附加值，为体育特色城镇的发展开创新局面。

（二）重视生态文明建设，合理开发小镇旅游资源

冰雪、湿地、森林、草原等自然资源都是发展户外运动和体育休闲产业的良好自然条件。我国大多数自然资源丰富的地区经济发展相对落后，交通不便，呈现贫困状态。建设体育特色小镇必须依托当地的自然条件和生态环境，合理高效利用自然资源禀赋，注重生态文明建设，促进体育特色小镇的可持续健康发展；合理开发体育特色小镇旅游资源，利用体育旅游带动体育消费和旅游消费，增加当地居民收入来源，创造就业机会，促进区域经济和社会发展；加强对体育小镇生态文明建设的总体设计和科学规划，树立社会主义生态文明理念，促进人与自然和谐发展。

体育特色小镇集“生活、休闲和健身”于一体，促进生产、生活、生态“三生融合”，因此我们应深入挖掘其发展潜力，开发旅游资源，科学、合理规划布局，让体育特色小镇成为一个“永动机”，促进体育产业与经济社会共同发展。在新型城镇化背景下，体育特色小镇是改变贫困落后地区面貌的重大历史机遇。开发生态旅游资源，必须注重生态文明建设，坚持环境保护，坚持

科学发展和可持续发展，将自然景观与人文景观结合起来，把它们放在同样的位置，继承中国优秀传统文化，合理、合法地开发自然资源。资源禀赋是体育特色小镇建设的基础，体育产业是体育特色小镇发展的突破口。

（三）走新型城镇化发展道路，提高城市综合承载力

体育特色小镇要实现长期可持续发展，必须走新型城镇化发展道路。新型城镇化是现代化发展的必由之路。我国经济社会发展的巨大潜力和动能在于新型城镇化，新型城镇化是我国经济发展的一项民生工程，是供给和需求之间的连接线。国家建设体育特色小镇，使小镇挑起了推动传统体育产业转型升级的重担。同时，我国要培育新型体育产业，提高体育特色小镇的竞争力，最终必须在现代城市体系中体现出来。农村贫困化是在城乡二元结构体系下发生的一个严重的社会问题，即农村的衰落或发展滞后已成为影响城乡协调发展和农村可持续发展的主要因素。

体育特色小镇具有经济驱动的特点。体育特色小镇建设所带来的经济价值能够产生经济辐射效应，带动周边城镇经济社会发展。体育特色小镇是连接城乡的纽带。体育特色小镇建设可以协调城乡发展，促进城乡综合配套设施的完善，降低新型城镇化的社会成本。体育特色小镇的经济辐射效应，可以带动农村发展，促进城乡共同发展，提高新型城镇化的质量和水平，使城乡之间相互补充、相互促进的良性循环得以形成。要建设体育小镇，政府必须进一步完善基础配套设施建设，提高城市整体的承载能力，完善公共交通、水利、电力等基础配套设施，建设标志性建筑等。利用好体育特色小镇的经济辐射效应，能够大大减轻政府民生工作的压力，提高农村和城市地区的特色竞争力，解决居民的生活和就业等民生问题，弱化大城市“资源中心”地位，促进区域均衡发展，加快我国新型城镇化建设。

（四）加强政府管理扶持力度，协调多元主体共同参与

政府是体育特色小镇建设的指挥官和管理者。体育特色小镇的资金来源在很大程度上取决于国家财政支持。经济基础决定上层建筑。体育特色小镇的建设必须在政府的引导下进行。在新型城镇化和经济供给侧改革的背景下，要最大化地发挥体育特色小镇的作用来促进经济和社会发展，政府必须加强对体育特色小镇的支持，建立体育特色小镇建设专项资金，给予体育特色小镇发展的

空间，科学规划体育特色小镇的发展蓝图，同时对体育特色小镇设定1～2年的培育期，并在培育期满后对小镇进行评估考核，对于验收不合格的取消体育特色小镇建设资格，从而提高体育特色小镇建设的质量和水平，促进小镇长远可持续发展。

政府主要在体育特色小镇建设中发挥引导作用，建设主体应为企业，同时体育特色小镇建设要坚持以民生为本，以体育产业为导向，坚持市场化运作，充分发挥市场在资源配置中的决定性作用，重视价格的杠杆作用和引导作用，避免重复建设，减少无效供给。政府要为体育特色小镇建设提供免税或减税优惠政策，为企业参与体育特色小镇建设降低准入门槛，放松市场准入条件，简化申请程序，并为企业开辟“绿色通道”；创新培养市场实体参与体育特色小镇建设，吸引各方投资，引入PPP模式解决在体育特色小镇建设中资金短缺的问题，扩大小镇的融资渠道，减少政府的财政压力，优化体育特色小镇产业结构，激发体育产业发展的活力。体育特色小镇建设资金投入大，效益回收周期长，仅仅依靠国家和地方政府的财政支持远远不能保证可持续发展。因此，引入社会资本和金融机构资金，将多个投资平台的利益进行捆绑，共担风险，共同受益，能够缓解政府的财政压力，为政府债务松绑，为体育特色小镇的发展提供强有力且稳定的资金支持，进一步促进小镇的体育特色产业发展。

二、体育特色小镇建设的保障体系

（一）创新体制改革，服务小镇建设

稳步推进行政管理体制改革，促使政府职能由管理型向服务型转变。创新行政管理体制，建立适合体育特色小镇建设发展的政府管理机制。建立新型产权制度，兼顾集体和个人利益，鼓励政府和社会资本以合作模式建设体育特色小镇。改革和创新财税体制，打破现有政策壁垒，为体育特色小镇建设提供适当的财政补贴，为体育特色小镇经营提供减税或免税支持。改革创新金融体制，降低体育特色小镇投融资门槛，设立专项投融资基金和融资平台，积极引导社会资金投入体育特色小镇建设。落实《关于完善农村土地所有权承包权经营权分置办法的意见》，在坚持农村土地集体所有权根本地位的基础上，改革

创新土地管理使用办法，加快放宽土地经营权，为体育特色小镇建设用地留出足够政策空间。

各级地方政府根据各个地区社会和经济发展实际情况，遵循国家有关部委对体育特色小镇建设的指导精神，制定符合当地社会经济发展水平的支持政策；积极寻求与相关部委的合作，研究出台促进体育特色小镇建设的税费价格、土地使用、投资和融资等相关政策和措施，不断完善体育特色小镇建设政策体系，为体育特色小镇建设扫清制度障碍，争取优惠政策支持，认真落实国家关于体育特色小镇建设的指导意见。

（二）构建评价体系，引导小镇建设

注重体育特色小镇建设的实效性，构建符合我国体育特色小镇实际的评价体系，充分发挥评价体系对小镇建设的指导作用。对目前我国体育特色小镇建设内容进行总结和提炼，总结出我国体育特色小镇建设的共同点，并将其纳入我国体育特色小镇评价指标体系。根据各体育特色小镇的不同特点，制定科学合理的评价方法。树立科学的评价观，坚持以评价促建设、评价与建设相结合的方针，让评价指导体育特色小镇建设。实行评价意见反馈制度，使评价体系真正成为体育特色小镇建设的指挥棒。

（三）加强法治建设，优化法治环境

全面推进中国法治建设，着力加强法治新农村建设，着力解决“法不下乡”问题，切实改善体育特色小镇法治环境。加强农村立法工作，填补“三农”领域法律空白，完善农村法律体系，确保体育特色小镇建设有法必依。加强法治宣传，增强公众法治意识，建立政府信息公开制度，保护公众的知情权，消除体育特色小镇建设过程中的权力寻租和腐败现象。加大对违法违纪行为的惩处力度，净化市场环境，坚决取缔违法违规的市场行为，确保体育特色小镇有序运行。

（四）重视人才培养，强化智力支撑

认真落实《全国体育人才发展规划（2010—2020 年）》，科学研判体育特色小镇建设、运营所需人才的能力结构，充分发挥高等院校的智库作用，加强同相关院校的合作，为体育特色小镇的发展定向培养相关专业型、复合型体育人才。依托现有的“体育产业人才发展服务中心”，协助企业、高校与体育特

色小镇有效对接，推动“校、企、镇”之间的协同发展。重视对现有从业人员的再培训工作，不断提升体育特色小镇工作人员的业务素养与服务水平。完善体育特色小镇人力资源的培育、管理、激励机制，支持具有从事体育活动经历的社会人员投身体育特色小镇的建设，为体育特色小镇的建设提供智力保障与支持。

（五）加强行业管理，监督行业发展

完善体育特色小镇的多方管理机制，全面监督产业有序发展。结合体育产业和特色小镇发展的相关政策，制定全面的体育特色小镇产业法律法规，加强对体育特色小镇的宏观管理。倡导部门间合作和信息共享，建立体育特色小镇多方管理机制，共同监督体育特色小镇的建设与发展。推进体育特色小镇的自我管理，鼓励体育特色小镇建立行业协会，制定行业规章，充分发挥行业协会在体育特色小镇发展中的作用。加强体育特色小镇产业统计，结合评价体系，有效监控体育特色小镇相关指标，定期发布体育特色小镇的相关统计数据。

（六）深化思想认识，强化组织领导

各级体育行政部门必须充分认识体育特色小镇建设对我国体育产业发展乃至健康中国建设的重要性；要把体育特色小镇建设当作目前的一项重要任务，跟上体育发展的步伐，积极协助解决体育特色小镇建设中存在的问题。各级体育行政部门应根据本地区的实际情况，建立一个专门的体育特色小镇建设领导小组，设立引导基金助推体育特色小镇建设，对具备潜质的小镇进行规划建设。改善计划实施和监督机制，确保建设一批拥有独特体育产业的体育特色小镇。

第七章　我国体育特色小镇建设实践性研究

第一节　广东地区体育特色小镇建设的实践

一、湛江市南三镇运动休闲特色小镇

（一）湛江市南三镇运动休闲特色小镇基本情况

2017 年 8 月，南三镇运动休闲特色小镇试点项目被国家体育总局纳入全国第一批运动休闲特色小镇试点项目。根据规划，该运动休闲特色小镇将选址于南三镇东北角，投入 50 亿元，用地面积约 6 平方千米，已于 2020 年初步建成。该小镇拥有运动康复中心、房车露营基地、体育运动主题酒店、国际帆船港、铁人三项训练基地、体育培训学校、摩托艇基地、皮划艇基地、滨海风情酒店等完善的设施，具备举办国家级赛事的能力。

据了解，南三镇拥有绵长宽阔的沙滩海岸线、平静的港湾海面以及波涛汹涌的外海海域，小镇探索旅游 + 体育发展模式，策划利用全长 42 千米的环岛公路进行自行车赛事以及长跑运动，利用群岛水城一级水道举行龙舟、快艇、游泳等赛事，利用外海水域进行冲浪、帆板、帆船赛事，利用沙滩海岸举行沙滩排球、沙滩足球赛事，逐步形成具有观光价值的体育赛事，打响南三镇旅游体育品牌。

南三镇内及周边水域众多，港湾环绕，环岛公路、贯岛公路及岛内乡镇公路网络的配合，可以方便设置各种距离的铁人三项运动项目，包括奥林匹克标准距离（51.5 千米）：游泳 1.5 千米，自行车 40 千米，长跑 10 千米；超长距离（225.995 千米）：游泳 3.8 千米，自行车 180 千米，长跑 42.195 千米；长距离（148 千米）：游泳 3 千米，自行车 120 千米，长跑 25 千米；短距离（25.75 千米）：游泳 0.75 千米，自行车 20 千米，长跑 5 千米。

同时，南三镇各村（居）委会建成村休闲体育中心，镇内培育形成成熟的徒步、骑行、游泳线路，定期举办沙滩排球、沙滩足球、篮球、足球等赛事；

完成东部中心广场、沙头角鲸涛景区广场以及南三岛滨海休闲体育公园等大型滨海休闲体育聚集区的建设。

（二）湛江市南三镇运动休闲特色小镇建设

南三镇运动休闲特色小镇项目选址与初步规划后，运动休闲特色小镇项目建设运营平台公司成立并进驻南三岛，全面拉开建设序幕。南三岛滨海旅游示范区管委会将继续与投资方加强衔接，按运动休闲特色小镇建设要求，不断完善项目设计；积极与国家和省、市有关部门沟通协调，推动项目进入国家级PPP项目库；积极解决项目融资、项目用地等问题。特色休闲小镇项目已于2018年落地开工。

上海广盈投资控股（集团）有限公司作为南三镇运动休闲特色小镇项目投资方，及时成立了项目公司——湛江广盈旅游开发有限公司，并在南三镇林场场部设立了南三镇运动休闲特色小镇项目筹建处，派出专门人员进驻南三岛办公，全面推进项目建设。湛江市南三镇与广盈集团积极加强协作，努力克服各种困难，全力推进项目建设各项工作。

1.加强组织领导

该项目落户后，地方领导高度重视，及时向市委、市政府主要领导汇报南三镇申报中国运动休闲特色小镇试点项目的有关情况，同时向省、市相关部门通报南三镇获批中国运动休闲特色小镇试点项目的有关情况，争取上级和各方支持，将南三镇运动休闲特色小镇试点项目纳入广东省、湛江市重点建设项目库，以及湛江市委、市政府的重点督办项目。2018年3月15日，广东省体育局在五华县召开国家级运动休闲小镇工作培训班，之后，为进一步加快南三镇运动休闲特色小镇建设步伐，该项目专门建立了南三镇运动休闲特色小镇建设工作联席会议制度。区委书记亲自担任总召集人，相关部门共同发力，积极将各类专项资金和扶持政策向该项目集中，确保做到集中力量办大事。目前，联席工作会议已召开多次，在统一思想认识、加强设计审查、统筹土地资源等方面都起到了积极作用。

2.加快项目设计规划

按照国家体育总局“规划先行、多规合一”的相关要求，广盈集团委托中国中建设计集团为本项目进行总体规划设计，最初设计方案获得在湛江举办的

“2017 年中国海洋经济博览会最佳展品奖”。同时，为了更好地发挥运动休闲小镇的作用，导入高端体育运动产业，该区、广盈集团与中能建控股集团、中航天宇通航集团等央企合作，推动打造一批以低空飞行通航产业基地、国际帆船俱乐部、国际游艇俱乐部、中国汽摩联合会、星级房车营地等为代表的产业型项目。为此，中建设计集团对该项目的规划设计方案进行了新一轮的优化设计。同时，为了确保项目落地，他们也积极加强与城市规划局的沟通，推动加快该项目涉及范围的南三镇总体规划修编和控制性详细规划编制步伐，保障项目合法合规建设。

3. 加快整合土地资源

为保障项目落地建设，根据联席会议精神，该区联合广盈集团对项目重点所在的大沙林场片区的土地进行了测绘。根据测绘结果，该区还组织了两个专门的工作队，对项目核心涉及范围的 266.67 公顷土地开展农村集体土地登记和发证工作。同时，对 22 公顷年度建设用地组织用地报批工作。这些工作的开展，为下一步项目建设所需土地的征用、租用工作打下了扎实的基础。

4. 着力加快重点项目建设

运动休闲特色小镇项目是国家级项目，特别是国家冲浪队奥运备战训练基地的规划建设工作已被列为该区“一号工程”。为确保重点项目得到科学的设计和建设，广盈集团还派遣专业策划运营团队前往澳大利亚黄金海岸、美国迈阿密，针对如何更好地打造国家冲浪队奥运备战训练基地进行调研考察，并委托法国专业机构对国家冲浪队奥运备战训练基地项目进行方案设计及概算编制。同时，广盈集团还积极派人前往山东威海、安徽芜湖等地，观摩学习国内先进的铁人三项运动、房车营地运动品牌赛事，为以上几个重点项目规划建设、运营管理、赛事组织等方面积累了丰富的经验。

除了紧抓小镇规划设计方案调整和土地资源整合工作以外，上海广盈集团为确保运动休闲小镇项目能够早日动工建设，开展了大量前期准备工作。特别是在广东省体育局举办培训班以后，广盈集团加大投入，调动了大量的人力、物力来推动小镇建设前期工作，在规划、勘察、设计、土地整理等方面累计投资已逾 3 000 多万元，成果十分显著，为特色小镇项目下一步的立项和开工建设打下了良好的基础。2019 年初已完成供地、设计、立项、报建等程序，国家冲浪队奥运备战训练基地等重点项目已开工。但本项目在建设过程中遇到和全国各地特色小镇一样的问题，在土地指标上无法突破，这一问题将严重影响项目后期的建设推进。为此，小镇希望能够争取国家相关政策的支持，解决项目后续供地问题。

二、汕尾市陆河县联安村运动休闲特色小镇

在国家体育总局、广东省体育局、汕尾市体育局等相关部门的大力支持下，陆河县申报联安村运动休闲特色小镇项目，于2017年8月9日成功列入国家级第一批运动休闲特色小镇试点项目。

（一）建设基本情况

1. 精心组织，制订方案

在广东省体育局的悉心指导下，陆河县迅速展开组织策划工作，成立了以县委书记为组长、县长为副组长、相关领导和部门负责人为成员的领导小组，及时制定了《新田镇联安村运动休闲特色小镇建设实施方案》，确保特色小镇工作的有序推进。

2. 扩大宣传，营造氛围

为确保特色小镇建设扎实推进，尽快取得成效，陆河县进行了充分的前期发动工作，极力营造各方支持、多方参与的创建氛围。陆河县主要通过密集举办系列体育活动，快速提升影响力和创建进度。截至目前，当地已成功举办了多场大型体育赛事活动，主要有2017年的“优雅陆河·樱花之约”“体彩杯”全民健身徒步活动、“花泉林歌，悠然陆河”二日游启动仪式暨樱花之约主题活动、“红色土地·活力新田”摄影比赛、梅花节暨骑行活动、龙舟赛、广东省全民健身志愿服务扶贫活动等，以及2018年3月18日陆河“体彩杯”全民健身徒步活动等。

3. 充分论证，规划先行

根据联安村的地理环境和特殊位置，当地相关部门科学规划核心区域，合理安排项目建设，根据《新田镇总体规划（2017—2030）》，聘请具备资质的企业规划编制了《联安村运动休闲特色小镇规划方案》和《联安国家级运动休闲特色小镇概念规划设计》（初稿）。

4. 产业支撑，特色建设

联安村是陆河县20个省定贫困村之一，也是全国第一批96个体育小镇中

唯一一个省定贫困村。该村基础设施极为落后，村民生产生活水平十分低下。当地把创建国家级运动休闲特色小镇与该村的精准扶贫、新农村建设等工作紧密结合起来，切实做到以特色小镇建设推动精准扶贫和新农村建设，以体育产业促经济发展，充分利用现有的樱花生态园，努力构建“体育＋乡村旅游＋产业共建”的发展模式，新建了 4 个村民文体活动广场，面积 7 100 平方米；新建了 3 个休闲小公园，面积 2 800 平方米。巷道及屋前屋后硬化 3 200 平方米，安装路灯 46 盏（加挂中国结和广告牌）。同时，结合联安村得天独厚的自然优势，对照“四好农村路”的相关标准，对连接牛牯头、渡仔头、西坑和咸宜 4 个自然村，全长 7.859 千米的联安公路铺设了沥青路面，配套了绿道、赛道。

（二）进一步建设情况与当前存在的问题

1. 进一步建设的情况

为确保特色小镇创建工作的有序推进，当地正努力做好以下工作：与规划设计单位取得密切联系，对不切实际的规划设计进行优化调整；向省、市国土、林业等上级部门争取更多的用地指标，为下一步各项目建设提供基础保障；继续通过举办大型群众性文化体育活动，扩大宣传，为联安村国家级运动休闲特色小镇建设积蓄力量，紧紧围绕工作目标，加大政府和社会资本投入，加快小镇范围内的体育设施、钓鱼亲水平台、指示牌、公共厕所、补给站等“短、平、快”项目建设。

2. 当前存在的问题

陆河县在发展体育事业上还缺乏经验，如在特色小镇建设上存在思路不够明晰、规划设计不尽合理、部门之间未能形成合力、当地运动休闲设施基础十分薄弱等现象，这些问题都有待尽快解决。

（三）下一步建设计划

为确保联安村国家级运动休闲特色小镇建设的顺利推进，早日取得成效，陆河县将举全县之力、集全县之智，采取积极有效的措施，力争发挥最大的经济效益、社会效益和生态效益，在上下沟通协调上下功夫，加深与省、市体育主管部门以及省、市国土、林业、农业、环保等相关部门的联系，争取相关政策的倾斜照顾，解决用地指标、融资等客观实际问题；充分发挥领导小组职能，更深入地建立健全工作机制，积极统筹全县各相关部门力量，全力推进联安村国家级运动休闲特色小镇建设；加强与社会资本方合作，尽快按规定程序完成政府采购的相关手续，真正用好社会资金，全力推进项目建设，全力完善配套设施，努力把联安村打造成泛珠地区群众运动休闲、生活娱乐的好去处；学习外地先进经验和做法，努力打造或培植支撑特色小镇长期发展、高质量发展的造血功能项目，打响运动休闲特色小镇品牌，切实做到以体育小镇促精准扶贫和美丽乡村建设。

三、中山国际棒球小镇

（一）中山国际棒球小镇的基本情况

1. 小镇位置

小镇位于广东省中山市东升镇，2017 年 8 月，“中山国际棒球小镇”被列入了国家首批运动休闲特色小镇试点项目名单，也是全国唯一以棒球为主题的特色小镇。

2. 区位条件

中山是中国棒球之父——梁扶初的家乡。东升镇致力于推广棒球运动，在中山取得了良好的效果。中山有良好的棒球运动基础，中山处于粤港澳大湾区腹地，特殊的地缘优势使中山的棒球运动拥有广阔的市场。

3. 小镇规划

小镇总投资达 50 亿元，首期规划建设面积 20 公顷。小镇立足于粤港澳大湾区，努力打造以棒球为基础的独具特色的运动休闲特色小镇，集棒球比赛、训练、旅游、文化、影视、传媒、培训、健身、教育、商贸于一体，还将建成中国乃至世界的棒球系列运动用品线上线下集聚基地和采购中心。

4. 建设特色

（1）建设可容纳 15 000 人的棒球主球场。建设“中山国际棒球小镇”的基础核心是建设一座可容纳 15 000 人的国际标准棒球主球场。

（2）建设国际棒球学院。建设国际棒球学院是为了中国乃至世界培养高水平的棒球运动员。棒球小镇将作为全国各中小学棒垒球教练员、裁判员的培训基地；将与广东省职业队对接形成完整的人才培养、输送体系；中国大学生体育协会计划将下属的全国中学生棒垒球分会（联盟）总部归入中山国际棒球小镇，并挂靠在棒球国际学院下。

（3）培育特色产业，挖掘棒球文化。小镇以“熊猫”为品牌核心，生产制造棒球和相关的棒球用品，如棒球服装、帽子、器材等，建设中国棒球博物馆、名人堂、体验馆、影视基地，开发、生产及销售棒球相关主题文化产品。

（二）中山国际棒球小镇建设发展具体情况

在党的十九大方针、路线指导下，中山市严格按照国家建设特色小镇的要求，坚持创新、协调、绿色、开放、共享的理念，结合自身优势资源和特色，紧紧抓住发展机遇，积极推进“中山国际棒球小镇”的建设发展。

1. 夯实“中国棒垒球高水平后备人才基地”

2017 年 4 月 18 日，国家体育总局手曲棒垒球运动管理中心同意东升镇建立“中国棒垒球高水平后备人才基地”，为夯实基地的基础，不断提升青少年棒垒球的竞技水平，基地主要采取了如下措施。

（1）建立完备的 U 系列梯队。东升镇有 17 所小学和 4 所中学建有棒球场和棒球队。之前，他们着力建设 U12 少年棒球队。2018 年，按照国家体育总局手曲棒垒球运动管理中心新增赛事和工作安排，新建了多个年龄段的棒球队，从单一的 U12 队伍到形成完备的 U10、U12、U15、U18 等 U 系列梯队。在“2018 年全国青少年棒球锦标赛”上，新成立的中山熊猫 U10 少棒队在全国 32 支参赛队中获得第 7 名；U12 俱乐部组中，中山熊猫 U12 少棒队斩获全国冠军；新成立的中山熊猫 U15 青年棒球队获得“2018 年全国青少年棒球公开赛总决赛”U15 组冠军；中山熊猫 U18 棒球队代表中山市获得 2018 年第十五届广东省运动会棒球项目冠军。

（2）积极参加各级各类赛事。积极支持各梯队前往韩国等国家和中国台湾、中国香港等地区参赛，通过外出交流和参加高水平赛事提升梯队竞技水平和大赛经验。除了上述赛事外，还参加了“2018 年美国大联盟（中国区）女子棒球赛”“2018 年世界少棒联盟（LLB）U12 亚太及中东区域决赛”“第一届结草报恩杯国际少棒锦标赛”“香港 LLB U11 U12 交流赛”“2018 年第 8 届海峡两岸棒球城市交流赛”等。

（3）从幼儿园、学校到机关企业开展棒球培训，推广棒球运动，培养爱好者。在开展了全镇幼儿园教师的 Teeball 培训、教师 Teeball 比赛后，2018 年“六一”期间东升镇首次举办了“熊猫杯”Teeball 棒球赛。全镇 11 所市一级幼儿园率先组队参赛，此后 Teeball 陆续进入全镇各级各类幼儿园，成为幼儿园“三育”特色课程，特别是丽景幼儿园已将园区改造为棒球主题，专业人员持续数月每周对学校老师和大班孩子进行棒球培训，今后将着力打造棒垒球特色幼儿园。“七一”举办了朝阳花地党支部慢垒比赛，在东升镇地税局党支部、东升镇机关党支部、东升镇文体教育局党支部和朝阳花地党支部开展成人慢投垒球活动，让棒球小镇的建设者亲身体验棒垒球运动的魅力，为“中山国际棒球小镇”培养更多棒垒球观众。

（4）密切与中国棒球协会、中国垒球协会和中国大学生体育协会合作，将中山打造成国家体育和教育主管部门授权的教练员培训和资质审核基地，为全国青少年棒球工作培养更多的教练人才。目前，已承接协会教练员培训班和“冬令营”。2017 年 6 月 23 日，来自广西、陕西、天津、江苏、海南和广东本地的百名教练员，在中山参加了“中国棒球协会 2017 年第三期业余初级教练员培训班”。其中，中山本地有 20 多名教练员参加。2018 年 1 月 26 日至 2 月 8 日，中山承办了“中国棒球协会青少年棒球冬令营”，来自北京、成都、重庆、深圳、广州、武汉等地的 20 支队伍近 500 名青少年棒球运动员参加了为期 14 天的冬令营活动，冬令营期间共组织完成比赛 67 场。2018 年 7—8 月，香港深水埗、何文田棒球会，深圳萤火虫、蓝袜棒球队，广州岑村、睿亚棒球队等粤港澳大湾区内的棒球组织机构纷纷前来中山开展棒球夏令营，目前已形成良好的“冬夏令营”氛围。

2. 落实“中山国际棒球小镇”建设项目

（1）利用河边滩涂用地政策，新建设蚬沙体育公园，该公园占地 1 公顷，公园内建有两块 7 人足球场（这两块球场合并划线后也可以变为一座少年棒球场），另有两块网球场、两块羽毛球场及乒乓球场。在现有熊猫少年棒球场、熊猫体育训练营、熊猫餐厅等设施的基础上，中山市进一步完善基地硬件，扩、改建熊猫体育训练营，将目前可容纳 10 支队伍的训练营扩建至可容纳 50 支队伍的训练营，并计划在朝阳汇点二楼筹建熊猫体育培训中心，在培训中心设立符合培训标准的多媒体放映室、会议室以及“中国棒球之父”梁扶初的历史资料展馆等，为来年承接教练员、裁判员定期培训和资格审定工作及开展青少年“冬夏令营”活动创造更好的硬件条件和服务体系。

（2）积极承办各级各类赛事。2018 年，小镇承接了“全国女子垒球冠军杯赛”“全国青少年棒球公开赛（广东赛区）”“全国慢投垒球健康赢活动广东省‘熊猫杯’分站”“PONY 小马棒球联赛 12U 野马组总决赛”，主办了“六一儿童节‘熊猫杯’T–ball 棒球赛”“朝阳花地七一‘熊猫杯’慢垒联谊赛”等赛事；2018 年 12 月，小镇举办了“中山杯海峡两岸城市邀请赛”“第 8 届中山‘熊猫杯’国际少年棒球邀请赛”。2018 年全年赛事投入了 1 000 多万元，平均每月举办一个大型赛事，参加一个大型赛事，围绕“中山国际棒球小镇”展开了一系列宣传推广和建设工作，以赛事为核心带动“中山国际棒球小镇”旅游业、服务业同步发展。

（三）中山国际棒球小镇建设存在的问题和困难

由于“中山国际棒球小镇”建设项目是由国际棒球场及训练场的棒球运动区块、商业与特色饮食的休闲商业区块、棒球文化与居住区块以及酒店办公区块等组成。首期用地遇到混合用地供地问题，加之中山市整体用地指标不足，希望能够得到更多土地供给和保障政策的支持。

（四）中山国际棒球小镇建设的下一步计划

目前，小镇已成功举办了“2019 年亚洲女子棒球锦标赛”“2019 年东亚杯女子垒球锦标赛”“2019 年中国大学生棒垒球联赛总决赛”；创新主办了“企业杯”全国台商慢投垒球交流赛；积极组队参加了 2019 年“第二届全国青年运动会”“一带一路”世界城市青少年棒垒球联赛。自 2017 年 8 月东升镇被纳入全国首批运动休闲特色小镇试点项目名单后，遵照国家特色小镇建设和审核要求，依据“中山国际棒球小镇”项目建设规划，项目规划核心区土地已完成征地手续，规划中的副球场已开始填土兴工，接下来将着力建设球场，计划建设特色中山国际棒垒球学院，打造中国学生棒垒球顶级殿堂。为了更好地培养棒垒球后备人才和人才梯队，引进优质、专业的教育资源，小镇准备兴建总投资 3 亿元的中山国际棒垒球学院。中山国际棒垒球学院将与国家体育总局手曲棒垒球运动管理中心、中国大学生体育协会、中国中学生体育协会合作，落地中国中学生棒垒球联盟于棒垒球学院。目前，学校的建设规划已经得到了东升镇人民政府的支持，也已与美国、加拿大的国际优质教育资源对接。

四、佛山市高明区东洲鹿鸣体育小镇

2017年，东洲鹿鸣体育小镇成功申报了国家运动休闲特色小镇试点项目，并入选了佛山市首批15个市级特色小镇创建名单。按照“一年有型，两年成型，三年基本建成”的要求，高明区、镇两级密切配合，紧锣密鼓地推进小镇建设各项工作。

（一）小镇规划建设情况

按照上级推进特色小镇建设的要求，高明区、镇迅速行动，特别是与中康凯利公司签订合作协议以来，体育小镇规划建设工作取得了新的进展。

1.逐步完善规划修编

东洲鹿鸣体育小镇被确定为国家运动休闲特色小镇试点以来，相继启动了控制性详细规划、概念规划和产业规划的修编工作，结合体育小镇在产业、空间布局等方面的要求以及规划现状，对规划进行多次优化调整，使新的规划与体育小镇的产业、现有土地规模衔接更紧密。目前，规划已完成修编成果，已通过专家评审，并根据专家和相关部门意见进行了优化调整，现已提交区规划局审批，为体育小镇今后开发建设提供规划依据。

2.加快推进首开工程建设

为加快体育小镇建设的现场进度、形象进度，把东洲桥、露营营地和东洲广场3个项目作为首开工程加快建设。目前，东洲桥项目已完成立项、现场勘察和初步设计，争取采取EPC+O方式对外招标；露营营地已经进行深化设计，涉及林地租赁、土地征收工作也在同步开展，进入露营营地的施工便道已动工；“一河两岸”景观提升工程（含东洲广场）公告已在网上公示，现已中标的设计单位正在开展相关设计工作。

3.明确主导产业方向

在围绕武术和极限运动特色做好产业布局的基础上，明城镇明确以功夫+极限、明阳山户外主题公园、骑行基地、冰雪运动馆、足球城五大项目作为体育小镇主导产业方向。经过前期的磋商，目前骑行基地项目已签订合作协议，明阳山户外主题公园、足球城和冰雪运动馆也明确了合作意向，并结合小镇提出了设计方案，“功夫+极限”项目的社会合作方中康凯利公司也与国家体育总局武术运动管理中心在密切洽谈中。

4. 全面启动征收地工作

为配合体育小镇建设的推进，明城镇梳理出小镇土地征收耕地、林地面积等数据，并抽调精干人员组成2个征地组，分别由镇班子成员担任组长，负责开展小镇范围内土地征收工作。目前已征收耕地面积22.46公顷，力争完成征收耕地面积86.2公顷、林地面积46.67公顷左右。

5. 统筹使用专项扶持资金

对佛山市已经下达到明城镇的7 000万元扶持资金，按照先急后缓、先易后难的原则，已经铺排了使用计划，主要安排在规划修编、项目咨询等前期工作以及东洲桥、“一河两岸”景观提升、东洲广场等前期建设项目上，目前已使用专项资金开展了控规修编及东洲桥勘察、初步设计等工作。

（二）小镇规划建设过程中遇到的问题

尽管东洲鹿鸣体育小镇建设工作取得了一定的进展，但建设时间紧、任务重、涉及面广，在推进过程中也遇到了一些亟待解决的问题，影响了体育小镇的建设进度。目前，困扰东洲鹿鸣体育小镇规划建设工作的问题有以下几个方面。

1. 现有土地规模与开发需求差距较大

目前东洲鹿鸣小镇有60多公顷土地规模，远未达到小镇的建设用地开发规模要求，还需要增加150多公顷土地规模来满足小镇的发展，希望上级部门能及时将情况向国土部门反映，予以适当倾斜，增加小镇建设用地规模。

2. 建设用地指标缺口较大

根据广东省国土资源厅出台的政策性文件要求，从2018年1月1日起，珠三角地区房地产等经营性用地，原则上只能使用农村土地拆旧复垦节余的用地指标，且除重点基础设施、民生保障及重大产业项目外，广东省不再向珠三角地区直接下达新增建设用地指标，这将对东洲鹿鸣小镇接下来的建设产生了较大影响。目前，小镇只有约17公顷用地指标，明城镇正通过“三旧”改造、增减挂钩等途径来化解用地指标短缺的问题，但缺口仍然较大。

3. 征地拆迁面临不确定因素

东洲鹿鸣体育小镇规划范围内基本以耕地和林地为主，开发强度较低，要想推进各项建设项目的落实，土地的收储是保障。近期土地出让价格攀升，群众对征地拆迁补偿产生了一些过高的期望甚至不切实际的想法，这对土地的征收带来了更大的难度。同时，单纯地依靠明城镇的财力筹措资金开展小镇范围内的土地收储工作难度较大。

4. 首开工程面临着一系列的困难

东洲桥建设范围内还有一栋建筑物需要征收，物业所有者要求征地补偿费较高，还需进一步洽谈；东洲桥跨过沧江堤后有 0.97 公顷土地属耕地，因补充耕地指标未落实至今未报批，将会影响道路的建设。露营营地部分设施建设涉及改变林地用途，需要办理手续，并且属于森林公园范围，需要向上级申请森林公园林地调整。

（三）小镇规划建设接下来的工作重点

1. 构建完善的规划体系

近年来，城镇在一面修编规划，一面推进小镇建设，因为很多项目都涉及规划，规划没有确定，为项目增添了一些不确定性。所以，要加快控规的审批流程，尽快把规划正式确定下来，首先从规划上为接下来的建设打下好的基础，真正实现一张蓝图干到底。

2. 着力解决资金问题

资金问题是制约项目推进的重要因素之一。一方面，要坚持政府引导、市场主体的建设方向，发挥好社会资本方的作用，减轻工程建设款项支付等方面的压力；另一方面，要科学合理规范使用好各级扶持资金，制订专项扶持资金使用方案，保障项目实施进度，充分发挥专项扶持资金使用效益。同时，要积极向上级申请土地收储专项债券资金支持。此外，盘活用好现有资金，对已有规模、指标的土地，尽快完善征地拆迁、“三通一平”等程序，争取按规范流程对土地进行招拍挂，启动实质性建设工作，实现滚动开发，促进投资计划的落实。

3. 力促首开工程动工

重点是加快推进露营营地、东洲桥、东洲广场 3 个首开工程建设。坚持问题导向，对首开工程建设面临的一系列困难，如土地规模、指标、征收进度等，集中力量，逐个击破。按照 3 个首开工程时间节点要求，制定工作路线图，细化责任，细化目标，细化措施，责任到人，全力争取尽早实质性动工。

4. 导入优势体育产业

围绕五大主导产业项目，进一步加强与中康凯利公司、环球体育公司等沟通协商，加快与社会投资方签订合作协议，明确产业项目的投资规模、选址、供地计划等细节，争取尽快与产业项目方签订协议，促进产业的引进和落地，形成体育小镇的产业特色和产业基础，从而支撑小镇不断向前发展。

5. 全力保障土地供给

围绕基础设施、配套设施、景观提升等项目建设，全力以赴加快土地征收工作，落实土地征收任务。同时，想方设法完善供地手续。首先，加强与上级国土部门的沟通，争取更多的规模、指标落地；其次，加强与社会资本方沟通，充分发挥社会资本方的优势，利用建设国家级运动休闲特色小镇的契机，积极向上级部门争取资源；最后，还要继续采取“三旧”改造、耕地复垦、增减挂钩等渠道，多措并举化解用地指标短缺的问题。

东洲鹿鸣体育小镇目前在总体进度与上级要求上还有差距，还会遇到不少难题，要切实增强紧迫感、责任感和使命感，抢抓机遇，主动作为，破解难题，注重加强各部门、社会资本方以及相关合作机构的紧密协作，按照计划安排有力、有序地推进体育小镇建设。

五、梅州市五华县国家运动休闲（足球）特色小镇

（一）规划情况

国家级运动休闲特色小镇——五华足球小镇位于亚洲球王李惠堂的故乡广东省梅州市五华县横陂镇，小镇规划面积5平方千米，主要由核心区、扩展区和辐射区三大部分组成。其中，核心区规划面积80公顷，总投资16亿元。规划建设12块国内最高标准的足球场、运动员损伤医疗康复中心、人球分析系统、五华客家精英足球学校、全球知名足球品牌集散中心、足球科技馆、自主品牌足球用品研发中心、草根足球之家。分为五大板块，突出五大功能目标：第一板块是学校板块，五华客家精英足球学校规划占地8公顷，采取中外联合办学的模式，学校计划招收U8～U16年龄段生源300人，学校于2019年9月1日开学，打造全国一流的输送青少年足球苗子的基地。第二板块是商业板块，包括足球主题酒店、草根足球之家、球迷广场、全球知名足球运动品牌集散中心、自主品牌足球用品研发中心，打造全球知名足球品牌的集散地。第三板块是足球训练板块，包括12块国内最高标准的足球场、运动员公寓（300

间套房可容纳 1 200 个运动员同时入住）、训练馆、运动员损伤医疗康复中心，打造成集训练、休闲、康复于一体的营地。第四板块是足球科研板块，建设了全国首家人球分析系统，打造智慧足球科研高地。第五板块是安置区、生活配套区、就业劳务服务区，打造精准扶贫的洼地。足球小镇项目建成后，可以大量增加基地管理、旅游服务及相关配套产业的工作岗位，促进当地精准扶贫人口的就业转移，对推进城镇化进程、脱贫攻坚等起到积极的推动作用。

（二）目前进展情况

足球小镇已于 2017 年 6 月动工，已完成征地 66.67 公顷，平整面积约 60 公顷；夯实了 12 块足球场地基，其中有 6 块 11 人制标准足球场施工基本完成；足球学校办公楼、综合楼主体已建成；运动员公寓、自主品牌研发总部主体已建成；球迷广场、全球知名足球运动品牌集散中心、运动员损伤医疗康复中心等基础工程正在施工中。

（三）存在的问题和困难

由于五华县经济欠发达，足球小镇项目建设单靠本县财力难以推进。为此，上级政府应加大对五华县足球小镇建设的政策和资金扶持力度；2016 年项目开始实施至今批复的用地指标只有 20 多公顷。上级政府在政策上应优先安排足球小镇项目建设用地指标。另外，足球小镇的运营和市场开发人才比较缺乏。

第二节　浙江地区体育特色小镇建设的实践

一、柯桥酷玩小镇

（一）柯桥酷玩小镇的基本情况

2016 年 1 月 28 日，第二批浙江特色小镇正式公布。名单中唯一一个以体育休闲为特色的省级特色小镇是柯桥酷玩小镇。酷玩小镇位于被誉为“东方威尼斯”的浙江省绍兴市柯桥区西南部。柯桥是我国著名的纺织城。自古以来，这里繁荣昌盛，为小镇的发展奠定了坚实的经济基础。不仅如此，该地区地理位置优越，区域环境优美，交通便利。区内拥有国家级风景名胜区、滑雪场、高尔夫球场等休闲体育资源。

（二）柯桥酷玩小镇规划

柯桥酷玩小镇建筑面积3.7平方千米，总投资110亿元，打造“旅游小镇、体育小镇、工业小镇”一体化的空间。其中，东方景观公园和浙江国际赛道是酷玩小镇的核心项目。未来将建成“一轴四区”结构。一轴为鉴湖景观线，四区分别为水文化区、时尚极限运动区、水游憩区、高端休闲区。全镇将重点建设体育设施，除现有设施和体育场馆外，目前在建或规划的还包括天马赛车场、毅腾足球训练基地、若航直升机场、鉴湖水上运动基地、酷玩城市体育综合体等项目。一系列的方案可以体现出小镇酷玩的“酷”，即从场地、方法、人群三个方面来酷玩，不受限制，让大众可以轻松享受酷玩的乐趣，也保证了专业人士的高端运动需求。

（三）柯桥酷玩小镇重点项目

1. 东方山水乐园

东方山水乐园是由上海华昌企业（集团）有限公司于2012年9月投资80余亿元开发建设的商务休闲旅游项目，是浙江省政府重点协调的重大旅游项目。项目总占地面积26公顷，建筑面积54.7万平方米，是一个集休闲旅游、餐饮、购物等于一体的大型综合性项目，旨在打造一个全天候、全恒温的室内沙滩水上乐园和室内热带雨林，营造以沙滩、阳光、钟乳石等为主题特色的独特旅游景点。

2. 柯岩风景区

柯岩风景区是国家4A级旅游区，位于中国浙江省绍兴市柯桥区柯岩大道558号。景区始于汉代，距今已有1800多年历史，总面积6.87平方千米，以古越文化为内涵、古采石遗景为特色，集绍兴水乡风情、古采石遗景、山林生态于一体。鉴湖景区展现了绍兴母亲湖昔日的风采，凸现了绍兴特有的水文化、桥文化、酒文化的丰富内涵，包括柯岩、鉴湖、鲁镇和香林四大景区。

3. 绍兴鉴湖高尔夫球场

绍兴鉴湖高尔夫球场位于酷玩小镇区块柯岩风景区内，总投资1.7亿元。

在此挥杆，既可体验江南水乡韵味的高尔夫球场，领略鉴湖优美的自然景观，也时常会遇见那头戴毡帽、撑着乌篷船的当地人在湖中捕鱼的场景。

4. 浙江国际赛车场

浙江国际赛车场坐落于酷玩小镇内，是一个以赛车运动为主题的大型旅游综合开发项目，占地面积约为 519 845 平方米。赛车场的核心是国际汽联（FIA）二级标准的主赛道，长 3.20 千米，共 16 个弯，最大落差 25 米。

5. 毅腾足球训练基地

以酷玩小镇建设为抓手，毅腾足球俱乐部于 2015 年入驻柯桥区，在绍兴完成了永久落户注册手续，并更名为浙江毅腾足球俱乐部，球队更名为浙江毅腾轻纺城队，训练基地设在酷玩小镇内，为绍兴增添了一张体育名片。

二、桐庐 · 莱茵国际足球小镇

2017 年 3 月 6 日，莱茵体育与杭州市下辖的桐庐县政府签署了战略合作协议，莱茵体育将出资 20 亿元，在现有浙江女足桐庐基地的基础上在桐庐县建设国际足球小镇，作为 2022 年杭州亚运会相关赛事的分赛场和中国女子足球超级联赛的主赛场。莱茵国际足球小镇项目选址位于桐庐富春山健康城金中路西侧地块，规划用地 66.67 公顷，其中首期征地约 45.13 公顷，同时租用周边地块约 20 公顷作为后期储备用地。桐庐县有关领导表示："我们将依托桐庐的环境、合理的产业布局等多种优势，以足球和冰上项目为核心，建设国际足球学校、足球俱乐部训练基地、冰上运动训练基地。"

该足球小镇将以足球、冰球、篮球等特色运动项目的培育作为主要功能，其中包含国际足球特色学校、国际篮球学院、冰雪培训中心、国际足球青训基地、运动康复疗养中心等项目。除了足球等运动，该区域的体育旅游度假区还将以体育旅游赛事作为主要功能，包含体育特色商业、亲子休闲娱乐、户外运动体验、体育主题酒店等项目。体育产业科创区则以促进体育产业发展为主要功能，包含体育产业孵化园、体育金融谷、运动电商集聚区等项目。体育健康居住区以人居为主要功能，以求实现产业、文化、旅游、居住为一体的特色小镇模式，在该足球小镇内各个区块共存并行，将会吸引更多的体验者。

三、富阳国际运动休闲小镇

富阳国际运动休闲小镇位于杭州市富阳区江南新城板块，由莱茵体育主导开发，旨在打造以亚运体育购物村和富阳第二体育中心为核心，融合体育产品制造研发、体育商务、户外运动和健康住宅等多种业态的国际化、时尚化的体育特色小镇。其业态布局和种类具有一定的借鉴意义，具体如表 7–1 所示。

表 7–1　富阳国际运动休闲小镇业态分区

业态区块	分类	业态内容
体育用品销售区	B2C	潮牌限定区
		精品品牌销售区
		奥特莱斯、工厂店销售区
		俱乐部特色、亚运会特许产品销售区
	B2B	体育用品批发采购区
		运动装备、器材批发采购
运动休闲体验区	水上运动体验	皮划艇、游艇、帆船、水上滑板
	陆地运动体验	赛车、马术、房车、骑行、徒步、攀岩、真人 CS
	空中运动体验	滑翔伞、热气球、无人机、AR 体验
	运动康复体验	各类运动康复医疗
		肩颈康复理疗
体育商务开发区	—	体育品牌推广中心、跨境电子商务
		电商广告拍摄基地
		运动健康住宅区、会展区
配套综合服务区	—	影视、餐饮、娱乐、酒店、停车场、亲子活动中心、咨询服务中心

（一）体育用品销售区

体育用品销售区主要包括运动潮牌与限定单品的发售、体育服装鞋帽的销售、健身器材的销售、场馆用品的销售、体育培训用品的销售。体育用品市场近年来稳步发展，体育用品的销售在我国体育产业增加值中占较大的比重，居民消费体育用品潜力巨大。在面对线上购物“井喷式”增长时，许多实体店铺没有积极寻求转型，造成了业绩的下滑。富阳国际运动休闲购物村购物区，旨在打造全新的体育用品购物体验，纳入全球顶级运动品牌，涵盖从运动潮牌到户外品牌、从限定发售到奥特莱斯、从运动鞋服到器材配件、从精品零售到批发采购的全方位体育用品聚合中心。购物区与运动体验区形成良性互动，实现消费者从购买用品到运动体验的无缝衔接。

1. 潮牌限定区

潮牌限定区包括潮流品牌销售、限定单品发布、海淘区、免税店等，聚合国内外体育潮流品牌，并设置新品发售区、明星见面会、潮流体验区，让消费者站在潮流前端。

2. 奥特莱斯、工厂店销售区

集合多个品牌打折、尾单商品销售门店，借鉴奥特莱斯的经营模式，利用驰名世界的品牌、较高的折扣力度、方便舒适的购物氛围来吸引客户，采用联营模式、租赁模式、自营模式或托管模式等经营策略，与精品品牌销售区相区分，分别面向不同需求人群。

3. 俱乐部、亚运会特许产品销售区

利用莱茵体育的优势体育资源，自营或引进国际知名俱乐部、联赛的特许产品销售资格，为球迷在国内购买正版俱乐部产品寻求便利。在亚运会期间设立亚运会特许产品销售区，将亚运元素融入购物村，吸引各地游客。

4.B2B 体育用品批发采购区

为需求量较大的客户与厂家提供直接的接触平台，打造一站式的体育用品批发采购中心。主要面对体育场馆、体育培训机构、体育中介、学校等单位，同时为体育用品制造企业提供集中展示的平台，形成集聚效应。

（二）运动休闲体验区

随着经济的发展和人们审美层次的提升，消费者对产品和服务的需求层次也随之提升。消费者不仅开始注重产品提供的物质享受，更注重消费所带来的精神享受。对于体育用品行业来说，往往需要满足特定的体育运动场景，运动休闲体验区可以让顾客在消费后马上投入运动中，同时在运动场地提供部分产品试用，形成消费与体验的良性互动。运动休闲体验区的打造为消费者提供了体育休闲、体育购物一站式体验服务，有助于运动休闲购物村迅速聚集人气，营造体育文化氛围，辐射周边地区，打造运动休闲产业新地标，结合富阳当地的经济社会形势与体育产业发展现况，形成与之相匹配又相互促进的运动休闲产业和全民健身发展格局。

1. 水上运动区

根据国家体育总局等部门发布的《水上运动产业发展规划》，小镇结合当地的自然条件，充分利用富阳丰富的自然水域资源，发展水上运动项目，形成以专业、商业水上运动赛事为驱动，以运动码头为载体，促进水上运动项目用品销售的良好态势。建设水上运动船艇码头，推动富阳成为公共船艇码头（停靠点）示范城市，吸引水上运动专业运动员、爱好者、游客参与水上运动。项目设置皮划艇、水上摩托、漂流、帆船、赛艇、龙舟等。以皮划艇和水上摩托运动为主要抓手，积极申办国际、国内赛事，创办水上运动俱乐部，拓展水上运动市场。

2. 山地户外区

山地户外运动产业是健身休闲产业的重要组成部分，依托自然山地环境，设置登山、徒步、露营、骑行、自然岩壁攀登、定向与导航等项目，以参与体验为主要形式达到促进身心健康的目的。小镇充分利用富阳当地的山水条件，设置卡丁车比赛、徒步体验、露营烧烤、骑行车道、攀岩等，将户外运动与体验旅游充分结合，打造具有富阳当地特色、体验一流的山地户外运动集聚地。

3. 航空运动体验区

航空运动产业是新兴体育项目产业之一，是以航空运动项目为载体，提供相关系列产品、服务和产业链的经济活动的总称。它涵盖目前我国正式开展的运动飞机、热气球、滑翔、飞机跳伞、轻小型无人驾驶航空器、航空模型等六大类共 26 个运动项目，具有科技含量高、消费时尚性强、带动相关产业作用明显等特点。航空运动作为新兴的体育运动项目，对年轻客户群体吸引力较强，与团队拓展、亲子游乐具有较高的结合度。

项目建设航空飞行营地，2020 年成为国家体育总局认可的四星级航空飞行营地。开展滑翔、热气球等体验类项目，降低了航空运动的参与门槛，吸引了普通消费者的参与。

4. 科技运动馆

随着科技的发展，高科技产品已经渗透到体育运动的各个领域当中，未来各类高科技运动装备对于传统体育将有着深远的影响。科技运动馆的打造将帮助运动爱好者体验、了解各类高科技运动装备，有助于培养高科技运动装备的忠实消费者。

（三）体育商务开发区

随着近年来中国体育商业化的发展，各体育周边产业特别是体育用品产业在体育商业化进程中贡献巨大。相关数据显示，体育用品行业在 2015—2019 年市场规模不断扩大并进入高速增长阶段，体育用品行业增加值迅速增长。2015—2017 年，中国体育用品及相关产品制造总产出逐年增长，2017 年总产出达到 13 509.2 亿元；2019 年，国家统计局对体育用品产业核算分类进行了调整，采用《体育产业统计分类（2019）》，在新的统计分类口径下，2018 年中国体育用品及相关产品制造总产出为 13 201 亿元，而 2019 年中国体育用品及相关产品制造总产出在 14 200 亿元左右。随着体育产业的爆发，体育用品行业市场规模将逐渐扩大，占 GDP 的比重还将进一步提高，发展前景广阔。

体育用品商务区的打造是符合体育产业发展背景的，更是符合体育经济发展背景的。通过这种一站式体育用品商务平台的打造，可以提升体育休闲购物村的商务性质，吸引国内外知名体育运动装备品牌入驻园区并定期举行各类体育用品展会、新品发布会等活动，从而提升项目知名度和影响力，最终使其成为知名的国际化体育用品商务平台。

1. 体育品牌推广中心

面对未来国内体育市场的巨大发展空间，目前国内体育用品产业同质化竞争日趋激烈，在这种情况下，品牌的建设及推广的重要性对于企业来说不言而喻。所以，体育品牌推广中心的建设是符合市场需求的，该区域依托于国际休闲运动购物村的顾客流量，可以提升其商业价值和影响力，创造可观的经济效益与社会效益。

2. 体育电商园区

目前，中国已成为全球规模最大、发展速度最快的电子商务市场，体育用品产业也乘上了电子商务高速发展的快车，线上销售额大幅攀升。随着人们消费习惯的改变，未来体育用品的电子商务发展空间必然是巨大的。虽然未来国内“互联网＋体育”市场有着巨大的发展空间，但是国内成熟的体育电商园区却屈指可数，这种尴尬状况与火热的“互联网＋体育”市场相矛盾，因此，专门为促进“互联网＋体育”产业乃至体育电商产业发展而兴建体育电商园区势在必行。

体育电商基地内物流基地、广告拍摄基地等电子商务配套基础设施完备，该园区的打造将更好地发挥电子商务企业的集聚和辐射效应，促进电子商务与体育用品产业协同发展。

3. 运动健康住宅区

根据人们居住品质的全面升级和人们对居住体验的高品质要求，小镇依托莱茵体育多年的房地产经验，打造了集体育、教育、医疗、娱乐等资源于一体的生态健康生活区。

（四）配套综合服务区

富阳国际运动休闲小镇根据对目标人群的分析，确保小镇配套的合理性和创新性，对小镇配套设施的组成要素和配套功能的整合渗透进行了探索。

1. 道路交通系统（智能交通＋智能停车场）

根据场地特性，小镇对公共交通系统进行多种规划，集自行车道、公共步道、水上观光游船，以及特设智能“云”驿站于一体，以满足不同交通类型之间的快速换乘，加强人们的空间体验性。同时，根据周边市场人口分布以及场地人口分流，设置合理的停车场规模，采用高科技智能管理系统，实现效率最大化。

2. 网络服务功能

小镇建有充满自身特色的公共服务 App、公共 Wi-Fi，采用现代信息传输技术、网络技术和信息集成技术，实现数字化管理全覆盖。

3. 旅游功能

小镇通过设置游客中心、文化展示中心、博物馆、体育亲子娱乐场等作为客厅，集中展示小镇的产业、文化和生态特色，以提升小镇形象。

4. 商业功能

小镇打造具有运动风情的特色街（皇马、南安普顿的足球文化，NBA 科比的篮球文化）、体育主题酒吧、咖啡馆、体育主题餐厅、体育超市、高端实体体验店以及在国际表演业、电影业等具有广泛影响力的实体。

四、莫干山运动休闲小镇

莫干山镇地处浙江省湖州市德清县西部，国家 4A 级旅游景区、国家级风景区、国家森林公园——莫干山脚下，距离长三角核心城市上海、杭州、南京均在 2 小时车程以内，得益于良好的生态环境、优越的地理位置、深厚的文化底蕴以及扎实的城镇基础，莫干山镇先后获得全国首批特色小镇、全国美丽宜居小镇、国际乡村旅游度假目的地等荣誉称号。近年来，该镇深入贯彻落实国家体育总局、浙江省体育局关于推动运动休闲特色小镇建设、优先发展运动休闲产业的决策部署，紧密结合自身实际，积极开展首批浙江省运动休闲小镇创建工作，以“浑然天成 + 匠心改造 + 历史传承”为核心策略，努力打造国际知名的运动休闲小镇。

（一）莫干山打造体育特色小镇的优势

1. 与当地体育产业相结合，扩大就业，稳定经济

莫干山镇 2015 年全镇实现 GDP 10.65 亿元；服务业增加值完成 6 亿元；实现财政总收入 32 254 万元；全年旅游总收入 6.01 亿元，占 GDP 的 56%，其中民宿接待游客 130.3 万人次，占旅游总人次的 93.8%，实现直接营业收入 5.14 亿元，占旅游总收入的 86%。可见莫干山镇经济只有一个支柱，那就是旅游业，或者说是旅游业中的民宿。

莫干山镇的这种经济结构存在一些问题，一方面，旅游业存在旺季和淡季，而经济严重依赖旅游业使莫干山经济随旅游周期波动厉害，不利于经济的稳定健康发展；另一方面，旅游民宿产业呈“散点式”分布，不利于人口聚集和城镇化建设。当地政府也注意到了这个问题，欲大力发展莫干山镇第二大产业——体育休闲产业。

莫干山镇以户外运动基地、全球探索极限基地、“象月湖”户外休闲体验基地三大基地为核心总体布局体育产业。目前，德清有体育产业活动单位 72 家，以体育健身休闲、场馆服务及体育用品的销售和制造为主，已初步形成泰

普森、五洲体育、乐居户外、久胜车业四大产业集群，体育休闲产品在出口额、销售额、增速等方面均位列行业前茅，产品在欧洲及亚洲等60多个国家和地区均有消费市场。

2014年，莫干山实现体育产业销售收入过百亿元，体育产业项目计划投资额达12.6亿元。2016年，仅泰普森一家的营业收入就超过110亿元，地方特色产业优势明显。有这样的产业规模，莫干山镇完全有条件发展成产业型体育小镇，这样既均衡了当地经济结构，促进了就业和城镇化，又能同当前的旅游业产生互动，带来良性发展，这是特色民宿休闲小镇和特色民国风情小镇所不能办到的。

2. 自然环境适合极限运动

莫干山海拔724米，山脚下就是小平原。海拔不足千米，交通不是很闭塞，而且它靠近中国人口最稠密的长三角地区，这也是其成为休闲胜地的原因之一；同时，海拔不高，山势却多变，有悬崖峭壁，也有缓坡平地，这让它既能开展攀岩、登山等极限运动，也能举行山地车速降等极限运动，其优美的自然环境更是休闲运动的好去处。

更重要的是，莫干山“裸心”体育小镇需要的运动客完全可以从莫干山庞大的游客群体中发掘。莫干山是著名的避暑胜地，游客主要是热爱生活、热爱生命的人群，很容易被“体育小镇”的概念所吸引，从而给体育小镇带来流量。这些有利条件让体育小镇上马更容易，也更容易成功。体育小镇建成后能提供差异化体验，吸引更多的人群，有利于莫干山民宿产业的持续发展。

莫干山“裸心”体育小镇主打极限运动和休闲运动，为游客提供全方位的运动体验，也相应会吸引那些爱好运动、喜欢刺激的游客；同时，体育小镇还会配套户外运动赛事集散地、山地训练理想地，也会带来相应的人流。这也就相应带动了民宿业的收入增长，为莫干山民宿的健康持续发展提供了助力。

（二）莫干山运动休闲小镇功能布局及项目

1. 莫干山运动休闲小镇功能布局

莫干山“裸心”体育小镇体育项目呈现“一心、一带、两翼、多区”的功能布局，具体见表7-2。

表 7-2 莫干山体育小镇功能布局

功能区块	所在地带	具体功能
一心	镇区核心区域	产业文化中心，主要承担高端商务、技术研发、产品展览、会议研讨、商业配套、体验娱乐等功能
一带	沿黄郛路布局	以体育文化为主题的产业展示带，集中了体育产品、文化创意、休闲娱乐、餐饮美食、主题住宿等多种产业形式
两翼	一翼为镇区北侧燎原村	Discovery 户外探险极限基地
	一翼为镇区南侧何村村	久祺国际骑行营
多区	—	竹海登山区、骑行天堂区、森氧居宿区、莫干门户区、历史创意区

2. 莫干山体育小镇项目概况

（1）探索运动。以 Discovery 户外探索极限基地为主，该项目总用地 12 公顷，其中建设用地约 0.47 公顷，建设有游客欢迎中心、信息中心、山地车站、控制中心、沐浴中心、车辆维修区、医务中心等。总投资 4 800 万元，已建成。

（2）骑行文化。以久祺国际骑行营为主，该项目总用地 50 公顷，其中建设用地 3.8 公顷，主要建设自行车赛道、赛事中心、自行车研发及展示中心、主题酒店及配套设施。总投资 5.8 亿元，2019 年完工。

（3）户外休闲。第一个项目是莫干山山地车速降赛道。该项目于 2017 年建成，修建了一条长约 2.5 千米、落差 200 米的赛道，碎石、砂石和松软泥土路面一应俱全，并按照国际标准修建大型土包、大气侧墙、高难度跳台、连续侧弯、人工石阵、起伏路、木质大型栈道等若干路障，是具有国际水准又适合国内大部分车友骑行享受的速降赛道，总投资 2 亿元。

第二个项目是“象月湖”户外休闲体验基地。该项目于 2017 年建成，占地面积 133.33 公顷，包括户外休闲体验基地、创意展示、工业设计、国际会展、世界知名品牌商贸五大块，总投资 10.2 亿元。

五、百丈时尚体育小镇

（一）项目概况

1. 项目基本情况

百丈时尚体育小镇位于浙江泰顺飞云湖畔，地理位置和自然环境优越，为体育运动项目提供了良好的基础条件，规划用地面积将近 19 平方千米，40 余个运动项目，项目多种多样，国家的一些运动项目被吸引以此地为训练基地，以皮划艇和曲棍球为优势的辽宁队也在此落户进行训练。时尚体育小镇已经初具规模，平时也有相关的赛事在此举行，运动产业与相关的衍生产业相互结合，形成产业链，推动区域经济的发展，满足消费者对体验的需求，吸引着全国各地有运动项目需求的消费者来此体验消费。百丈时尚体育小镇已经是休闲运动的代名词，成了国家的休闲运动中心。

2. 项目历史沿革

百丈自然环境秀美，有三分之二的水域面积，气候宜人，山地起伏，延绵不断，符合休闲运动的基本条件，在温州有“大水缸”之称。生态环境的优势无以言表，而且地理位置的优势使其具有“小上海”之美誉。百丈时尚体育小镇也是经过重重考验和契机才有了现在的发展规模，温州珊溪水利枢纽工程的修建一度使其消失在人们的视线中，因而导致其经济发展相对落后，然而随着国家对于体育休闲运动的大力扶持，百丈镇借此机会进行整体规划设计，利用自然条件打造“体育产业 + 文化”等产业融合的模式，实践“绿水青山就是金山银山”的理论。从起初的设计定位、产业的融合、空间的合理布局以及投融资等各个方面进行一体化设计，尤其近几年来，国家体育总局颁布了一系列体育扶持政策，对于百丈而言更是如沐春风，加快了百丈时尚体育小镇的建设步伐。百丈镇结合水上运动项目，大力发展乡村民宿，充分利用当地的环境优势，发展旅游文化等相关产业，探索符合百丈的经营模式，带动当地经济的发展，提高居民的生活水平。同时，注重发展当地农业经济，探索休闲农业、绿色农业等可循环的生态发展模式，打造“体育产业 + 农业观光 + 健康康复”等复合运营模式，着实使时尚体育小镇在百丈成功得到实施，成为区域经济发展的标杆项目。

3. 主要特色

“时尚”作为小镇核心，集合国内外的体育赛事，各种项目建设符合当地发展需要的基础设施，以满足曲棍球等项目运动训练的场所需要，凸显时尚休闲运动的特点。

（二）规划设计

1. 建设目标

建设百丈时尚体育小镇的重点是建设国家体育训练基地，在此基础上大力发展时尚体育旅游，建设环湖休闲旅游公园，形成以体育赛事和训练为核心的体育小镇。在以后的建设中，时尚体育小镇将继续创新产业融合模式，深挖产业的业态，打造主要产业链，形成以体育为主题特色的区域产业模式。

2. 空间布局

①以体育、旅游和生活服务为主的综合服务区，满足进入小镇人员的日常生活需求；②以种植、科普展示、教育等为主的生态农业区，对于亲子游有相当重要的实践和教育意义，也是小镇功能的一大亮点；③以特色农业为出发点的农业拓展区，如茶园、梅园等为其主要的构成要素；④以野外训练、露营、水上娱乐为表现形式的健康运动体验区，为运动爱好者提供体验活动场所；⑤以高端休闲住宿、娱乐为主的休闲度假区；⑥以森林为主要场所的旅游拓展区；⑦以体育训练及培训为其主要出发点的体育训练区；⑧以为游客提供服务为目的的洪口旅游服务区。以全方位的产品设计为游客提供各式各样的旅游产品，满足消费需求，吸引着广大游客来此消费。

3. 载体项目

百丈时尚体育小镇先后规划了海棠半岛、四季花谷、航空庄园等优质投资项目。投资 5 000 多万元建设了一系列体育基础设施，如运动员公寓、体能训练室、训练码头和第一阶段曲棍球场，以及三个旗舰店基地项目，即飞云湖（国家）水上运动训练基地、辽宁冬季训练基地和浙江水上运动训练基地。全长 28 千米的飞云湖周边慢行系统，整合步行、骑行、马拉松等功能，打造一环两带八组团的飞云湖周边多彩景观旅游带。在城镇地区建立海棠半岛，实施海棠景观绿化工程和建设三个休息站。依托环湖小岛资源，将建设一个湖滨露营基地、一个集淋浴、公共厕所和露营设备租赁于一体的旅游服务中心，营地广场 2 000 平方米，11 个露营平台，木板路步道 1 200 多米。二期营地基地的建设已经正式开始。

4. 重点业态

百丈时尚小镇的业态包括文化旅游、健康养生、体育休闲、娱乐、训练、马拉松、垂钓、培训、农业观光旅游度假等，可以满足一年四季各个时间段的消费需求，是消费者向往的综合体验场所。

5. 重要活动

百丈时尚小镇成功举办了各种国际和国内的活动，如全国露营大会、中国温州国际山地户外运动挑战赛和全国青年独木舟竞赛等。500 多名运动员连续四年参加了飞云湖冬季训练。

第三节　其他地区体育特色小镇建设的实践

一、北京国际足球冰雪小镇

槐房村隶属于“天安门前第一乡”丰台区南苑乡。经过长时间的调研选择，北京市根据城乡经济社会发展一体化新格局的要求，按照土地性质和规划的因地制宜，在槐房村约 146.67 公顷的面积内，以“大众体育、足球竞技、冰雪休闲、生态节能”为总体目标，建设独具特色的“国际足球冰雪小镇”。槐房国际足球小镇将是全生态的“足球小镇”，涉及体育场地、体育展示、休闲旅游、足球教育、体育用品销售、冰雪项目和高端旅游酒店等众多相关体育产业。足球小镇计划建设 50 片五人制足球场、10 片七人制足球场和 5 片十一人制足球场，届时该足球小镇将囊括足球大厦、足球会议中心、足球风情街、足球博物馆、足球嘉年华、足球狂欢广场、足球奥特莱斯以及北京第一座专业足球场等设施。

（一）小镇建设模式

小镇将重点发展足球产业，在建设中引入竞技体育与群众体育相结合的智能场馆技术；引进同步数据分析系统，开发专用 App，实现在线比赛、在线预约，打造北京最大的足球社区；打造集足球竞赛、足球文化、足球科技、城市发展、足球发展理念和要素于一体的创新发展平台，形成足球产业集群和足球产业链，打造中国首个城市发展和足球发展对接的创新发展平台。

北京槐房冰雪足球小镇有着明确的定位。它是一个新手体验滑雪乐趣、掌握滑雪技能的平台，侧重于引导普通人和青少年的参与和体验。

冰雪谷建成后，有望成为冬奥会指定冰雪训练基地，开展群众性冬季体育普及活动，培养冬季项目人才。它可以有效地促进冬季运动在北京的发展，改变北京南城地区缺乏大规模的体育和文化设施的现状，改善人们的健康和生活方式，满足人们日益增长的参与冰雪运动的需求，丰富群众的文化生活，向更多的青年传播奥林匹克精神。

（二）小镇现有设施

足球小镇将按照生态做加法、污染做减法的方式建设，保持鲜明的绿色生态特色。例如，引入国际先进的草坪生态水循环系统，最大限度地利用自然水资源（雨水收集回灌），少量补充再生中水（毗邻北京最大的中水处理厂），以达到最佳的生态效果。同时，由于灌溉水的回流利用，大幅提高了农药和化肥的有效利用，达到最小限度的排放量，力争达到零污染的标准。从运动角度讲，场地无喷头，减少了运动伤害的可能性，因为灌溉时也能使用场地，增加了场地的使用时间。

（三）发展目标

槐房国际足球小镇将是全生态的足球小镇，涉及体育场地、休闲旅游等诸多相关体育产业。按照规划，足球小镇里包括足球大厦、足球会议中心、足球风情街等设施，包容足球产业的各个层面，满足各年龄段和不同性别消费者的需求。

二、南京汤山温泉小镇

南京汤山温泉小镇位于江苏省南京市郊区，中国四大温泉疗养区之首。汤山温泉小镇日出水量高达 5000 吨，常年水温在 60℃～65℃。汤山温泉水中包含 30 种以上矿物质和微量元素，对多种慢性疾病疗效显著，因此汤山温泉小镇最适合发展温泉度假、疗养等养生项目。2016 年 4 月，南京市政府发布《关于优化全市区域功能定位和产业布局的意见》，坚持多规融合、突出改革、错位发展的原则，在南京市郊区规划建设一批具有文化、社区和旅游功能的特色小镇。

2017 年 8 月 22 日，南京市政府发布《关于加快推进国家级汤山温泉旅游度假区发展建设的实施意见》，要求以世界著名温泉小镇和国家级旅游度假区双重定位，推动温泉与休闲体育、旅游度假嫁接互融，完善交通等公共服务基础设施，加强市场监管，推动小镇业态创新，提高小镇影响力。南京汤山温泉小镇是江苏省首批创建的 8 个体育特色小镇之一，与淮安市淮安区施河镇、宿迁市宿豫区晓店镇等 7 个体育特色小镇采取省地共建的模式进行开发，规划面积 865.27 公顷，城市建设用地 748.96 公顷，占城乡总用地的 86.56%，包括居住用地 154.99 公顷。其中，服务业设施用地占城市建设用地的 31.6% 左右，主要用于旅游发展配套设施、娱乐、酒店等建设，公共服务与管理设施用地 59.15 公顷，主要包含教育、医疗、文化和居住社区用地。

2018 年 1 月，南京市规划局发布《汤山新城温泉片区控制性详细规划修编及汤山温泉养生小镇城市设计》，征求相关部门和专家评审意见，进行汇报论证。汤山温泉小镇整体规划采用“一核两心”“一带四片”的发展布局，以旅游服务为核心，打造健康养老和特色老街服务中心，利用旅游功能联系带，将环山旅游、老镇生活、温泉公园和养老生活四大片区整合，突出汤山温泉小镇温泉度假、健康养老的主题，预计汤山温泉小镇可容纳 4 万人。汤山温泉小镇公共基础设施已经相当完善，消防设施、停车场、公共交通以及骑行系统等已经投入使用，未来汤山温泉小镇规划建设四所幼儿园、两所小学和一所中学，宁句城际轨道线（S6 号线）、沪宁高速、新宁杭公路等将从汤山新城通过，新城规划中还将建设给排水、温泉水、再生水、污水、电力、通信、环卫等工程，完善小镇的公用设施。汤山温泉小镇以 4A 级建造标准建设，是“世界温泉论坛”永久会址，同时被授予“世界著名温泉小镇”荣誉称号。汤山温泉小镇丰富的天然温泉资源是发展体育休闲产业的基础，整个汤山温泉度假村占地 13 公顷以上，温泉度假板块是汤山温泉小镇发展的主要板块，汤山温泉小镇改变传统的温泉疗养方式，重新站在国际化、现代化角度，深度挖掘温泉休闲旅游资源，成为当前长三角地区设施最完善、项目最有特色、发展前景最好、建筑规模最大的健康休闲温泉养生基地。除了温泉养生板块之外，汤山温泉小镇相继建成一批健康特色项目。例如，真人 CS 项目、攀岩俱乐部及温泉房车露营地等，别具匠心的房车营地成为人们户外休闲运动的好去处，户外房车营地月游客量约两万人。目前，第二批健康特色项目正在建设中，苏豪控股集团公司联合国际知名养老护理运营机构、江苏省中医院及其他教育名校、品牌酒店等开发健康养老项目，其中苏豪健康养老产业园作为江苏省 2016 年重点产业项目，旨在打造世界一流、国家级健康养老产业园区。

汤山温泉小镇通过举办各种体育赛事，提高小镇影响力和知名度，如南京·江宁春牛首国际马拉松赛、2017 年世界青年沙滩排球锦标赛、"奥特莱斯"杯单车认证赛等。小镇通过"体育 + 旅游 + 养生"的特色发展模式打造养老社区，提供优质养老服务，减轻政府压力，同时促进了汤山温泉小镇朝着多功能方向发展。汤山温泉小镇年游客量高达 800 多万人，依托得天独厚的温泉资源优势，吸引了社会多元主体投资建设，对当地建筑进行承租改造，以世界各国风情民宿给游客带来了各种风格的温泉体验，感受世界不同的沐浴文化。由于当地居民家家户户都经营与温泉相关的产业，因此被称为"汤家家"，汤山居民经营农家乐、出租闲置房产，增加居民收入，探索出一条以体育特色小镇探索乡村复兴的江苏路径。汤山温泉小镇依托当地丰富的温泉资源，将体育产业与养生养老项目融合，抢先抓住国家级旅游度假区、环绕越文化休旅经济带、中医药养生基地共融共建的历史机遇，打造国际温泉养生小镇，推动汤山新城经济和社会发展。

三、河南嵩皇体育小镇

（一）河南嵩皇体育小镇概述

嵩皇体育小镇位于河南登封，坐落于风景秀丽的嵩山三皇寨风景区，由河南嵩皇体育产业有限公司和河南省锦绣智达置业有限公司联手打造。小镇享有得天独厚的地理优势，靠近登封许多景点，武术文化发源地——少林寺、宋代理学发源地——嵩阳书院和大型实景演出——禅宗少林·音乐大典近在咫尺。小镇旨在在占地 31 平方千米的区域内打造一个集赛车、航空体育运动、登山、乒乓球、拓展等多种运动训练项目于一体的户外运动体育公园，同时兼容旅游、观光、餐饮等功能。该小镇是一座以体验型体育为特色的体育小镇，经过短短数年发展，就吸引了 20 多万人前去观光旅游，市场反应相当不错。

嵩皇体育小镇目前拥有赛车体验、卡丁车赛场、飞行体验、射箭馆、拓展培训、真人 CS 竞技场、健身运动等多个运动基地，并且已全面投入使用。这些项目可向年轻人以及需要增加沟通机会的单位提供一个拓展训练的基地，吸引足够多的人投入竞技运动中。除了吸引人们参与到运动中来，小镇还举办了许多活动。小镇号称“赛车乐园”，是众多赛车运动员及爱好者的关注焦点，目前已成功举办 2015 年和 2016 年国家级汽车拉力赛事——中国汽车拉力锦标赛（CRC）登封站的比赛。韩寒、樊凡、潘晓婷等名人都参与到赛事中来，国内外的许多知名赛车手也纷纷来此参赛。更特别之处在于小镇还拥有深厚的文化底蕴，地处佛、道、儒三教荟萃之地，在古今文化的碰撞中摩擦出新火花，不断为小镇发展注入新活力。

（二）河南嵩皇体育小镇主打体验型运动的原因

嵩皇体育小镇以体验型运动为特色和亮点，结合当地文化和风俗大力发展旅游观光，赚取门票和住宿收入。同时依靠小镇的影响力进一步促进健康度假项目“康一庄园”的出租和销售，进一步从房地产中获利。

赛事吸引的游客目的性强，一般赛事结束后马上就会离开，衍生消费低；赛事吸引游客数量全年波动性大，盈利稳定性差，更难以适配相关产业布局。嵩皇体育小镇选择发展体验型体育来吸引游客，是综合考虑当前国情和当地实际情况所作的恰当决定。

（三）河南嵩皇体育小镇主打体验型运动策略

河南嵩皇体育小镇的体验型运动项目主要包括赛车体验、卡丁车大赛、飞行体验、射箭体验、拓展培训、真人 CS 竞技和健身运动。同时，项目配有垂钓园、草莓采摘园等休闲项目，还有 4 星级标准山景客房 305 间，容纳 500 人同时参会的会议中心，另外还精心打造了精品养生度假项目“康一庄园”。

1. 用体验的方式引入体育要素，靠体育特色旅游发展体育小镇

小镇着重发展体验型体育项目，不仅有比较流行的卡丁车、射箭、拓展训练等传统项目，供普通游客参与体验，还加入了赛车体验、飞行体验、动力伞体验、热气球体验等高端潜力项目，供喜欢冒险的游客前来体验。小镇科学设置体验项目，以覆盖不同偏好、不同年龄段的人群，让每个人在这里都能体验到运动之美。

小镇特别注重运动项目的体验性，以赛车为例，游客在进入赛车区时，首先会被小镇的各种赛车秀、摩托车秀所吸引，在机器的轰鸣声中游客逐步建立自己的代入感。进到赛车区内部，会有专业的赛车手和小镇专门定制的模拟拉力赛车的车辆，有驾照的游客可以自己申请一辆，去拉力赛赛道体验赛车的魅力，没有驾照的游客可以找专业赛车手当司机，在赛道上体验奔驰在荒野中的感觉。通过特意营造的氛围、专业的设备和人员、顶级赛事用的赛道来让游客更有参与感，获得更好的赛车运动体验。

小镇引入注重观赏性的赛事，不仅吸引大量游客前来观赛，也为小镇的相关体育项目作了宣传，更重要的是激发游客的参与欲望，促进小镇运动体验项目的发展。小镇已经连续两届举办中国汽车拉力锦标赛登封站这一重要赛事，带动了小镇赛车体验项目的火爆。相应的卡丁车大奖赛、动力伞精英邀请赛、山地自行车大赛等赛事，也能为相应的卡丁车、动力伞和山地自行车体验项目带来更多的体验人群。

2.小镇在靠体育体验发展旅游时，重视体育特色的构建

嵩皇体育小镇虽注重运动体验，运动项目多种多样，但缺乏统一的主题，没有树立起鲜明的体育特色。比如，我们谈起万科松花湖体育小镇，首先想到的是其雪上运动项目；说到 Arco 攀岩小镇首先想到的是攀岩项目。这两个体育小镇虽然也夹杂着一些其他体育项目，但主次地位一目了然，这自然也更容易向外界推广。嵩皇体育小镇采取体育项目多元化、体验化、趣味化的策略，这样虽然短期内就能吸引游客，产生效益，但从长远来看，如果不能形成鲜明的体育特色，体育小镇的发展将遇到瓶颈且很难突破。

就嵩皇体育小镇当前的体育项目布局而言，发挥赛车项目上的相对优势，重点培养体育特色，或是破局的上佳选择。嵩皇体育小镇作为中国汽车拉力锦标赛登封站的举办地，又有卡丁车、赛车等体育项目，已初步具备游客基础。以此为基础，可以与国内某些汽车厂家合作开展一系列赛车相关项目，与赛车培训机构合作开展赛车培训，与专业车队合作举办各种体验性互动节目，等等，打造自身的体育特色，可以期待更长远的发展。

四、北仑国际赛车小镇

（一）北仑国际赛车小镇基本情况

北仑国际赛车小镇位于浙江宁波北仑春晓街道爬山岗区域，毗邻梅山的春晓属汽车之城，云集吉利、敏实、拓普等国内知名汽车整车及零部件制造商，是我国汽车生产的重要基地。国际赛车小镇规划总面积 3.57 平方千米，以赛车文化为特色，涵盖赛车文化、休闲旅游和销售展示等功能，是一个集 F2 方程式赛车、直线竞速赛、卡丁车、汽车表演秀、豪华车 4S 店、赛车俱乐部、汽车博览等商业和娱乐设施于一体的综合性赛车文化体验基地。赛车场主体赛道长 4 015 米，是国内第二家同时拥有汽车比赛和摩托车比赛“双证”的场地，赛道建成后可以举办除了 F1 以外的所有方程式赛事和世界摩托车锦标赛，是目前为止全球唯一看台在山坡高地的赛车场。目前，小镇已完成固定资产投资 33.79 亿元，并成功入选市级首批特色小镇。

（二）北仑国际赛车小镇发展背景

在我国加快推进“一带一路”、长江经济带和自由贸易区战略的时代背景下，作为浙江海洋经济发展示范区的梅山，全方位提升其作为国际大港的对外开放水平。而北仑也紧紧把握规划建设宁波梅山新区的战略机遇，全面实施开放升级战略，提升开放格局和国际化水平，努力建设国际经贸强区。

（三）北仑国际赛车小镇发展目标及战略

北仑国际赛车小镇的发展目标是成为国际化的顶级赛车文化体验基地，实现“坐山听海看赛车，近城离尘乐悠游”目标的新型特色小镇。

其发展战略是牢牢抓住国际赛车小镇的时尚产业特色，集聚高端要素，凸显地域产业特色和文化特色，着力打造以汽车产业、汽车销售、汽车文化、赛车体验为一体的汽车全产业链综合体。

五、合肥大圩镇马拉松体育特色小镇

（一）大圩镇马拉松体育特色小镇建设背景

1. 大圩镇马拉松体育特色小镇基本情况

大圩镇自康熙年间就已有记载，距今已有 200 多年的历史。2007 年撤乡建镇后城镇面积达到 37.92 平方千米，全镇现有人口数量达到 2.4 万，辖 15 个村，是国家级农业综合开发区、国家级无公害农产品生产基地，被誉为“合肥粮仓”“鱼米之乡”。大圩镇获得“国家级生态镇”“国家 4A 级旅游景区”“全国农业旅游示范点”等荣誉称号。

合肥市大圩镇在 2003 年举办了第一届“葡萄文化旅游节”，大圩镇政府鼓励农民种植经济作物，开始走休闲农业的道路，经过十余年的发展，大圩镇的果园、苗木、菜园、荷园已经成为四道亮丽的风景线，吸引了国内外的众多游客，接待的数量达到百万人之多，给大圩镇带来了颇丰的经济效益。2015 年，大圩镇政府紧随时代的脚步，开始着手转型，在全省率先打造体育特色小镇，围绕“健康大圩”这个目标，举办了安徽省首届马拉松文化节活动。另外还积极组织“合肥大圩新春民俗文化节”“春色大圩踏青美食文化节”等活动。大圩镇于 2016 年在新疆乌鲁木齐举办的中国体育文化·体育旅游博览会上获得“体育旅游创新项目奖”。

2. 大圩镇发展马拉松体育特色小镇的背景

（1）大圩镇在休闲农业发展遇到瓶颈时，积极转型。大圩镇自 2003 年开始发展休闲农业，借助得天独厚的自然资源，大圩镇举办了“油菜花节”和“葡萄节”。经过十年的发展，在 2013 年大圩镇的休闲农业、乡村旅游发展遇到瓶颈，此时大圩镇政府开始考虑转型，并决定通过开展体育活动作为大圩镇转型的突破口。

（2）开展乡村旅游在时间上具有局限性。在葡萄旺季的时候开展的“葡萄节”会引来大批的游客，尤其是在 7、8、9 三个月，这三个月的总游客量能占全年游客总量的 80%，这暴露了大圩镇乡村旅游在时间上的局限性。除去旺季的三个月外，其余的月份客流量非常小，不利于大圩镇的可持续发展。

（3）大圩镇拥有几百千米的健身步道，非常适合开展田径项目，而马拉松是时下的热门项目，因此选择开展马拉松活动作为转型的核心突破口，结合大圩镇这个 4A 级风景区打造中国首个马拉松体育小镇。

上述背景可知，发展马拉松体育特色小镇符合大圩镇转型发展的需要，同时大圩镇的马拉松体育特色小镇也是积极响应国家全民健身的政策，将体育锻炼、健身休闲融入大圩镇以及大圩镇周边群众的日常生活。

（二）大圩镇发展马拉松体育特色小镇建设环境分析

1. 外部环境分析

（1）国家政策方面。特色小镇是现在国家实现城镇化的重点方式。近年来，国家不同部门先后颁布了关于加快农村现代化建设、体育融合发展以及培育特色小镇等方面的文件。这样的政策环境为大圩镇发展马拉松体育特色小镇提供了有利的条件。但是在具体实施中，安徽省、合肥市并没有出台扶持大圩镇马拉松体育特色小镇建设的具体政策。

（2）经济方面。国家经济快速发展，体育产业在国民经济总产值中占据重要地位，体育产业成为经济发展的“新宠儿”。2020 年，合肥生产总值 10 045.72 亿元，同比增长 4.3%。合肥市经济迅速发展推动了大圩镇经济的积极发展。大圩镇乡村旅游经过十几年发展，已经形成稳定的模式，但是乡村旅游的单一业态不能满足大圩镇经济发展的需要，不能为大圩镇持续发展提供动力，因此，推动大圩镇经济转型发展成为必然趋势。

（3）社会方面。在国家大背景的支持下，各地开始通过打造特色小镇实现城镇的转型。比如，浙江省的绍兴柯岩酷玩小镇、海宁马拉松小镇，云南省昆明市的安宁红土网球中心以及号称“羽毛球之乡”的重庆万盛经济技术开发区等。通过国内的案例经验可以看出，发展特色小镇是未来城镇发展的一个趋势。现在越来越多的人参与到体育锻炼当中，因此以体育项目为特色小镇的核心 IP，受众较广。但是我国其他特色小镇在发展过程中也暴露出一些问题，如某些地方的特色小镇“特色不特”，城镇一味地追求经济效益，只是简单地将几个产业叠加，缺乏文化底蕴。既没有产业特色，也不具备小镇的独特魅力。这些负面案例显示，盲目跟风没有自己特色的发展方向只会让城镇的发展淹没到社会快速发展的洪流当中，不但不能促进经济的发展，反而会拖累当地的经济。

（4）科技方面。随着现代科技的进步，互联网成为人们获取信息的重要途径。一方面，现代媒体比传统媒体具备更新快、传播广的特点。互联网为体育特色小镇的发展提供了广阔的平台，为大圩镇马拉松体育特色小镇的赛事传播提供了便利，通过多次传播大圩镇相关赛事信息，吸引了大量参赛者，也方便了消费群体获得活动的第一手资料。另外，现代科技与体育项目相结合，渗透到现代生活的方方面面。大圩镇在发展的过程中结合各种运动跑步软件、线上马拉松、赛事相关征集活动、网上海选等，都体现出现代科技给大圩镇带来的改变。

2. 内部环境分析

（1）生态方面。大圩镇的森林覆盖率达到58%，具备丰富的自然资源。大圩镇是国家4A级景区、国家级的生态镇，另外还拥有薰衣草庄园、荷花园、草莓园等休闲产业园。大圩镇作为天然的氧吧，非常适合人们前来放松身心，休闲娱乐。

（2）区域方面。大圩镇被誉为合肥的“后花园”，两地距离非常近，只有20分钟的车程。便利的地理位置方便了合肥市居民在闲暇之余及周末前来体验农家乐趣，给大圩镇带来大批的消费群体，增加了游客量。

（3）赛道方面。大圩镇内拥有马拉松专用赛道、自行车赛道等共计13条高标准道路，满足了参赛者运动的需求。赛道除了满足马拉松比赛的标准要求外，在赛道的两旁还有大片的农家田园风光以及优美的风景，秀丽的风景非常适合参赛者在此运动健身，锻炼身体。

（4）人才方面。安徽省体育运动职业技术学院坐落在大圩镇内。该学院被称为“国家高水平体育后备人才基地”“国家手球奥林匹克后备人才训练基地”“国家田径奥林匹克后备人才训练基地”，具备丰富的体育人才资源，为大圩镇开展体育项目提供了人才支持。

（5）乡村旅游方面。大圩镇具备丰富的乡村旅游资源，并具备一定的规模。镇内有近百家高标准的农家乐，以及多个葡萄园、樱桃园等休闲农业产业园，满足大量游客前来采摘，体验乡村风情、地道美食的需求。另外，大圩镇内塘口众多，拥有安徽目前唯一的国家级标准竞技钓场——向阳农庄，该农庄多次承办国家级垂钓赛事，对于增加大圩镇的游客量奠定了坚实的基础。

（6）马拉松系列活动的创意方面。马拉松活动是大圩镇发展马拉松体育特色小镇的核心。2016年，大圩镇举办了涵盖奇装异服跑、迷你狗狗跑、婚纱跑、光棍跑、葡萄荧光夜跑等每月必备的马拉松赛事活动；马拉松相关活动的摄影展、精品征文大赛；马拉松赛事的吉祥物征集大赛。这些赛事活动充满趣味创意，吸引不同爱好的人群参与其中。

（7）名人效应方面。大圩镇以“中国马拉松第一人——张亮友”为亮点，将合肥市贴上“中国马拉松发源地”的标签。并以“发源地”为切入点对马拉松体育特色小镇进行品牌传播，签约世界半程马拉松冠军孙英杰为赛事的代言人，由代言人领跑“2016 年生态大圩国际半程马拉松赛”，发挥名人效应，将大圩镇“马拉松体育小镇”的品牌推至全国。

（三）大圩镇发展马拉松体育特色小镇的策略

国家政策对体育特色小镇的大力扶持，合肥市年生产总值的增长，我国其他地方特色小镇发展的社会环境良好，现代科技的方便快捷都为大圩镇马拉松体育特色小镇的发展提供了契机。但是，安徽省及合肥市政府没有出台对大圩镇马拉松体育特色小镇的扶持政策、我国特色小镇的发展水平参差不齐等问题是不利于大圩镇发展的外部环境。在这样的情况下，大圩镇马拉松体育特色小镇在未来发展中应结合大圩镇当地的特点，选择符合大圩镇实际情况的特色定位，不盲目跟风，有选择地借鉴国内外优秀特色小镇发展经验，走一条符合大圩镇特色小镇发展的道路；正确合理地选择科技手段，有效地发挥现代科技的优势，利用现代科技将大圩镇特色充分发挥出来。

同时，大圩镇也面临信息更新速度慢、基础设施不完善、赛事组织水平有待提高等问题。大圩镇应该在进一步发展马拉松体育特色小镇中扬长避短，在未来发展中除了发扬优势之外，还应加强基础设施的建设，经常了解国内外体育特色小镇的情况，掌握最新信息，提高赛事组织水平，尽可能降低不利条件的影响，扩大有利条件的促进作用，尝试转化不利因素为有利因素。

六、广西壮族自治区马山县古零镇攀岩小镇

广西壮族自治区马山县位于广西壮族自治区中部，是南宁市下辖区县之一，地理位置较为特殊，是“四市六县”的接合部，也是壮族、瑶族等九个民族的聚居地，民族特色文化基础扎实。马山县是典型的大石山区，石山区占全县总面积的一半以上，山地、河流等生态资源非常丰富，这也是建设攀岩小镇的基础。当地经济基础较为薄弱，少地的自然条件使当地农民只能依靠种植甘蔗等农作物维持生计，贫困人口达到 40 多万，贫困村 106 个，因此马山县在 2002 年被确定为扶贫开发工作重点县。马山攀岩小镇率先在全国开启了“体育 + 旅游 + 扶贫”的模式，成为促进马山经济发展的动力源泉。

广西壮族自治区马山县古零镇攀岩小镇是我国第一批体育特色小镇项目之一，计划投资 30 亿元，预计在 2025 年完成建设目标，规划占地 3.6 平方千米，以古零镇三甲屯为核心，分为核心区、辐射区和延伸区三大区域，形成“四区、一环、多点”的规划布局。为了有效推进广西马山县攀岩小镇建设，马山县政府把攀岩场地的建设作为马山体育扶贫的重点项目，总投资 298 万元。马山县自然岩壁条件十分优越，是典型的喀斯特地貌，马山县政府与国家体育总局登山运动管理中心、中国登山协会共同合作，引进国内外知名开线团队，正式启动一期工程。目前已经建设 200 条攀岩线路，包含攀岩体验、初学级、专业级和大师级各种线路，远期将达到 300 条。除基本的攀岩线路以外，马山县政府还将完善配套设施，建设攀岩营地、攀岩学校等。依托当地丰富的山地生态资源，马山县政府带动群众深入挖掘“山水”体育旅游资源，由传统旅游向休闲旅游转变，大力发展休闲户外运动产业，打造山地户外运动基地以及国家攀岩训练基地，同时融合其他相关产业，将运动娱乐、旅游体验、休闲度假、主题商业、教育培训等集聚一体，举办体育旅游赛事活动，逐步落实攀岩小镇建设。

马山县攀岩小镇的建设给当地农民带来了巨大收益，当地农民文化程度普遍偏低，文化基础较差，攀岩小镇直接带动当地农民就业 200 多人，从长远来看，可持续带动就业 500 人以上，辐射就业 2000 多人，同时增加当地农民的旅游收入。据统计，2016 年马山县游客接待量上升 40%，旅游收入提高 20%。2017 年第一季度，旅游消费增长 28%，游客人数增长 25%，2017 年全年可接待 300 万游客[①]。仅在 2017 年国庆节期间就接待游客 4.23 万人次，旅游收入达 150 万以上。马山县是“黑山羊之乡”，政府大力扶持黑山羊养殖业，打造民族特色文化旅游和乡村休闲旅游品牌，多次举办“马山文化旅游美食节”，吸引游客。马山攀岩小镇举办各种体育赛事，如中国—东盟山地马拉松赛、中国—东盟山地户外体育旅游大会暨攀岩精英挑战赛等，广西壮族自治区马山县政府将国际体育赛事与地方传统美食节相结合，招商引资超百亿元，拉动马山县经济社会发展，打赢脱贫攻坚首战，打破了马山经济发展的桎梏。马山县政府将攀岩小镇打造成广西壮族自治区旅游特色名镇，结合广西壮族自治区民族

① 刘小龙，王向娜．体育扶贫的“马山模式”[N]．中国体育报，2017-05-16(1).

传统体育项目，举办月月生态体育旅游节，开展水上足球、舞狮醒狮、斗牛狂欢等特色活动，展现广西壮族自治区原生态的民族特色文化，促进第三产业发展。目前，马山县贫困率由 42% 下降到 16.7%，近 3 万人口脱贫，7 个贫困村实现脱贫。马山县政府为了将体育扶贫真正落到实处，将攀岩小镇和户外运动公园的实际运营和管理权交给当地人民，大力提高当地的“造血”能力，将体育与旅游、文化、健康、休闲产业深度融合，实现“共建共享”，解决社会公平正义问题[①]。

体育小镇的经济辐射效应促进了周边城镇和农村的发展，促进了周边城镇和农村基础配套设施的完善，逐步形成了多元化、丰富的休闲体育商业氛围。广西壮族自治区继续改善体育特色小镇的建设策略和设计方案，组织多方力量，协调多个主题，整合多个元素，继续改善公共服务环境，建立一个多功能的服务平台，为体育特色小镇的科学合理发展提供制度保障。在精准扶贫的背景下，体育特色小镇做好助力体育扶贫的充分准备，整合多种体育要素，满足不同人群的健身需求，形成体育特色产业链。体育特色小镇建设是体育扶贫的一项重要内容，可以产生巨大的经济价值和社会价值，大大降低了国家扶贫工作的支出成本。体育特色小镇是广西壮族自治区政府扶贫工作中的一支重要力量，是在精准扶贫背景下进一步推进体育扶贫的关键举措。

① 沈克印，吕万刚.体育产业供给侧改革的现实诉求与实施策略——基于资源要素的视角[J].西安体育学院学报，2017，34(6):641-646.

参考文献

[1] 陈磊, 陈元欣, 张强. 国内外体育特色小镇建设启示——以湖北省为例 [J]. 体育成人教育学刊, 2017, 33(3):41–45.

[2] 沈克印, 杨毅然. 体育特色小镇：供给侧改革背景下体育产业跨界融合的实践探索 [J]. 武汉体育学院学报, 2017, 51(6):56–62.

[3] 刘楠楠, 解毅飞. 新时代背景下体育特色小镇"产镇融合"发展模式研究 [J]. 当代体育科技, 2018, 8(33):222–223.

[4] 王辉. 新时代体育特色小镇开发的理论探究 [J]. 武术研究, 2019, 4(1):128–132.

[5] 朱洪军, 张林, 鲍明晓. 体育特色小镇的国际案例分析与主要启示 [J]. 山东体育学院学报, 2018, 34(6):28–34.

[6] 周文静, 李凌, 张瑞林, 等. 体育特色小镇建设与新型城镇化耦合发展机理、演化模式与发展路径 [J]. 武汉体育学院学报, 2019, 53(2):33–39.

[7] 高振峰. 我国体育特色小镇品牌竞争力的培育机制研究 [J]. 体育与科学, 2019, 40(2):47–53.

[8] 曹永跃. 河南省体育特色小镇发展现状与对策 [J]. 濮阳职业技术学院学报, 2019, 32(2):64–66, 108.

[9] 李娜, 马鸿韬, 李兆进, 等. 我国体育特色小镇发展驱动机制研究 [J]. 沈阳体育学院学报, 2019, 38(2):1–8.

[10] 侯超文, 樊秋艳. 我国体育特色小镇发展存在问题研究 [J]. 体育世界(学术版), 2019(6):31–32.

[11] 吴阳, 牛志培, 布和, 等. 我国体育特色小镇发展的问题与对策研究 [J]. 哈尔滨体育学院学报, 2019, 37(5):9–16, 22.

[12] 朱毅然. 体育特色小镇建设的国际经验借鉴与启示 [J]. 安徽师范大学学报(自然科学版), 2019, 42(4):387–394.

[13] 谢孟楠 . 全域旅游视阈下体育特色小镇开发的研究 [J]. 现代营销 (下旬刊), 2019(9):93–94.

[14] 肖辉 . 体育特色小镇建设与体育建筑可持续发展——对“体育场馆 +”型体育小镇建设的思考 [J]. 小城镇建设 , 2019, 37(10):58–66.

[15] 谢孟楠 . 我国体育特色小镇建设和体育文化发展的研究 [J]. 体育科技文献通报 , 2019, 27(12):114, 122.

[16] 李倩影 . 互联网 + 视域下的体育特色小镇建设发展路径 [J]. 佳木斯职业学院学报 , 2019(12):268–270.

[17] 李平 , 余守文 , 肖乐乐 . 新时代我国体育特色小镇研究的回顾和展望 [J]. 体育科研 , 2020, 41(1):62–68.

[18] 蔡文菊 , 肖斌 , 布和 . 新时代推进体育强国视域下的体育特色小镇建设研究 [J]. 北京体育大学学报 , 2019, 42(10):1–9.

[19] 余青鹤 , 龙裕元 . 广西体育特色小镇发展建设的 SWOT 分析 [J]. 运动精品 , 2019, 38(12):66–67, 70.

[20] 刘少敏 , 王云升 . 我国体育特色小镇发展机遇、问题及策略研究 [J]. 体育世界 (学术版), 2020(3):47–48.

[21] 吴昊 , 王晓东 . 我国体育特色小镇研究综述 [J]. 福建体育科技 , 2020, 39(3):11–16.

[22] 刘成 , 徐思敏 , 刘兰娟 . 体育特色小镇历史演进与发展特征的国际经验及借鉴 [J]. 体育研究与教育 , 2020, 35(4):1–6.

[23] 鲁志琴 , 陈林祥 , 沈玲丽 . 我国体育特色小镇治理中的居民参与研究——基于社会治理重心下移的视角 [J]. 河北体育学院学报 , 2020, 34(6):68–73.

[24] 张油福 . 贵州省体育特色小镇建设现状及路径分析 [J]. 当代体育科技 , 2020, 10(32):209–211.

[25] 杨梦琴 , 刘昕 , 李显国 . 体育特色小镇可持续发展的形成机制 [J]. 淮北师范大学学报 (自然科学版), 2020, 41(4):75–81.

[26] 陈颇 , 刘波 . 经济新常态下中国体育用品制造业转型升级效果的评价研究 [J]. 成都体育学院学报 , 2019, 45(6):39–44.

[27] 韩文义 . 体育运动对亚健康者的影响 [J]. 现代医学与健康研究电子杂志 , 2018, 2(2):135.

[28] 蒋清 , 敬艳 . 全域旅游视域下体育特色小镇的开发 [J]. 开放导报 , 2017(5):92–95.

[29] 马斌 . 新型城市化进程中的特色小镇——城市功能展示的新平台 [J]. 城乡规划 , 2017(4):14–19.

[30] 张潇潇 . 互联网 + 视域下的“体育小镇”构建研究 [J]. 南京体育学院学报 (社会科学版), 2017, 31(4):18–22.

[31] 闵学勤 . 精准治理视角下的特色小镇及其创建路径 [J]. 同济大学学报 (社会科学版), 2016, 27(5):55–60.

[32] 白小虎 , 陈海盛 , 王松 . 特色小镇与生产力空间布局 [J]. 中共浙江省委党校学报 , 2016(5):21–27.

[33] 陈安华 , 江琴 , 张歆 , 等 . “特色小镇”影响下的小城镇建设模式反思——以永康市龙山运动小镇为例 [J]. 小城镇建设 , 2016(3):54–61.

[34] 李强 . 特色小镇是浙江创新发展的战略选择 [J]. 小城镇建设 , 2016(3):9–14.

[35] 林显鹏 , 虞重干 , 杨越 . 我国体育产业发展现状及对策研究 [J]. 体育科学 , 2006, 26(2):3–9.

[36] 闵健 . 体育旅游及其界定 [J]. 武汉体育学院学报 , 2002, 36(6):4–6.

[37] 智虹霓 . 体育特色小镇的建设与发展研究 [M]. 长春 : 吉林大学出版社 , 2018.

[38] 欧永坚 , 张晓欢 , 大林 , 等 . 中国特色小镇发展报告 2019[M]. 北京 : 中国发展出版社 , 2019.

[39] 李季 . 大国小镇——中国特色小镇规划与运营模式 [M]. 北京 : 中国建筑工业出版社 , 2018.

[40] 陈刚 , 杨国庆 . 叶小瑜 . 中国体育小镇建设纲要 [M]. 北京 : 人民体育出版社 , 2018.

[41] 赵金林 . 休闲体育文化多元解析与运动方法指导 [M]. 北京 : 中国书籍出版社 , 2018.

[42] 王亚薇 . 河北省旅游产业与体育产业的融合发展研究 [D]. 秦皇岛 : 燕山大学 , 2015.

[43] 高吉岩 . 冰雪体育特色小镇研究 [D]. 南昌 : 江西师范大学 , 2020.

[44] 聂鑫 . 产城融合视角下的运动休闲特色小镇规划研究 [D]. 哈尔滨 : 东北林业大学 , 2020.

[45] 申凤君 . 休闲学视域下的运动休闲特色小镇建设研究 [D]. 牡丹江 : 牡丹江师范学院 , 2020.

[46] 王珂 . 基于产城融合下的崇礼滑雪特色小镇 IP 构建研究 [D]. 上海 : 华东师范大学 , 2020.

[47] 林东炅 . 北京国际足球小镇发展现状及对策研究 [D]. 北京 : 北京体育大学 , 2019.

[48] 郑帆 . 特色小镇建设中的农村公共体育设施优化供给研究 [D]. 厦门 : 厦门大学 , 2019.

[49] 吴炫桦 . 河南省体育特色小镇建设路径研究 [D]. 开封 : 河南大学 , 2019.

[50] 闫壮壮 . 全域旅游视角下山西省运动休闲特色小镇的建设和运营研究 [D]. 太原 : 山西大学 , 2019.

[51] 杨文 . 基于 SWOT 分析的体育特色小镇旅游资源开发研究 [D]. 北京 : 北京体育大学 , 2019.

[52] 黄春红 . 特色体育小镇发展发展研究 [D]. 长沙 : 湖南师范大学 , 2019.

[53] 曹海妃 . 浙江省首批运动休闲小镇发展现状研究 [D]. 杭州 : 杭州师范大学 , 2019.

[54] 李玥琪 . 吉林万科松花湖冰雪小镇现状研究 [D]. 哈尔滨 : 哈尔滨体育学院 , 2019.

[55] 王佳 . “大西安”地区体育特色小镇建设规划研究 [D]. 西安 : 陕西师范大学 , 2019.

[56] 赵资顺 . 江苏省体育健康特色小镇发展策略研究 [D]. 徐州 : 中国矿业大学 , 2019.

[57] 任美吉 . 莫干山特色小镇“运动 + 旅游”融合发展策略研究 [D]. 宁波 : 宁波大学 , 2019.

[58] 张凌双 . 我国体育特色小镇发展模式探究 [D]. 北京 : 首都体育学院 , 2018.

[59] 徐浩然 . 浙江省体育特色小镇建设和运营研究 [D]. 苏州 : 苏州大学 , 2018.

[60] 刘雪 . 合肥市大圩镇马拉松体育特色小镇的现状调查研究 [D]. 北京 : 首都体育学院 , 2017.

[61] 张国辉 . 江苏省体育健康特色小镇发展模式研究 [D]. 徐州 : 中国矿业大学 , 2018.